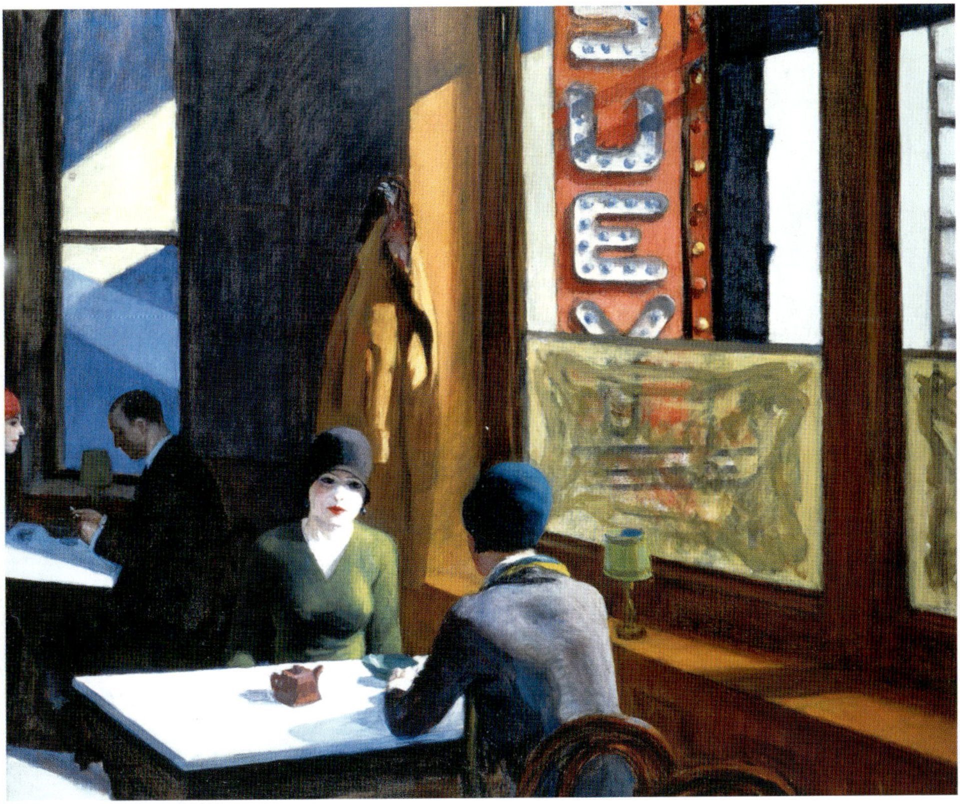
SUE

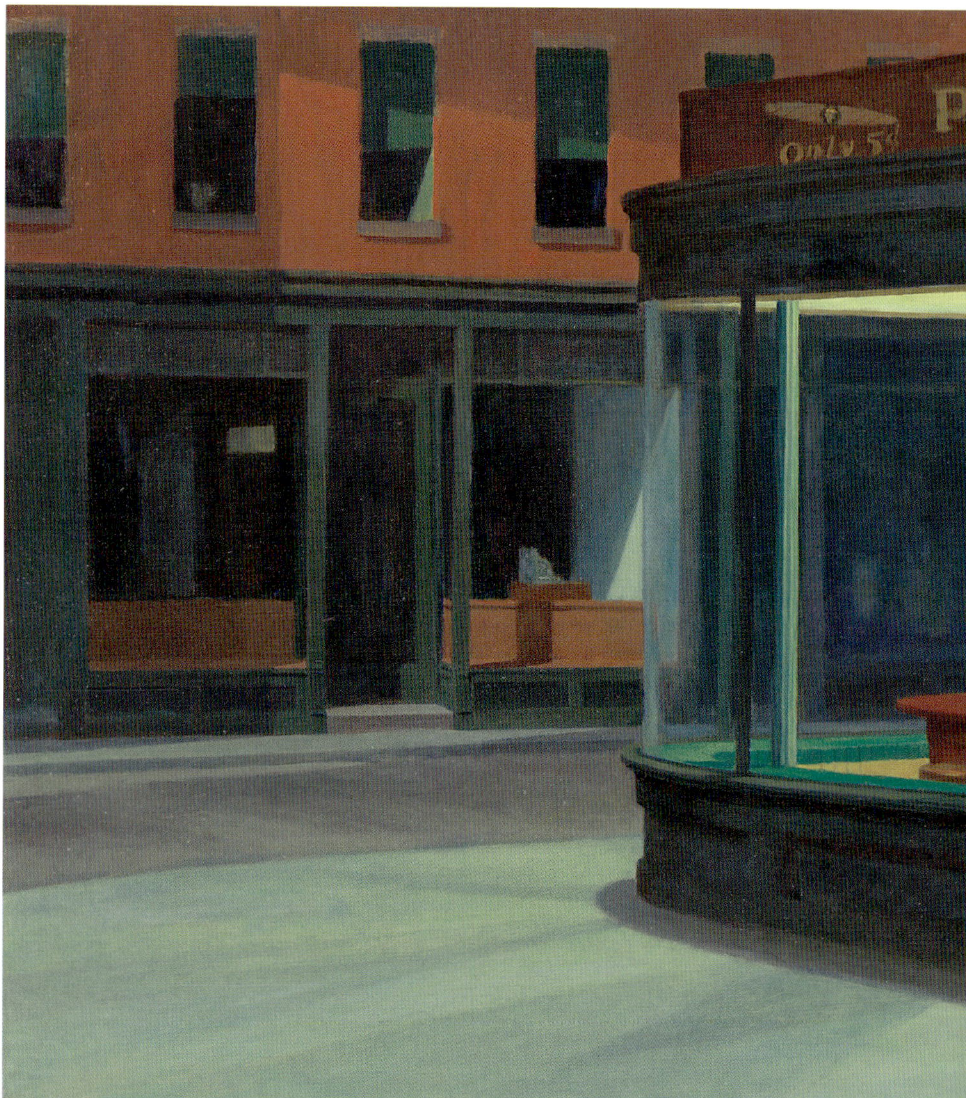
Only 5¢

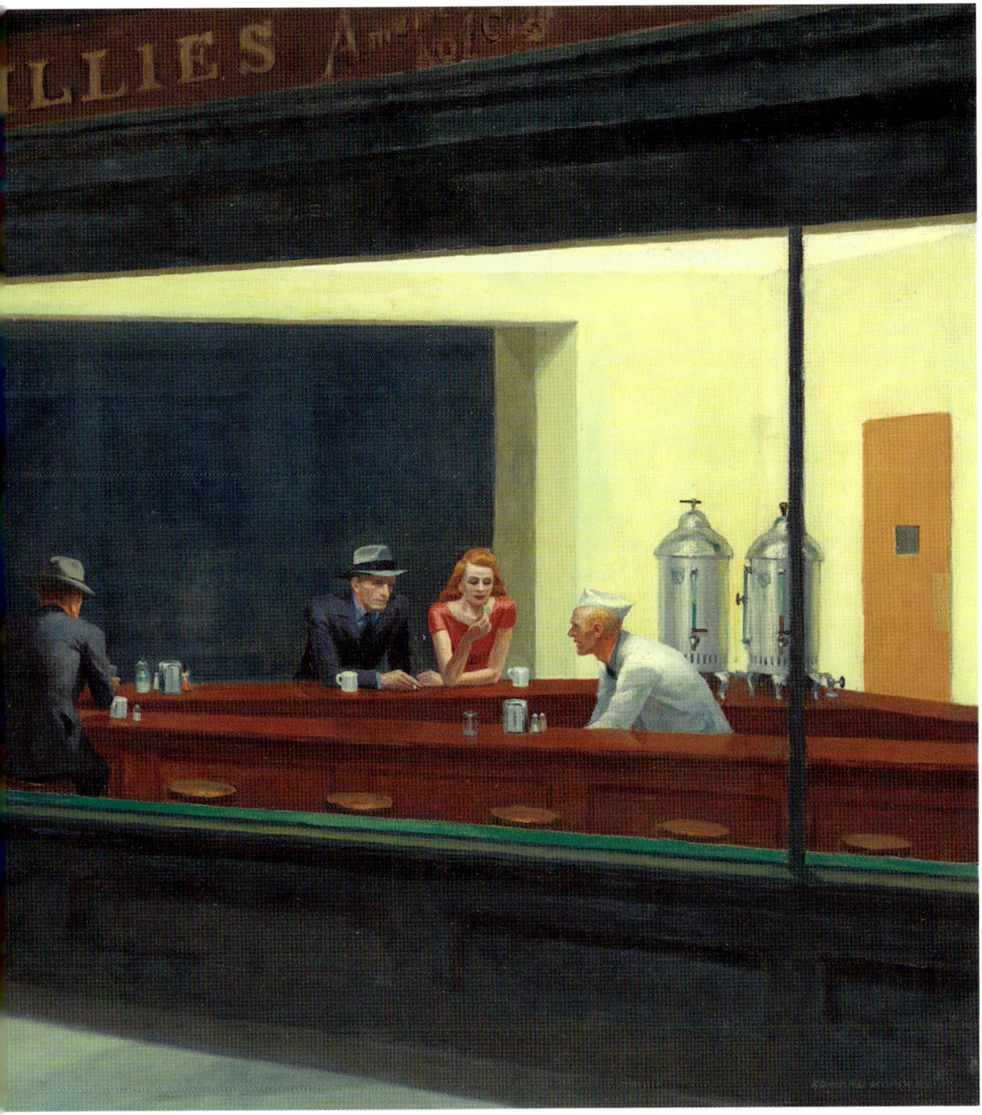

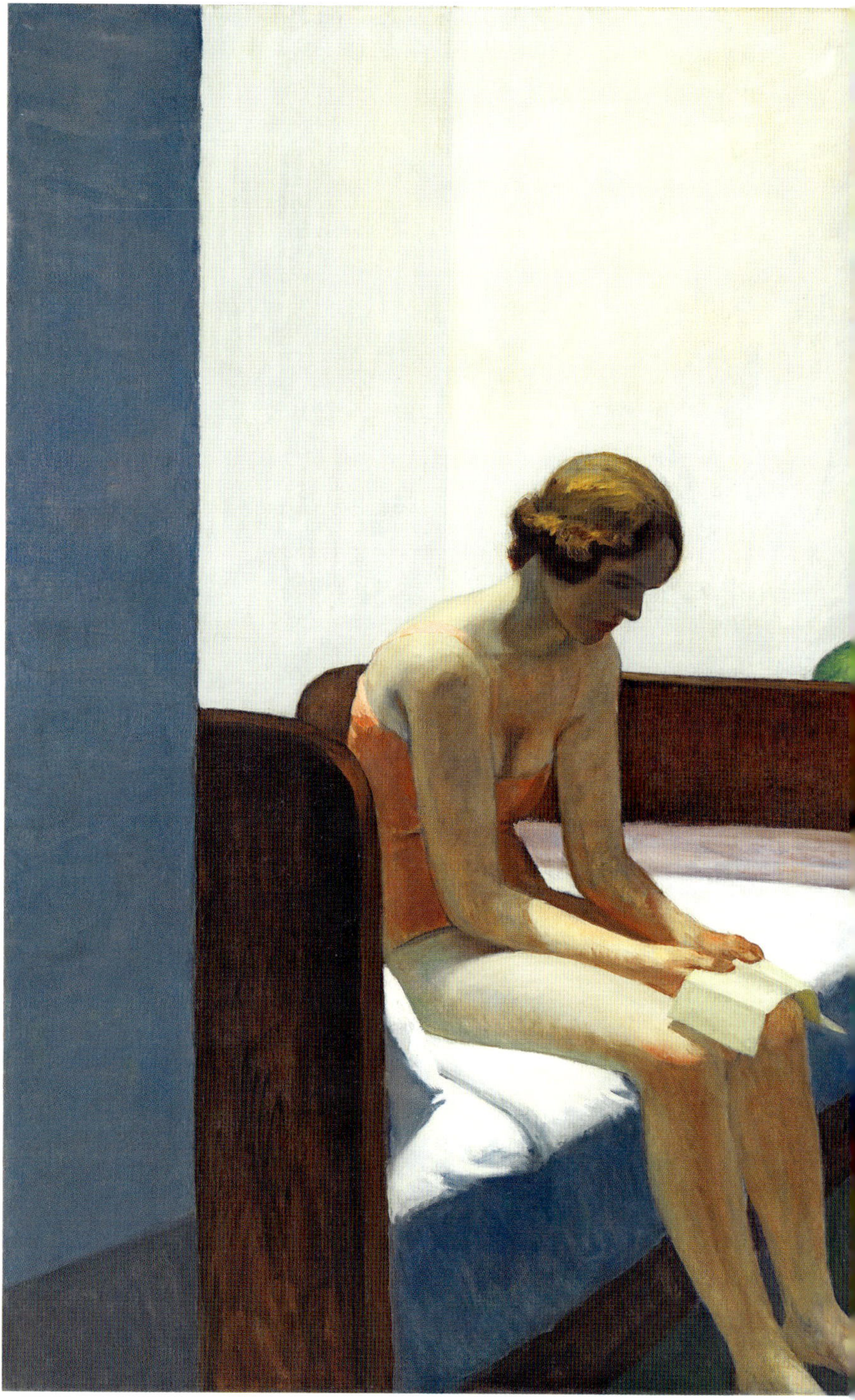

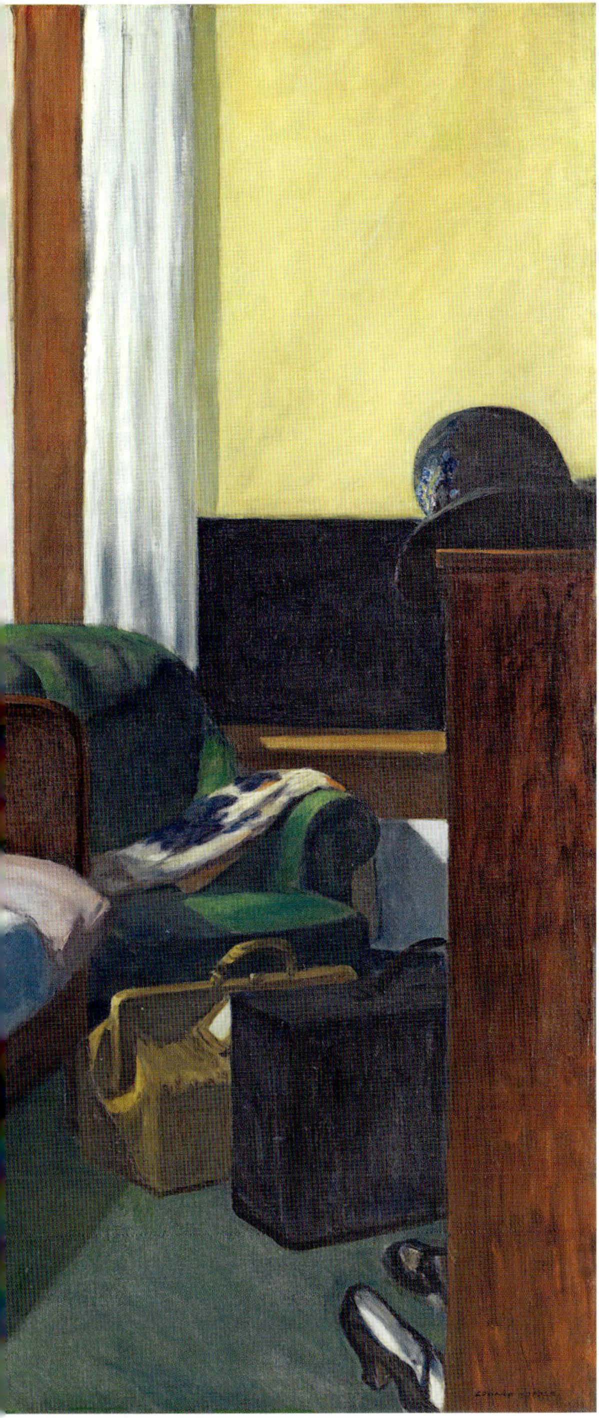

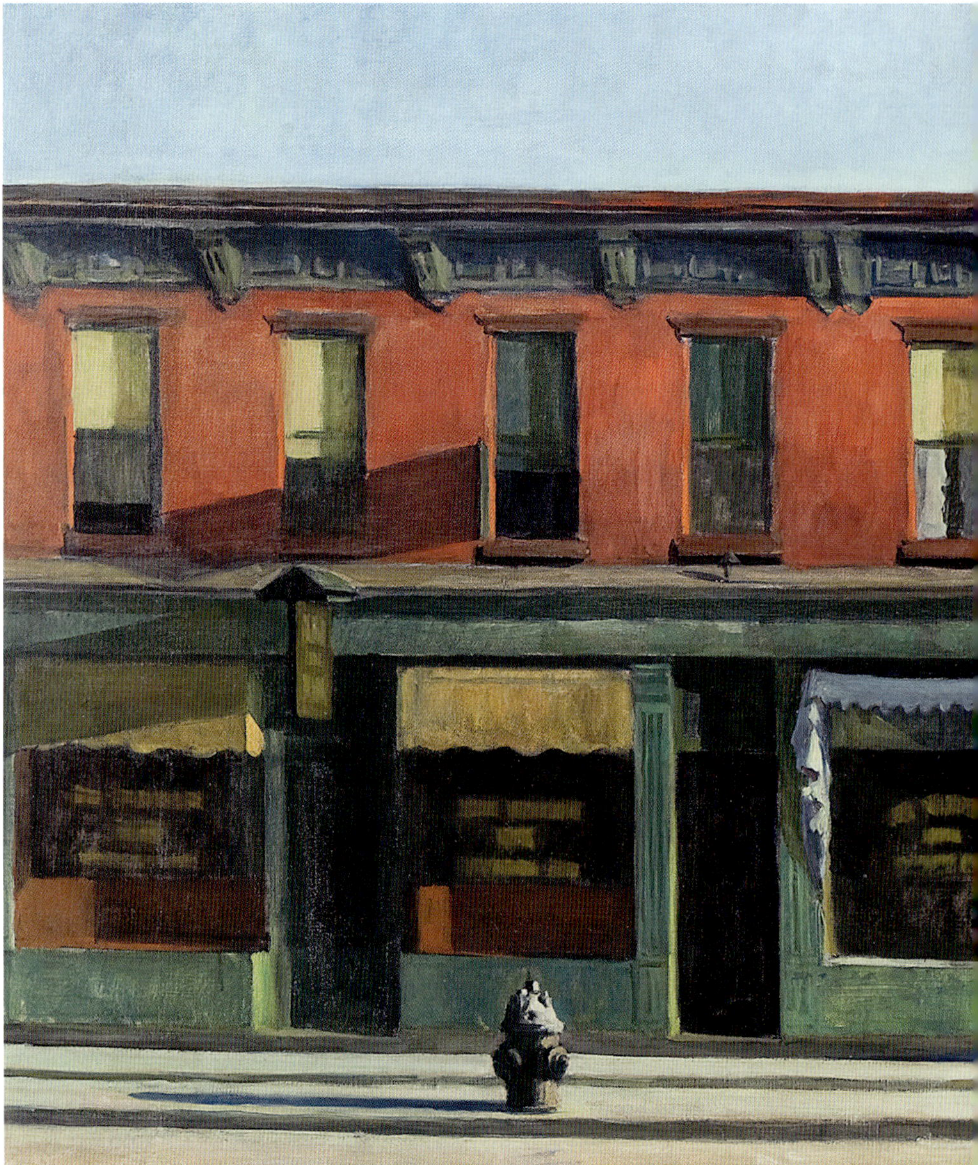

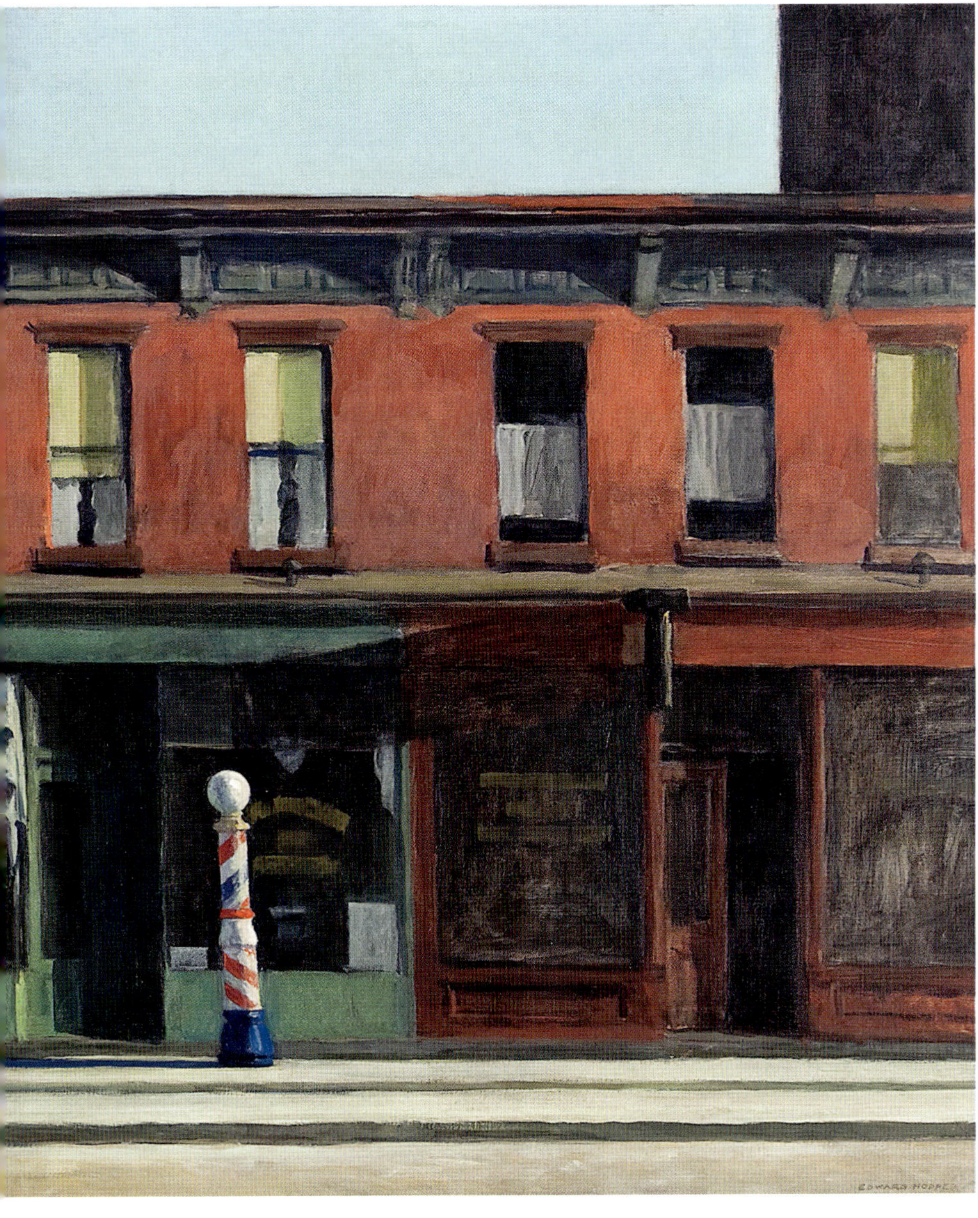
EDWARD HOPPER

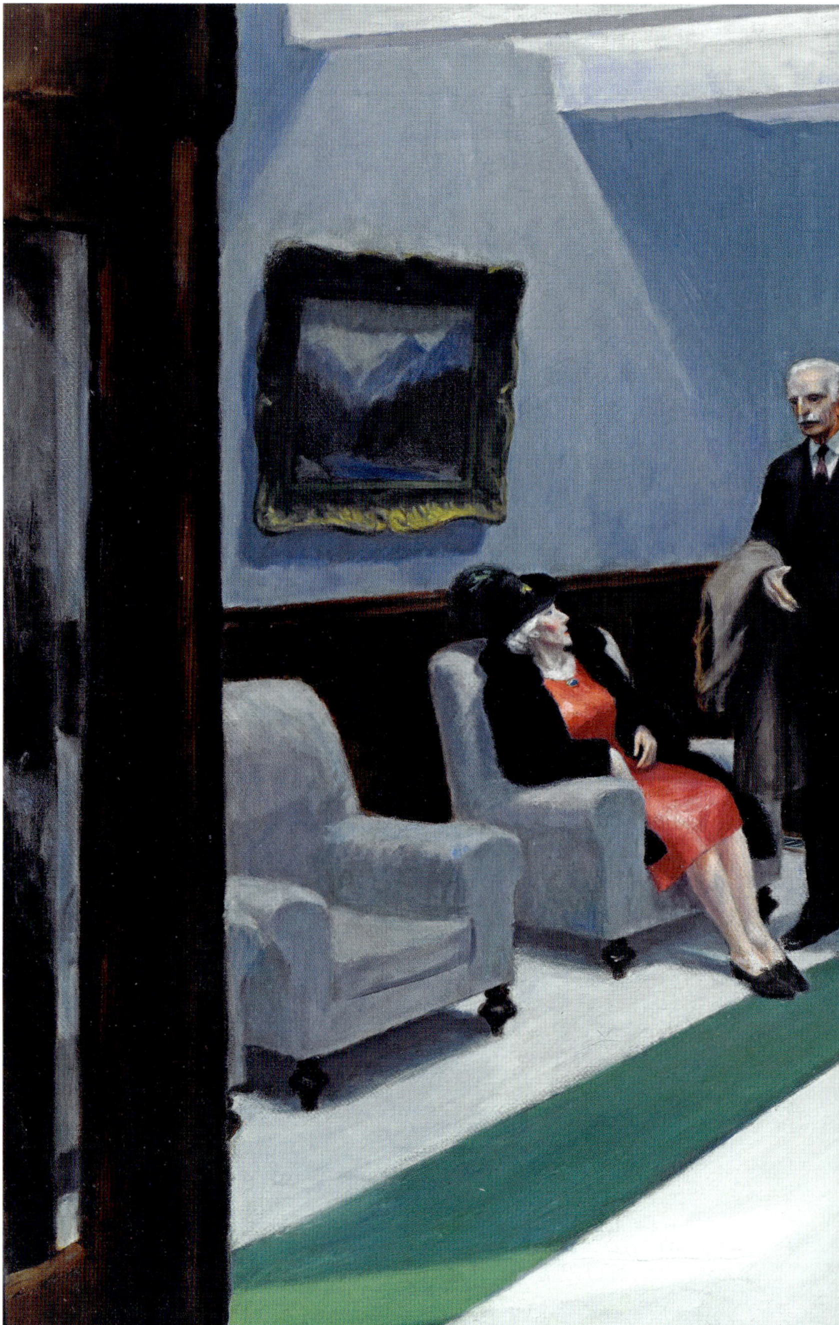

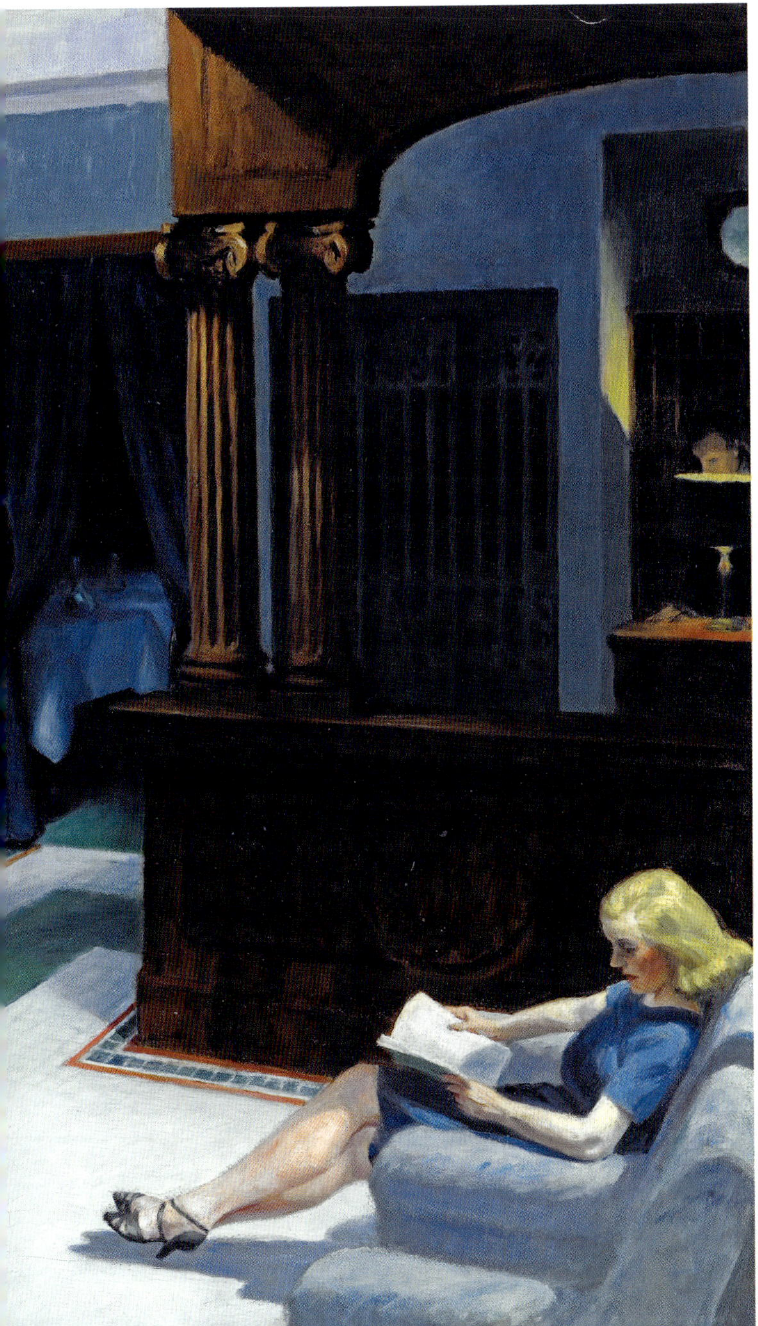

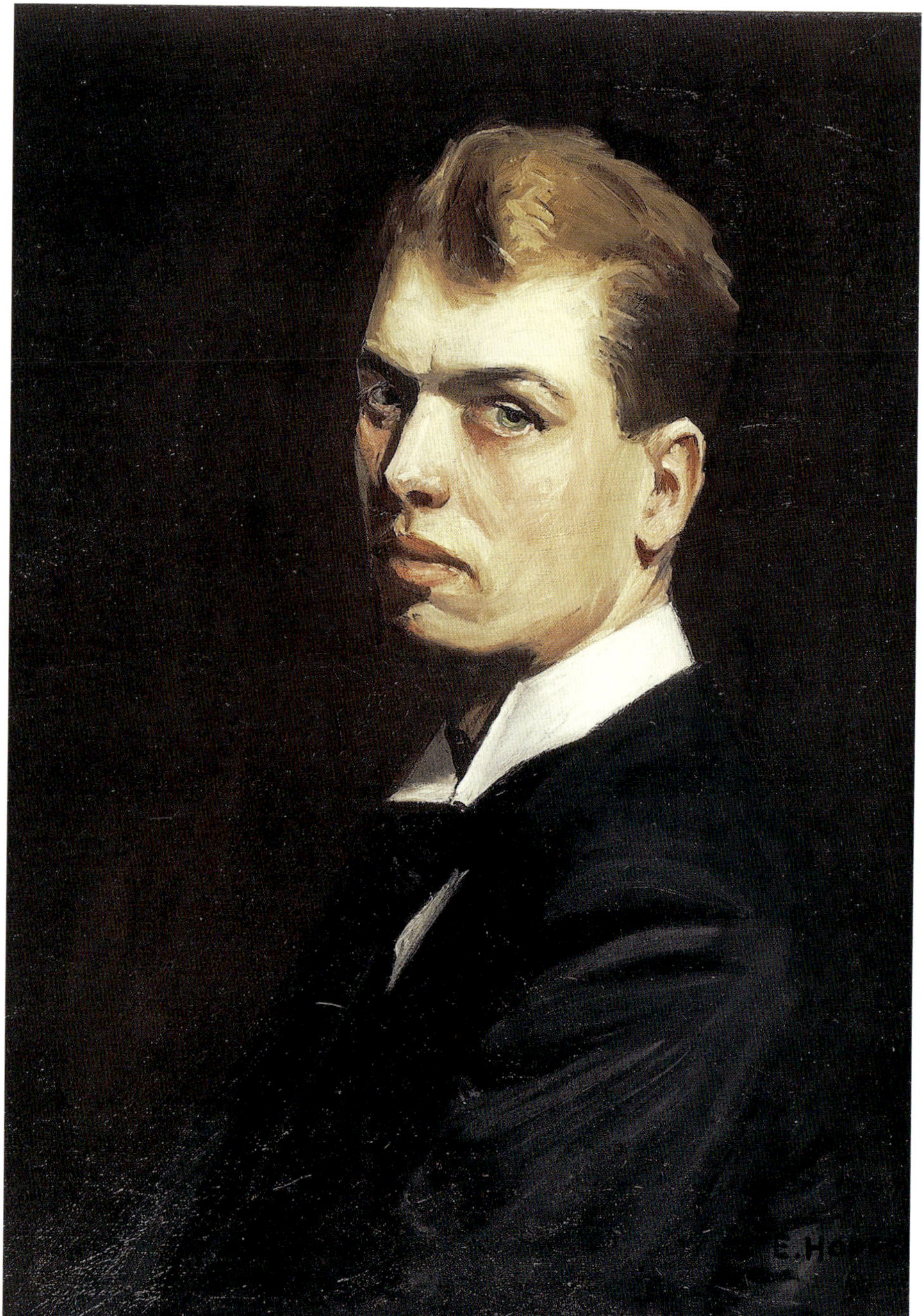

Die Realisten, von der scheinbaren Vertrautheit seiner Bilder getäuscht, beanspruchten ihn für sich; wegen der makellosen Geometrie seiner Kompositionen wurde er den Formalisten zugerechnet, aufgrund der deutlich metaphysischen Dimension seines Werks in die Nähe der Surrealisten gerückt. Doch Edward Hopper ist keiner Schule zuzuordnen. Die Vielschichtigkeit seiner Bilder widersetzt sich jeder Einordnung in die Strömungen, deren Auseinandersetzungen und Polemiken das 20. Jahrhundert geprägt haben.

KAPITEL 1

DIE REALISTISCHE TRADITION

»Schüchtern wie ein englischer Schuljunge. Langes, schmales Gesicht, kräftiges Kinn, starke Zähne, großer Mund mit vollen, aber nicht sinnlichen Lippen.« *
Hoppers Selbstportrait um 1904 zeugt vom Unterricht bei Robert Henri und ist von den ersten Impressionisten, insbesondere Manet beeinflusst.

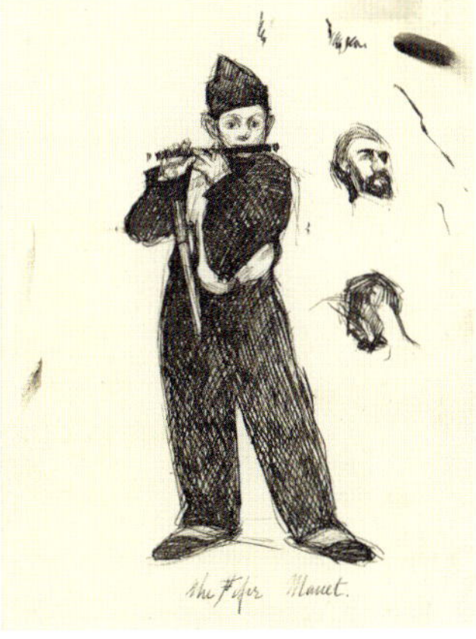

* Guy Pène du Bois, *Artists Say the Silliest Things*, Kessinger Publishing, 2010 (Erstveröffentlichung 1940).

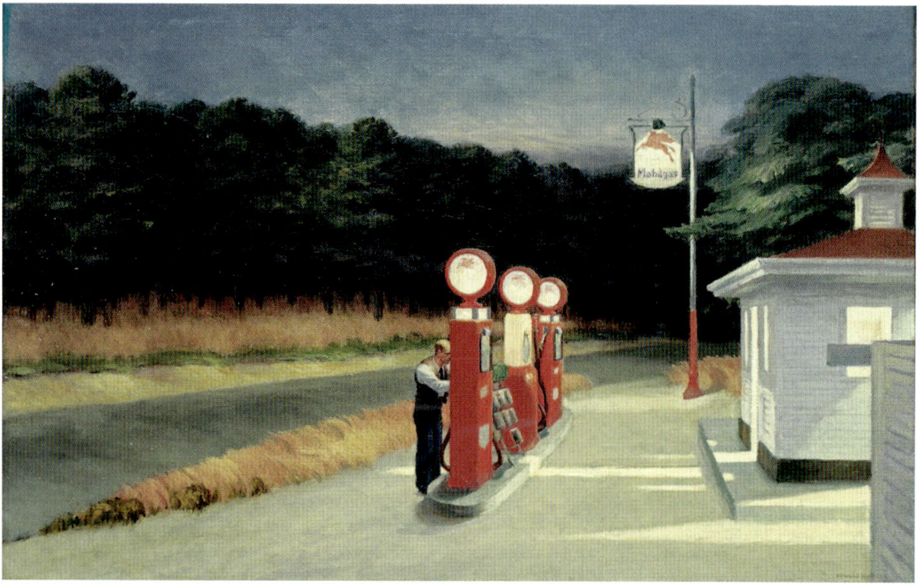

Die letzten Lichter der Dämmerung machen *Gas* (1940) zu einem Gemälde der Schwellen. Das Bild konfrontiert die Zeichen einer labilen Zivilisation mit der Drohung einer ungezähmten Natur in der Abenddämmerung. Die Lichter der Tankstelle führen einen verzweifelten Kampf mit der Finsternis des dichten Waldes. Hoppers formaler Schematismus macht aus dem Motiv einen Archetyp. Anfang der 60er Jahre interessierten sich die Vertreter der Pop Art, die sich programmatisch mit Alltagsgegenständen beschäftigten, wieder für Tankstellen und ihre kommerziellen Embleme.

Anfang der 1980er Jahre berief sich der Maler Robert Morris in der Zeitschrift *Art in America* auf die schon zwei Jahrzehnte zuvor weit verbreitete Vorstellung, dass die moderne amerikanische Kunst auf drei Künstler zurückgehe, nämlich Jackson Pollock, Marcel Duchamp und Edward Hopper, und fügte diesem Triptychon einen vierten Gründervater hinzu: Joseph Cornell.

Die Vorstellung von einem »amerikanischen Quartett« konnte erst in einer schon postmodernen Zeit entstehen, die nach jahrelanger nahezu ausschließlicher Vorherrschaft einer formalistischen, nicht figurativen Kunst und der Pop Art verschiedene Formen des Realismus rehabilitiert und die dadaistische Subversion und den surrealistischen Irrationalismus wiederentdeckt hatte.

Im Werk Jackson Pollocks sieht Morris die Wurzeln des »modernistischen Formalismus«, der zu den rein geometrischen und »objektiven« Formen des Minimalismus führen sollte. Duchamp sei der Vater einer »von Zynismus und Ironie« durchdrungenen Kunst, deren entmaterialisierter Ausdruck sich der Sprache nähere (was den Weg zur Konzeptkunst eröffnete). Cornell habe die Methoden, die Sensibilität des Surrealismus in die amerikanische Kunst eingeführt. Hopper schließlich sei der Künstler, der im höchsten Grad die realistische Tradition Amerikas verkörpere.

Über drei Jahrzehnte nach dieser Quadrangulierung der amerikanischen Kunst kann man die Ursprünge der amerikanischen Moderne auf Pollock und Hopper beschränken. Hoppers Kunst weist eigentümliche Nähen zum frühesten Surrealismus auf, der seine Wurzeln in der Metaphysik Giorgio de Chiricos hat. Ironie ist unstreitig ein Grundelement in Hoppers Werken; am deutlichsten rückt ihn jedoch die philosophische oder moralische Dimension seiner Bilder in die Nähe der Vorläufer der Konzeptkunst. Metaphysisch, ironisch, surrealistisch – die einzige Definition, die auf Hoppers Malerei nicht zutrifft, ist paradoxerweise der von Morris behauptete Realismus. Wenn es überhaupt einen Realismus gibt, dem man seine Werke zurechnen könnte, wäre es ein höchst paradoxer, so vielschichtig wie die *Allégorie réelle*, als die Gustave Courbet sein Gemälde *Atelier des Künstlers* bezeichnete.

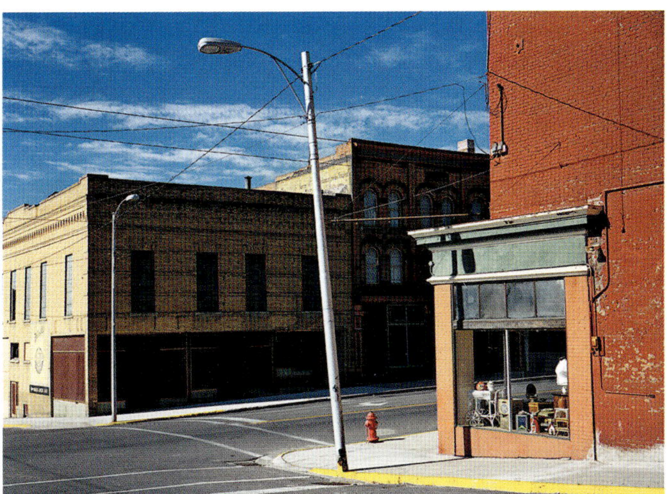

Wenn ihm die Inspiration fehlte, gab sich Hopper »Kino-Orgien« hin, wie er es nannte. Sein letztes Bild, *Two Comedians* (1966), malte er nach mehreren Besuchen der *Kinder des Olymp*. Doch die Beziehung zwischen Hoppers Bildern und dem Kino ist äußerst komplex. Der Film kann Hoppers Bildern vorausgehen, sie durch seine Figurengestaltung und seine archetypischen Orte inspirieren, tritt aber auch in den Werken selbst auf. Hoppers Bilder sind als Photogramme, erstarrte Momente in einer Erzählung, als Schnappschüsse einer unterbrochenen Szene verstanden worden.

Das Kino wiederum hat sich ständig von Hoppers Gemälden inspirieren lassen. Hitchcock, Jarmusch, Polanski haben ihnen ihre Sujets und ihr Licht entlehnt. Für den deutschen Regisseur und Photographen Wim Wenders war das Werk Hoppers ständiger Bezugspunkt. Neben seinen Filmen erinnern auch seine Photos durch ihre strenge Komposition und ihre Melancholie an Hoppers Universum. (links: ein Photo von Wim Wenders vom Drehort seines Films *Don't come Knocking*, 2005)

Hopper und die amerikanische Tradition

Edward Hopper wurde 1882 in Nyack geboren, einem Städtchen am linken Ufer des Hudson im Norden des Staates New York. Als Tribut an die viele Jahre später geäußerte Überzeugung, dass eine Beziehung zwischen den frühen Erfahrungen und den reifen Ausdrucksformen bestehe, sollen hier drei biographische Elemente festgehalten werden: Hoppers überaus strenge baptistische Erziehung; die Inspiration zu seinen ersten, meist satirischen Zeichnungen – der Unterschied zwischen Männern und Frauen, der Darwinismus und die irische Einwanderung – und schließlich seine schon mit zwölf Jahren beträchtliche Körpergröße, die ihm den Spitznamen *Grasshopper* eintrug.

Er wuchs in der Zeit eines beispiellosen wirtschaftlichen und industriellen Umbruchs auf, durch den Amerika innerhalb weniger Jahrzehnte zur führenden Weltmacht aufstieg. Dieser Gewaltmarsch in die Moderne, dessen triumphales Symbol die 1883 gebaute Hängebrücke von Brooklyn ist, erschütterte natürlich die von den ersten amerikanischen Siedlern geprägten traditionellen Werte. In der Nachfolge von Thomas Carlyle, dem Zeugen der industriellen Revolution in England, der beklagte, dass das »Zeitalter

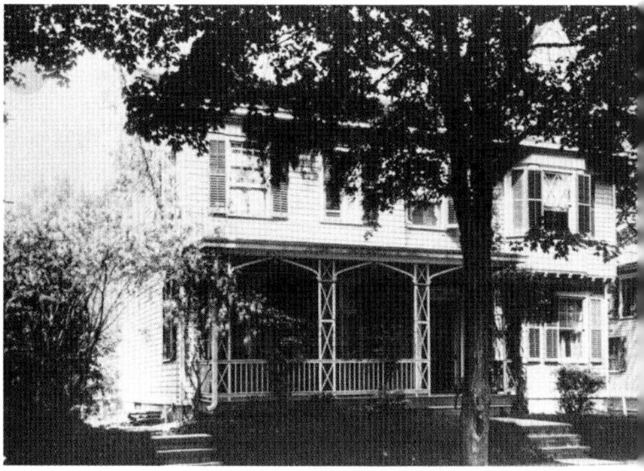

Hopper verbrachte seine Kindheit in Nyack, in der Nähe der Orte, die die Künstler der Hudson River School, der ersten amerikanischen Kunstschule, zu ihren arkadischen Landschaftsbildern inspiriert hatten. Der Stil von Hoppers Geburtshaus (Mitte) nimmt die neoviktorianischen Gebäude vorweg, die für seine Kunst emblematisch wurden. In Nyack entwickelte er seine Vorliebe für den Wassersport (unten: Hopper mit etwa acht Jahren) und plante zeitweise sogar, Schiffsbauer zu werden.

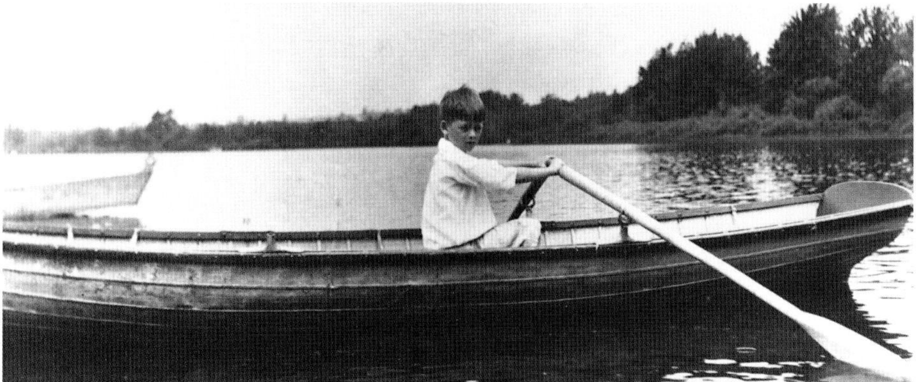

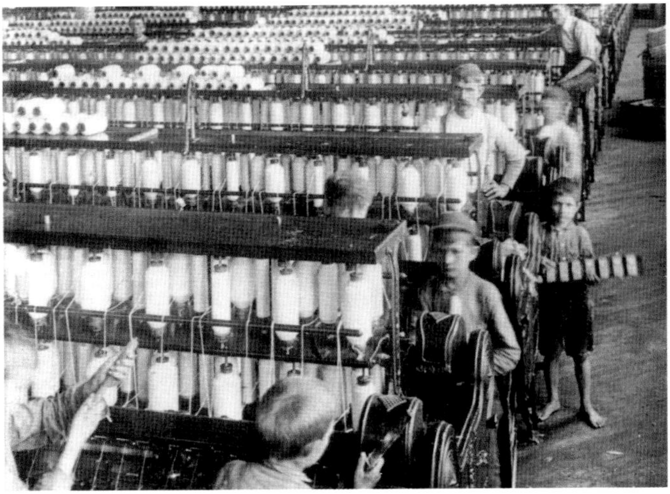

der Maschine« die Menschen der Innerlichkeit und der Spiritualität entfremde, kämpften amerikanische Denker und Schriftsteller wie Ralph Waldo Emerson, Walt Whitman, Henry David Thoreau, Herman Melville und Nathaniel Hawthorne gegen den Merkantilismus, die Entmenschlichung und den Materialismus, die dem technischen Fortschritt innewohnten, und gegen die schnelle Verstädterung Amerikas, das den Hirtengeist seiner Anfänge vergessen habe. In *The American Notebook* (1844) berichtet Hawthorne von seinem Besuch bei Thoreau in Sleepy Hollow, wo die Betrachtung der kleinen Ereignisse einer harmonischen Natur jäh durch das donnernde Eindringen einer Lokomotive in die Landschaft gestört wird. Thoreau nennt die Eisenbahn, dieses Symbol der fortschreitenden industriellen Revolution, die den Frieden seiner pastoralen Zuflucht stört, *evilish*.

New York School of Art

Während der junge Hopper unter dem Einfluss der arkadischen Ansichten der Maler der Hudson River School (Albert Bierstadt, Jasper Cropsey etc.) seine ersten Bilder malte, schrieb ihn seine Familie für das Fach Illustration an der New York School of Art ein, damit er einen Beruf erlerne, der ihm ein zuverlässiges Einkommen sicherte. Ein Jahr später, 1900, wechselte er zur Malerei, wo auch Guy Pène du Bois,

»Die Menschen haben sich mechanisiert, nicht nur in ihren Gesten, sondern auch in ihren Herzen und Köpfen. Sie haben den Glauben an jede individuelle Anstrengung und natürliche Kraft verloren. Sie hoffen und streben nicht nach innerer Vervollkommnung, sondern nach äußeren Verbindungen und Vereinbarungen, nach Institutionen, Strukturen – nach Mechanismen jeglicher Art. All ihre Bestrebungen, Zuneigungen, Meinungen hängen vom Mechanismus ab und sind selbst mechanisch.«
Thomas Carlyle,
A Mechanical Age, 1829

In wenigen Jahrzehnten entwickelte sich das Amerika der Hirten zur ersten Industrieweltmacht (oben, Baumwollfabrik in Süd-Carolina um 1900). In *Modern Times* (1936) zeigt Charlie Chaplin die Entmenschlichung infolge dieses Umbruchs. Wie Thoreau machte Hopper die Eisenbahn zum Symbol einer Technik, die der alten Ordnung, dem Traum der amerikanischen Pioniere von einem neuen Paradies auf Erden ein Ende setzte.

George Bellows, Patrick Henry Bruce, Walter Pach und Rockwell Kent studierten.

Durch die New York School of Art wehte 1902 dank der Berufung von Robert Henri, einem charismatischen neuen Lehrer mit feurigem Temperament, der Wind der Freiheit. Henri hatte an der Pennsylvania Academy of Fine Arts in Philadelphia bei Thomas Anshutz gelernt, der wiederum ein Schüler von Thomas Eakins war. Henri wurde das Bindeglied zwischen seinen Schülern und der Kunst von Eakins. Diese Abkunft repräsentiert die Tradition einer amerikanischen Malerei, die auf ihre Autonomie gegenüber den europäischen Modellen bedacht ist, einer ehrlichen Kunst, die sich subjektiver Ergüsse enthält und willkürlichen virtuosen Effekten misstraut. Henri, ein bedingungsloser Bewunderer Edouard Manets, vermittelte seinen Schülern den Geschmack an einer José de Ribera und den spanischen Meistern entlehnten nüchternen Farbpalette, die auch Manet inspiriert hatte.

Während eines langen Paris-Aufenthalts (1888–1891) gelangte Henri zu dem Schluss, dass die amerikanische Kunst dem Weg der Impressionisten folgen müsse, die kraft ihrer realistischen Überzeugungen das Joch der Académie des Beaux-Arts abgeschüttelt und deren Kontrolle über Unterricht und Ausstellungen ein Ende gemacht hatten. Henris fanatischer Individualismus und seine revolutionären Überzeugungen mündeten um 1910 in seiner Begeisterung für die Ideen Emma Goldmanns, der führenden amerikanischen Anarchistin, zu deren Kursen an der sehr libertären Ferrer School unter anderem Man Ray und Leo Trotzki kamen.

Henris Studenten an der New York School of Art erinnerten sich später lebhaft an seine Autorität und die Kraft seiner Überzeugungen. Zum Beispiel erklärte er, es interessiere ihn nicht, sie zu lehren, was er

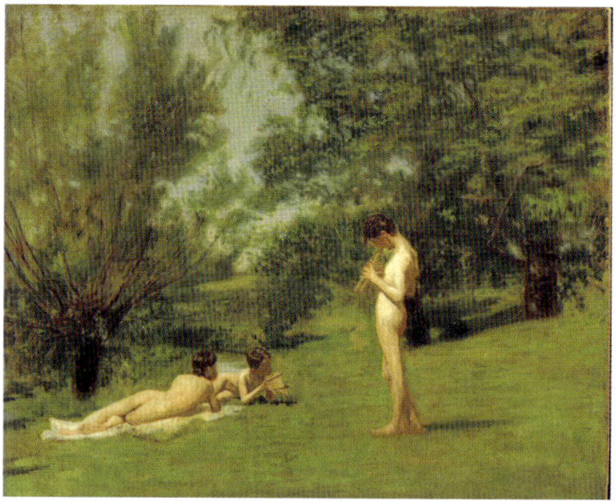

Als das New Yorker Museum of Modern Art (MoMA) zu Beginn der 30er Jahre die Genealogie der unabhängigen amerikanischen Malerei aufzeichnete, widmete es ihren drei »Gründervätern«, Thomas Eakins, Winslow Homer und Albert Ryder, eine Ausstellung. Für Hopper war Eakins, wie in seinen wenigen Texten nachzulesen, ein Eckpfeiler einer amerikanischen Kunst, die sich ihrer Eigentümlichkeit bewusst ist. Er hielt ihn für »bedeutender als selbst Manet«. Eakins hat ein *Arkadien* (1883, oben) gemalt, das den Landschaften Amerikas noch zum Verwechseln glich; ein Wachtraum, den die Industrialisierung des Lands zerstörte.

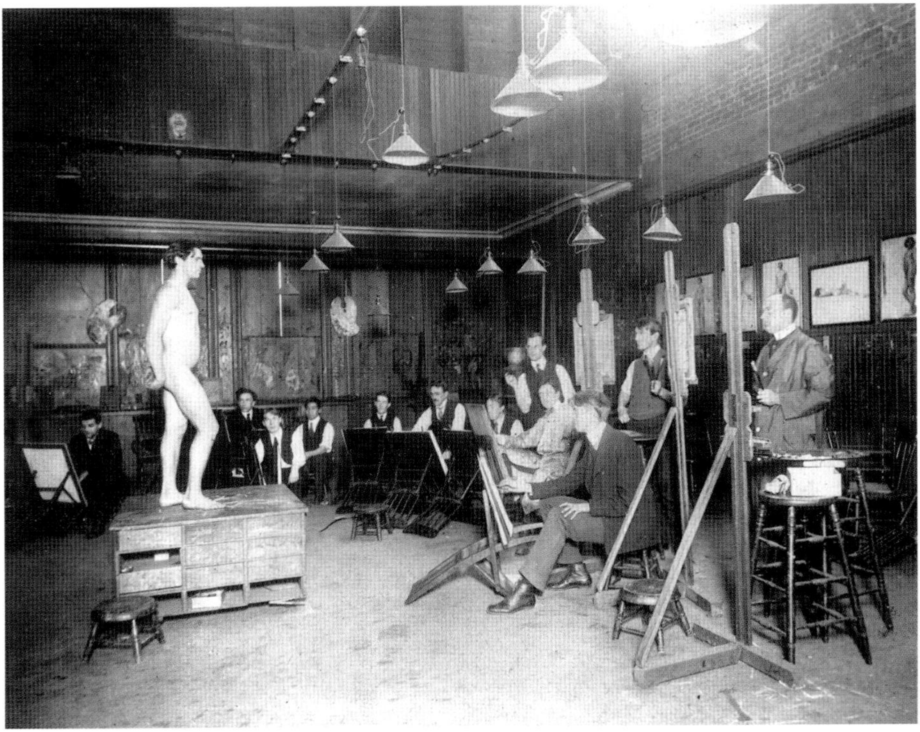

wisse. Er wolle sie dazu bringen, das auszudrücken, was sie wüssten.

Erste Werke: ein vorausweisendes Triptychon

Hoppers Bilder aus der Zeit der New York School of Art zeugen vom Einfluss dieses Unterrichts. Die Farbschichten seiner Stillleben waren den Werken Zurbaráns oder des jungen Velázquez entlehnt. Aus der noch ganz schulmäßigen Produktion stechen drei kleinere Bilder hervor, in deren Sujets sich seine künftige Malerei ankündigt.

Young Woman in a Studio zeigt aus der Froschperspektive eine Frau auf einem Podest in der emblematischen Pose der Melancholie, das Kinn in die Hand gestützt, mit leerem Blick. Diese Gestalt taucht vierzig Jahre später in *New York Movie* wieder auf, diesmal in einer Reflexion Hoppers über den Illusionscharakter des Realen und die Eitelkeit der Welt.

»Der Beste, den wir in der Schule hatten. Sehr begabt, aber in diesem Stadium noch kein Künstler. Nicht frei genug dafür. Zu viel angelsächsische Zurückhaltung. Die er gar nicht mag. Liebt mehr die romanische Freiheit.«

Guy Pène du Bois über Hopper in den Jahren 1902–1906, op. cit.

Oben: Modellzeichenkurs der Klasse von Robert Henri in der New York School of Art 1903/04. Hopper im Vordergrund auf einem Schemel.

Auf dem zweiten Bild, *Solitary Figure in a Theater*, sitzt ein Zuschauer verloren vor einer verlassenen Bühne in einem leeren Theater. Das Schauspiel, ob

Unten: *Young Woman in a Studio* (1901/02)

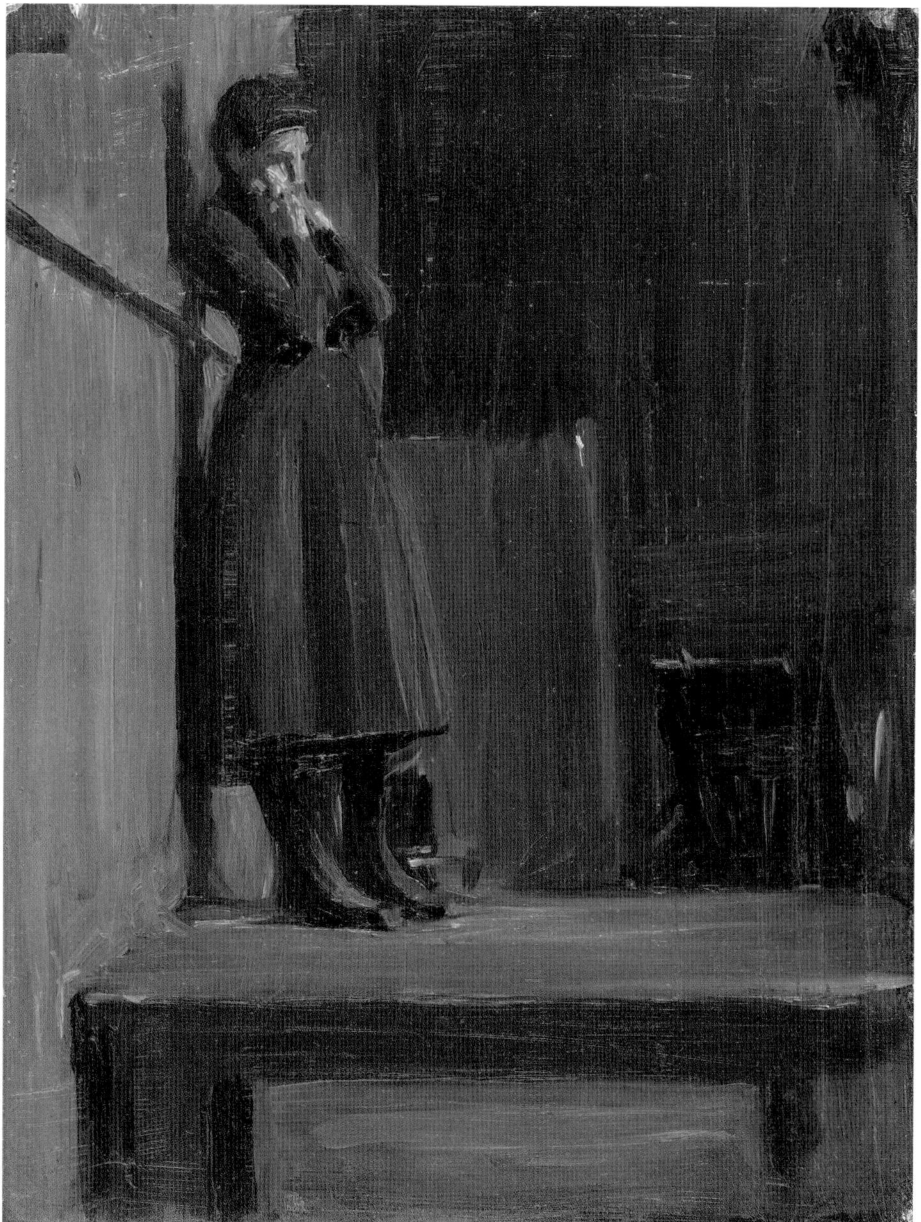

im Theater oder im Kino, die Inszenierung der Blicke sollte von den 30er bis in die 60er Jahre ein bevorzugtes Sujet Hoppers werden.

Das dritte Bild hält einen schwebenden Moment fest, eine Handlung, die gerade vollzogen wird oder noch nicht stattgefunden hat. *Man seated on Bed* gleicht einem Filmstandbild, einer Momentaufnahme aus einem Stück von Henrik Ibsen (den Hopper damals besonders bewunderte). Die wie zu Glas erstarrte Zeit, die in der Schwebe bleibende Erzählung bleiben gleichfalls charakteristisch für Hoppers Kunst.

Seit diesem Gemälde von 1902–1904, *Solitary Figure in a Theater*, rückte das Schauspiel im Schwebezustand, die Unterbrechung des Erzählstroms, die angehaltene Zeit ins Zentrum von Hoppers Werk. Das Thema wird in einem seiner letzten Bilder, *Intermission* (1963), wieder aufgenommen: einsame Gestalten in einem Kino- oder Theatersaal, die sich alle von der Bühne oder Leinwand abwenden, in die Lektüre oder ins Nachdenken versunken sind, also gegen alle Zerstreuungen ihre Vorliebe für das Innenleben behaupten. Ihre innere Sammlung hat in Hoppers Kunst den Wert eines Manifests.

Die Pariser Quais

Wie Eakins, Henri und viele amerikanische Künstler nach ihnen hatte Hopper das Bedürfnis, seine künstlerische Ausbildung durch einen Paris-Aufenthalt zu vervollkommnen. Sein Interesse für Frankreich und die französische Kultur ging allerdings weit über diese Konvention hinaus. Durch seine Großmutter mütterlicherseits (Elizabeth Lozier) stammte Hopper von François Lesueur ab, einem Bauingenieur aus Dieppe und Bruder von Eustache Lesueur, Maler an der Académie royale. War diese Abstammung der Grund für Hoppers nie nachlassende Frankophilie? Wie auch immer, jedenfalls entflammte diese Neigung Hoppers Leidenschaft für die französische Sprache und Literatur.

Im Herbst 1906 zog Hopper in eine Wohnung der Pariser Baptisten-Mission in der Rue de Lille. Er schrieb seiner Mutter begeisterte Briefe, vertraute ihr an, er habe sich noch nie so wohl gefühlt. »Paris ist eine elegante, schöne Stadt, fast zu repräsentativ und lieblich nach New Yorks unkultiviertem Durcheinander. Alles scheint mit dem Ziel geplant, ein höchst harmonisches Ganzes zu schaffen, was man gewiss erreicht hat. Es gibt nicht einmal einen farblichen

Misston, der die eintönigen, einheitlich grauen oder bräunlichen Fassaden unterbräche. (…) Auf sämtlichen Straßen wimmelt es von Leuten aller Art, Priester, Nonnen, Studenten und immer wieder die kleinen Soldaten mit ihren weiten, roten Hosen.«*

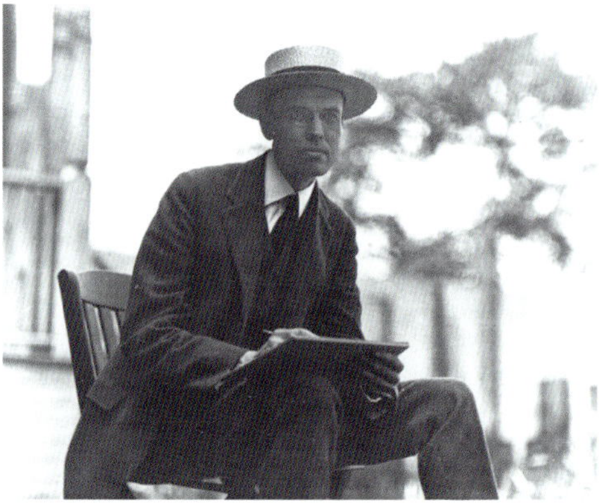

Erwachen der Sinne

Die ersten Bilder, die er in Paris malte, waren noch vom strengen Realismus der spanischen Meister geprägt, denen zu folgen Robert Henri seinen Schülern empfohlen hatte. Doch er fand schnell zu einem Stil, der zu seiner freudig entdeckten Lebenslust passte. Die Romanze mit einer jungen Engländerin war der Höhepunkt dieser Initiation in die Sinnlichkeit. Sein ehemaliger Mitschüler Patrick Henry Bruce führte ihn in den Impressionismus ein, die durch Claude Monet und Auguste Renoir vollendete Technik, das Entzücken angesichts des Wirklichen und das Gefühl der Lebensfreude auszudrücken. Hopper berauschte sich an der lyrischen Metamorphose der Welt, die durch die Befreiung der Farben und des Lichts in seiner Kunst möglich wurde. Paris war für ihn »der Höhepunkt von allem. Ich mochte das greifbare Erscheinungsbild der Stadt. Ich arbeitete für mich allein in den Straßen, am Fluss, malte unter dem Einfluss des Impressionismus, malte fast ein Jahr lang alles in hellen Tönen.«**

»Ich glaube nicht, dass es auf der Erde noch eine Stadt gibt, die so schön ist wie Paris, noch ein anderes Volk mit einer derartigen Wertschätzung des Schönen wie die Franzosen. Es gibt hier immer irgendeine Art von Ausstellung, entweder von Bildern, Skulpturen oder der Industrie, und jeder, egal ob arm oder reich, interessiert sich dafür.«

Brief von Hopper an seine Mutter vom 8.12.1906, zitiert nach Levin, op. cit. (oben: Hopper in Paris 1907)

Ganz in sein Glück versunken, war er blind für die Suche in den Werken von Picasso und Matisse, die ihm in der Sammlung von Gertrude Stein, zu der ihn Bruce mitnahm, nicht einmal auffielen. Beim Salon d'automne 1906 scheint fast nichts seine Aufmerksamkeit

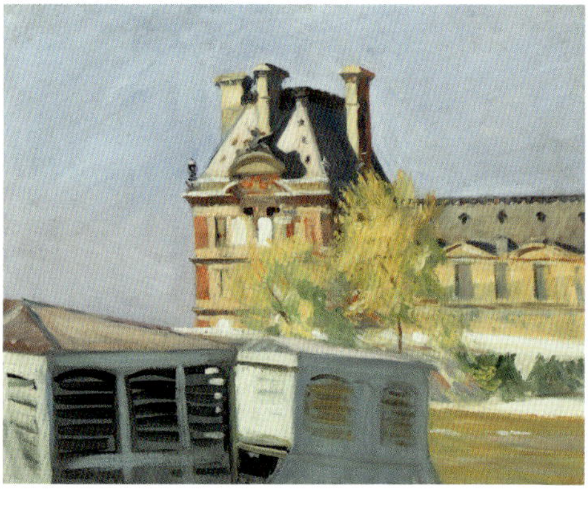

* Zitiert nach Levin, op. cit., S. 80f.

** Zitiert nach Levin, op. cit. S. 104.

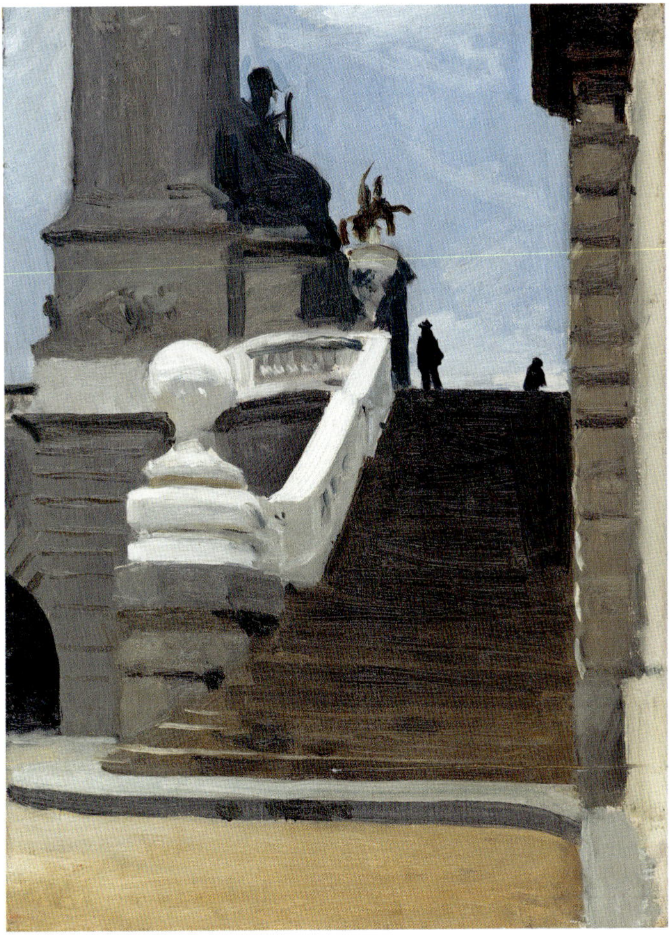

Von der Rue de Lille, wo er wohnte, hatte Hopper nur ein paar Schritte zu den Seine-Quais. Dort stellte er seine Staffelei gegenüber dem Pavillon de Flore auf, der sein bevorzugtes Pariser Sujet war (*Le Pavillon de Flore*, 1909, linke Seite unten). Seine Bilder sind Huldigungen an den Klassizismus, an die Kultur, die ihn so sehr begeisterte, dass er Französisch lernte. Der Pavillon de Flore ist Teil des Louvre, den Hopper regelmäßig besuchte. Er malt ihn vom Seineufer aus, aus der Froschperspektive, der Blick wird zum Teil von den Uferböschungen im Vordergrund versperrt. Dieser Kompositionstyp taucht später in seinen amerikanischen Landschaftsbildern wieder auf. In Paris festigte sich Hoppers Stil, seine Vorliebe für Kompositionen, die durch mächtig aufgetürmte Massen strukturiert und durch die betonten Kontraste von Licht und Schatten dramatisiert werden.

Links: *Two Figures at Top of Steps in Paris* (1906)

erregt zu haben: »Ich war gerade im Herbstsalon und fand ihn größtenteils sehr schlecht, obwohl er in seinen Zielen viel liberaler ist als die Ausstellungen zu Hause.« *

Trotz dieses negativen Berichts hingen im Salon von 1906 Gemälde, die sein Werk unauffällig, aber dauerhaft prägen sollten. Albert Marquet stellte eine Serie von Ansichten der Seine-Quais aus, die sich Hopper prompt zu eigen machte. Der Schweizer Félix Vallotton zeigte häusliche Szenen, deren in Licht getauchte Frauengestalten Jan Vermeer zu aktualisie-

* Ibid.

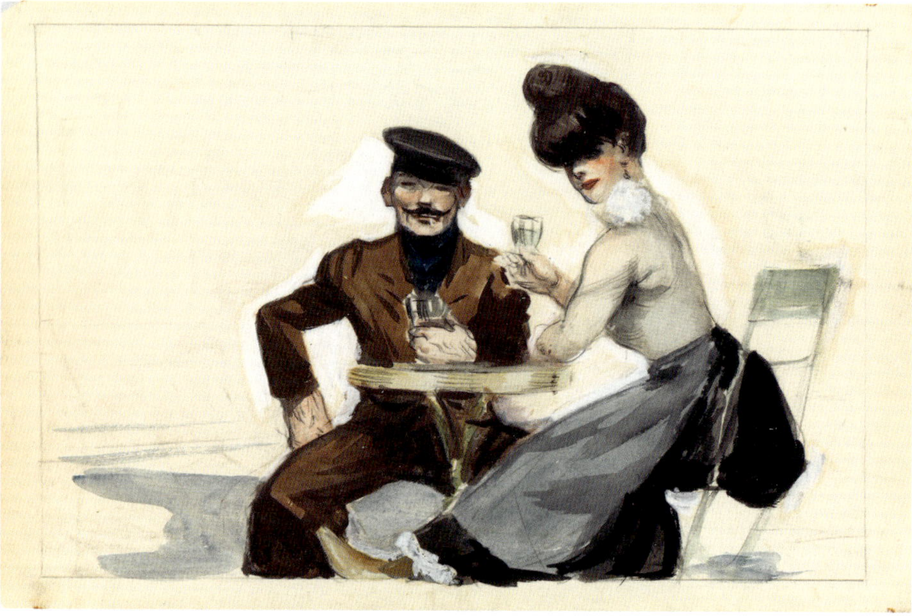

ren scheinen. Das Sujet einer Bilderserie von Walter Sickert, Szenen aus den Pariser Boulevardtheatern, tauchte schon seit einigen Jahren auch in Hoppers Werk auf. Im Januar 1907 sah Hopper in der Galerie Bernheim-Jeune neue Werke von Sickert, einen Monat später neue Gemälde von Marquet in der Galerie Druet. Im Louvre prägten sich ihm Watteaus *Gilles* und Rembrandts *Philosoph* ein. Von Watteaus galanten Festen blieben ihm die süße Melancholie und die theatralisierte Auffassung der Welt in Erinnerung. Das Ideal eines Malers indessen blieb für ihn Rembrandt, dessen spirituelle Gestaltung des Lichts, ein Licht der Innenräume, den sinnlichen und profanen Luminismus der Impressionisten überlagerte und so eine Dialektik schuf, die bald zum Charakteristikum von Hoppers Kunst wurde.

Ein Echo zu den gesellschaftssatirischen Zeichnungen von Jean-Louis Forain: Hopper skizziert einen Pariser Zuhälter.

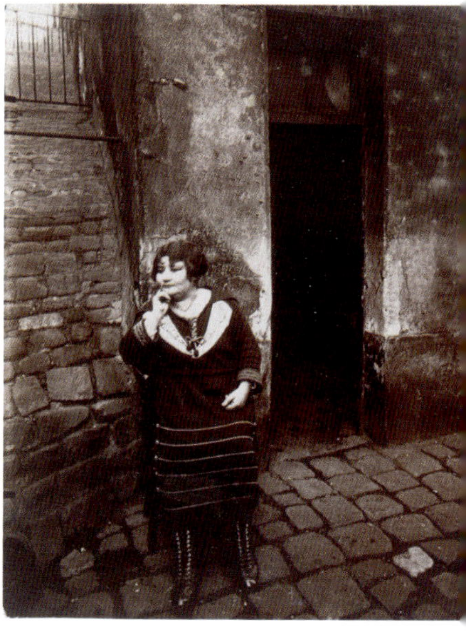

Die Illustration: eine demokratische Kunst

Als Hopper 1910 nach Amerika zurückkehrte, das von einer neuen Wirtschaftskrise gebeutelt wurde, sah er sich gezwungen, seinen ursprünglichen Beruf als kommerzieller Illustrator, oder, wie wir heute sagen würden, Gebrauchsgraphiker, auszuüben. Für die meisten amerikanischen Künstler war die Gebrauchsgraphik ein fast selbstverständlicher Teil ihrer Arbeit. Winslow Homer übte sie fast zwanzig Jahre lang aus. Die meisten Maler, die sich bei der Ausstellung der *Eight* um Robert Henri scharten, arbeiteten regelmäßig als Illustratoren. Mehr noch vielleicht als der ökonomische Zwang (in einer Zeit, als der noch kaum entwickelte Kunstmarkt die »lokale« Malerei links liegen ließ) trieb diese Künstler ein politisches Engagement, eine demokratische Entscheidung zur Illustration.

Die Photographien von Eugène Atget (links unten) – von den Treppen zum Fluss, den Wasserbecken im Park von Saint-Cloud, den pittoresken Gestalten des einfachen Volks von Paris – werden in vielen von Hoppers Bildern aus der Pariser Zeit explizit zitiert.

Alexis de Tocqueville erläutert in *Die Demokratie in Amerika* ausführlich die Besonderheiten der amerikanischen Kultur. Er kommt zu dem Schluss, dass die demokratischen Prinzipien nicht nur die Politik der Vereinigten Staaten, sondern auch die Kunst der jungen Nation leiteten. Seine Analyse mündete in der These, das literarische Genie Amerikas habe sich vom Roman ab- und dem Journalismus zugewandt! Als amerikanische Autoren erkenne er einzig die Journalisten an. Der amerikanische Schriftsteller sei bestrebt, mit möglichst vielen Menschen in einer möglichst verständlichen Form zu kommunizieren, und mache sich deshalb zum Chronisten oder Verfasser von Fortsetzungsromanen. Es ist verlockend, Tocquevilles Thesen zu übertragen und die Illustration als die demokratische Form der visuellen Kunst Amerikas zu betrachten. Vermutlich hat Homer diesen nicht geringen Teil seiner Betätigung so verstanden. Und weil ihn dieselben Ideale erfüllten, war John Sloan bis

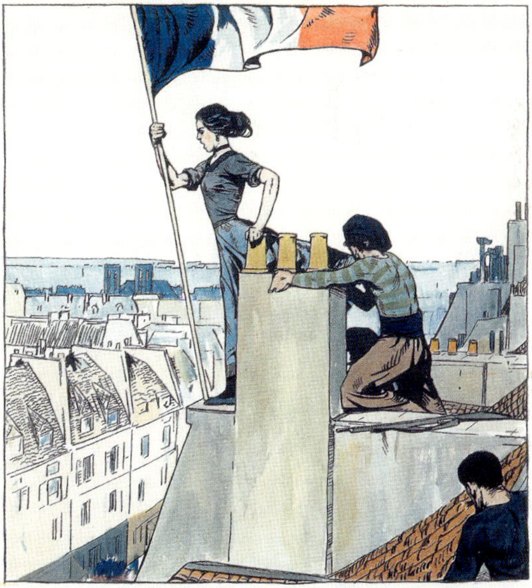

Ohne jeden Auftrag zeichnete Hopper Illustrationen, die von seiner Liebe zur französischen Literatur zeugen. Er entwarf einen Umschlag für Victor Hugos *Die Elenden* und mehrere Illustrationen für den Gedichtband *L'Année terrible*, den Hugo der Pariser Commune widmete.

1916 Mitarbeiter der Zeitschrift *The Masses*.

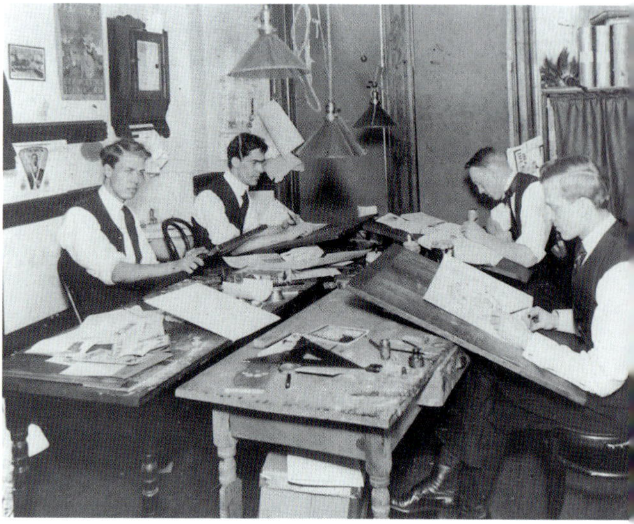

Hopper gab vor, diese Gefühle gegenüber der Illustration nicht zu teilen. Wenn er darauf zu sprechen kam, setzte er trotz seiner unbestreitbaren Erfolge in diesem Fach sein Talent herab und bezeichnete sich als »unfähigen oder zumindest schlechten Illustrator«. Im Hinblick auf seine künstlerischen Bestrebungen empfand er diese Tätigkeit als entfremdend und entwürdigend. Seine Abneigung ist wohl auf den spezifischen Charakter der Gebrauchsgraphik zurückzuführen, deren ikonographische Normen durch den triumphierenden Kapitalismus bestimmt werden. Hoppers Zeichnungen für amerikanische Fachzeitschriften sind etwas ganz anderes als jene in den *Maîtres humoristes* und anderen satirischen Zeitschriften, die er bewunderte und von seinen Europareisen mitbrachte. Seine Zeichnungen für das *Magazine of Business* oder *Farmer's Life* sollten die Werte des Konsumismus vermitteln und eine beispiellose kulturelle Standardisierung befördern. Sherwood Anderson, der Schriftsteller des Mittleren Westen, dessen Romane und Erzählungen Hopper bewunderte, hatte die gleichen widersprüchlichen Empfindungen wie der Maler, der die Werte der neuen Wirtschaftsordnung zelebrieren musste. Von 1900 bis 1906 arbeitete Anderson für Werbeagenturen. Als er damit aufhörte und sich der Schriftstellerei verschrieb, stürzte er die in seiner Werbetätigkeit vertretenen Werte um: Zum Dichter der *losers* geworden, schrieb er Parodien des vom Konsumismus verdorbenen amerikanischen Traums (unter

Bis 1925 stammten Hoppers Einkünfte ausschließlich aus seiner Tätigkeit als Gebrauchsgraphiker (oben links, bei Philipps and Co. in New York 1906).

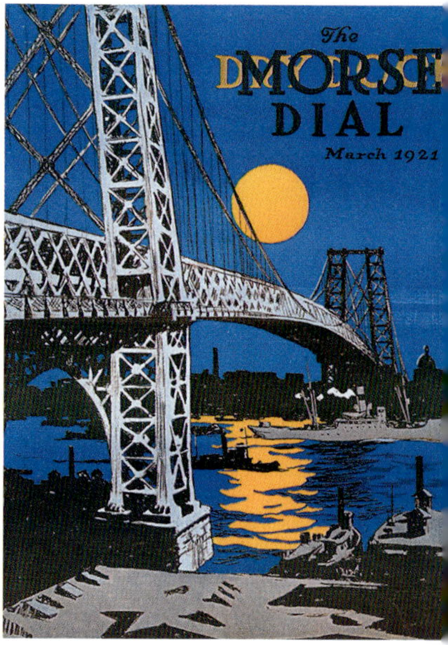

anderem in *The triumph of the egg / Das Ei triumphiert* von 1921).

Hoppers Erfahrungen als Gebrauchsgraphiker ließen ihn einen ähnlichen Weg nehmen wie Anderson. Die Bilder, die er später malte, stellten immer wieder die in seinen kommerziellen Zeichnungen propagierten Werte auf den Kopf. Er malte nur noch einsame, nachdenkliche oder niedergeschlagene Personen: lauter Widerständler gegen den Dynamismus, das obligatorische Glück des kommerziellen Marketing. Dennoch schlägt sich in diesen Gemälden ein technisches Können, eine Ikonographie nieder, die er durch die kommerzielle Illustration erworben hatte.

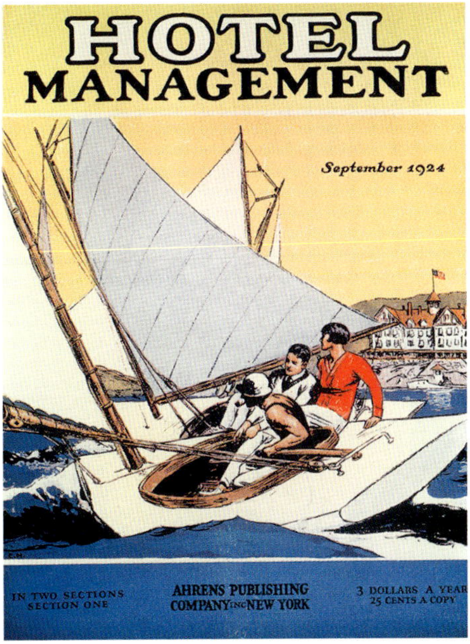

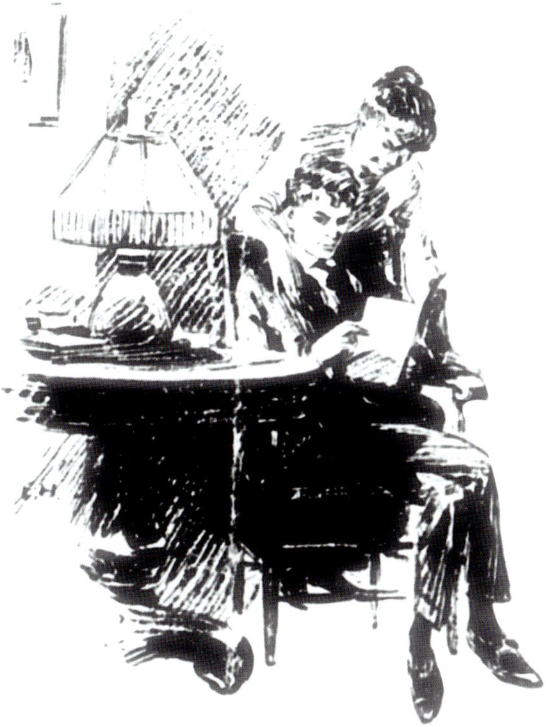

Trotz seines Widerwillens gegen diese Tätigkeit, die natürlich an Aufträge gebunden ist, erwies sich Hopper als begabter Zeichner, der von seinen Auftraggebern geschätzt und von seinen Kollegen anerkannt wurde (1918 erhielt er den Preis für die beste Werbegraphik zum Thema Kampf gegen Deutschland). In seinen Illustrationen ist die Tendenz zur formalen Synthese bereits angelegt, die bald schon seine Malerei charakterisieren sollte. Pflichtgemäß zelebrieren diese Bilder die obligatorischen Freuden eines Lebens in Müßiggang und Konsum.

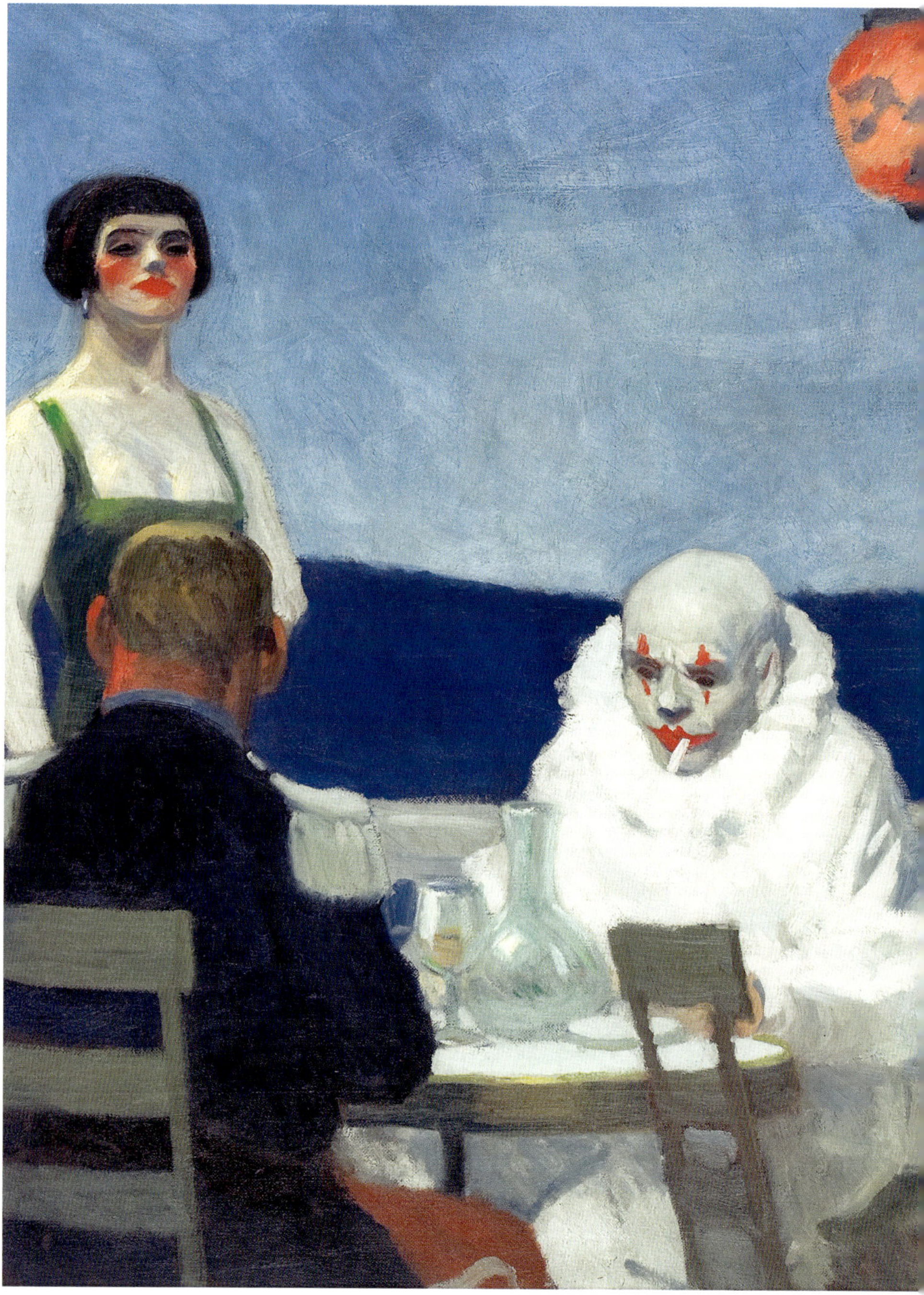

Als Hopper von seiner letzten Europareise nach Amerika zurückkehrte, entdeckte er eine radikal veränderte Kunstlandschaft. Robert Henri und die Gruppe The Eight hatten die Idee einer Kunst durchgesetzt, deren »Modernität« gemäß Baudelaires Verständnis darin besteht, dass sie zu Vergleichen mit der Alltagswirklichkeit anregt. Diese neuen »Maler des modernen Lebens« kommen aus der Schule der Pressezeichner.

KAPITEL 2

EINE AMERIKANISCHE KUNST

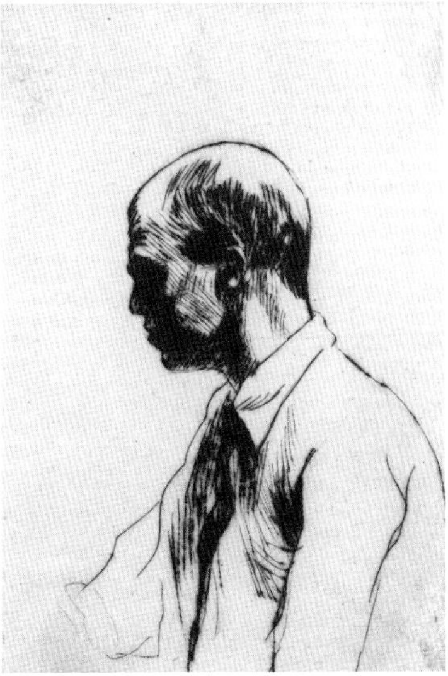

In *Soir bleu* (1914, links, Ausschnitt) inszeniert Hopper auf einer Pariser Caféterrasse das Bohèmeleben der europäischen Künstler. Die Nähe des Pierrot zu Hoppers Selbstportrait (rechts, 1919–1923) macht den weißen Clown zum *alter ego* des Künstlers.

The Eight

Während Hopper noch seiner Parisnostalgie nachhängt, wird in New York eine Ausstellung organisiert, die die Geschichte der modernen Kunst in Amerika revolutionieren soll. Die amerikanische Kunst ist weit entfernt von dem liberalen Geist, den Hopper im Pariser Herbstsalon begrüßt hatte. Sie steht unter der konservativen und autoritären Fuchtel der National Academy, die über das Ausstellungsprogramm herrscht und den Kunstmarkt kontrolliert. Robert Henri, selbst Mitglied dieser Akademie, führte die Revolte gegen ihre erstickende Autorität an. Aus Empörung über den Ausschluss der Werke von George Benjamin Luks, John Sloan und William James Glackens vom jährlichen Salon der Akademie entschloss er sich zur offenen Dissidenz und initiierte eine Gegenausstellung.

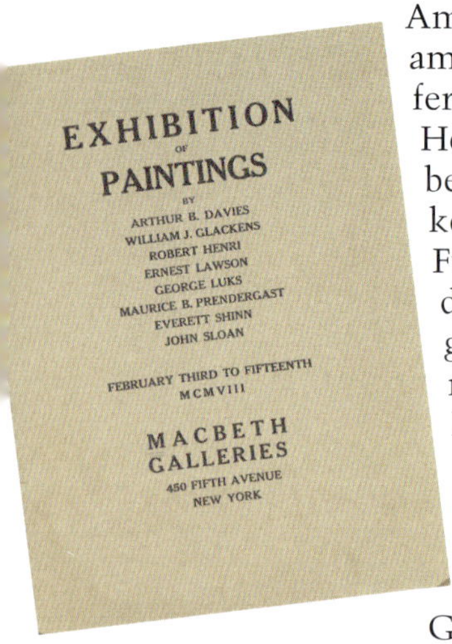

Die sieben Künstler, die er für sein Projekt gewann, machten sich auf die Suche nach einer Galerie, die bereit war, ihre Ausstellung aufzunehmen. Sie wurde schließlich am 3. Februar 1908 in der Galerie Macbeth an der 5. Avenue eröffnet. Die Presse berichtete ausführlich über diese Demonstration der Unabhängigkeit der Eight, in der sie den Ausdruck eines neuen »amerikanischen Realismus« sah. Jahre später, 1916 (so berichtete Sloan) wurden die acht Künstler der Galerie Macbeth wegen der Trivialität ihrer Sujets der *Ashcan School* zugeordnet, und dieser Name blieb an ihnen haften.

The Eight waren keine homogene Gruppe. Die Malerei von Maurice Prendergast, Ernest Lawson und Henri war impressionistisch, während die von Sloan, Glackens, Luks, Everett Shinn und Arthur Bowen Davies in

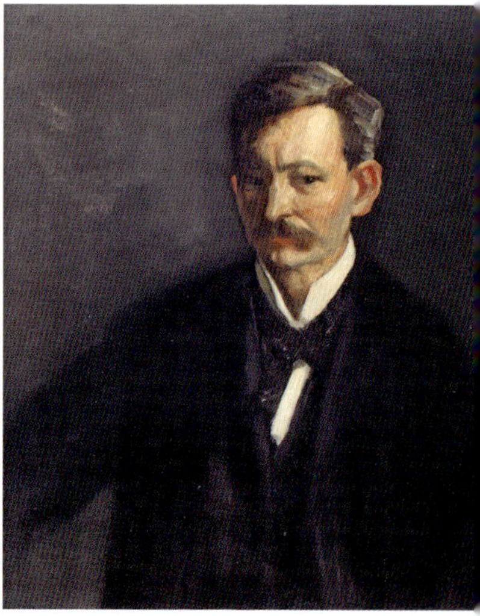

Robert Henris starker Individualismus und seine libertären Überzeugungen prägten seine Schüler der New York School of Art (Hopper, Bellows etc.) und darüber hinaus das Schicksal der amerikanischen Kunst. »Wir dürfen nur malen, was uns wichtig ist, und auf keinen Fall fremden Forderungen folgen. Sie wissen nicht, was sie wollen und was wir ihnen zu geben haben.« Henri verallgemeinert diese emanzipatorischen Prinzipien, macht daraus ein kollektives Manifest und vereint die Gruppe von Künstlern, die 1908 die Unabhängigkeit der amerikanischen Malerei verkünden.

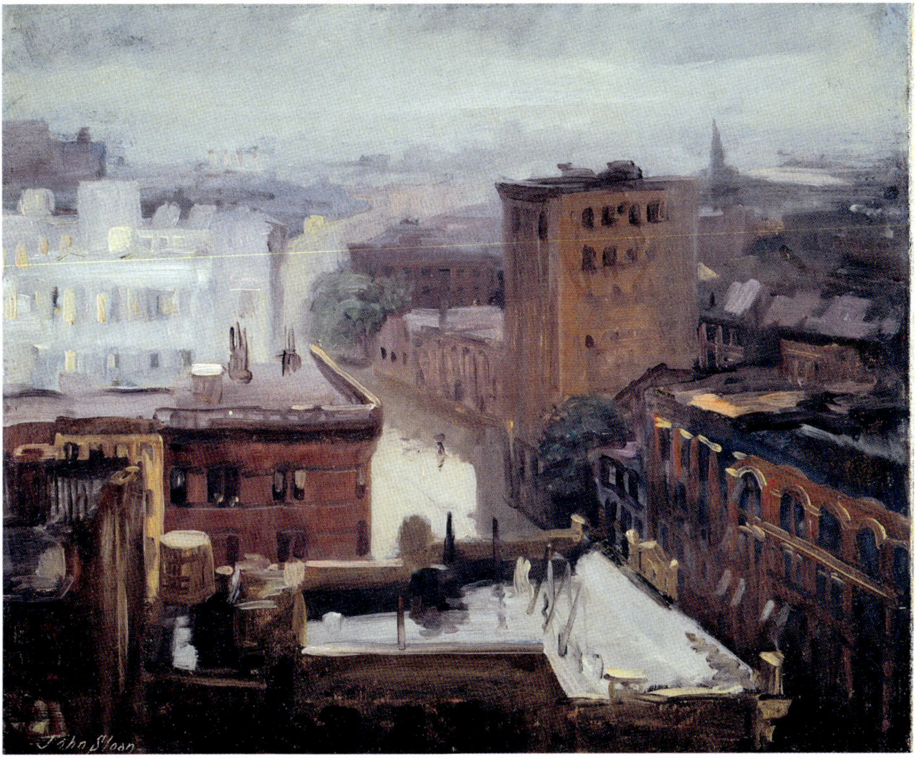

Rain, Rooftops, West 4th Street (1913) von John Sloan zeugt von dem illusionslosen, kritischen Blick, den die Künstler der *Ashcan School* auf die städtische Wirklichkeit richten. Weit entfernt von der wilden Aktivität, die die Futuristen faszinierte, zeigt Sloan eine trostlos statische, unbewohnte Stadt. Parallel zu seiner Tätigkeit als Maler war Sloan auch politisch engagiert und schuf zahlreiche Illustrationen für die Zeitschrift des amerikanischen Marxismus, *The Masses*.

Technik und Sujets ihrer Praxis als Illustratoren verpflichtet war, weshalb sie als »Zeitungskünstler« bezeichnet wurden (der Kunstkritiker Robert Hughs warf ihnen vor, Kunst und Journalismus zu verwechseln).

Gleichwohl, die Ausstellung der Eight war die Geburtsstunde der modernen amerikanischen Malerei. Weit entfernt von den Sujets der verfälschenden Historienschinken und idealisierten Akte, die von der Akademie gepriesen wurden, forderten Henri und seine Gefährten eine Modernität, wie sie ihr Erfinder Baudelaire definiert hatte: Beobachtung und ungeschminkte Darstellung des wirklichen Lebens in den Großstädten.

Ashcan School, die »Ascheimerschule«

Lange Zeit rechnete man Hopper zu den Malern der *Ashcan School*. Sein eigener Stil und die Strenge sei-

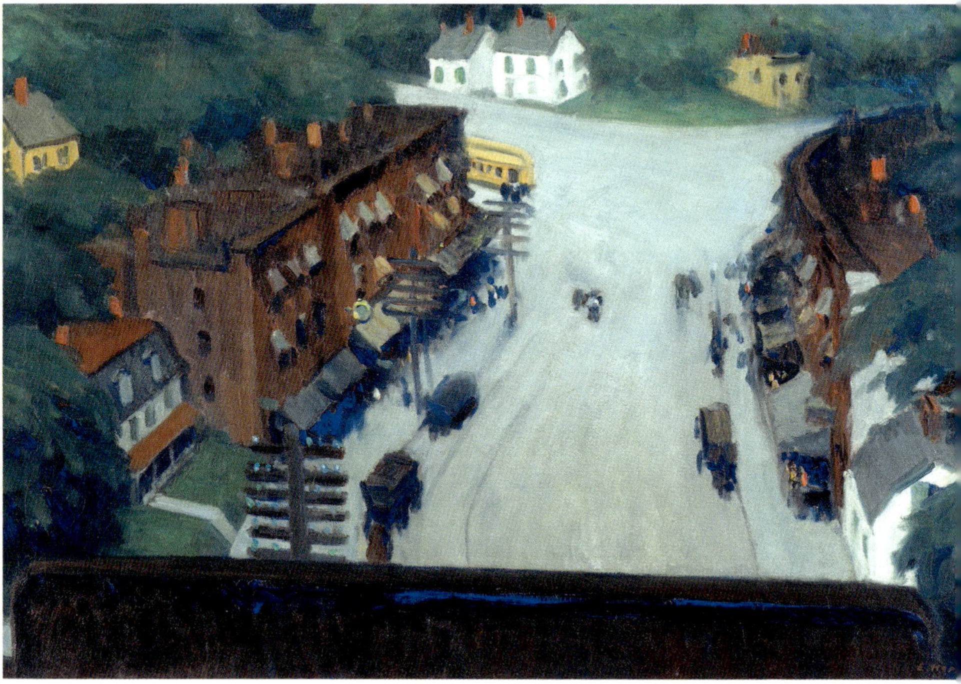

Die Notwendigkeit, sich regionalen Themen zuzuwenden (oben: *American Village*, 1912), wird den amerikanischen Malern zur selben Zeit bewusst, in der Sherwood Anderson seine Erzählungen über das Alltagsleben der Kleinstädte im Mittleren Westen veröffentlicht.

ner Kompositionen, die in diametralem Gegensatz zu jeder realistischen Skizze stehen, sprechen zwar gegen diese Zuordnung, aber seine persönlichen Beziehungen zu den Mitgliedern der Gruppe und ihren direkten Nacheiferern (wie seinem Mitschüler Bellows) lassen sie gerechtfertigt erscheinen. 1927 rühmte Hopper seinen einstigen Lehrer, der eine wichtige Rolle auch für seine eigene Emanzipation gespielt hat: »Henri war der Mittelpunkt und Anführer der freisinnigen Gruppierungen, die schon lange vor der großen Armory Show einen hartnäckigen Kampf gegen jene Heimsuchung führten, mit der die offizielle und reaktionäre Kunst von jeher und überall den wahrhaftigen künstlerischen Ausdruck behindert hat. Kein anderer Vertreter der neueren amerikanischen Kunst hatte einen so entscheidenden Anteil an der Freisetzung verborgener Kräfte, die aus der Kunst dieses Landes einen lebendigen Ausdruck seines Wesens und seines Volkes machen können (...).« *

* Edward Hopper, »John Sloan and the Philadelphians«, in: *Notes & Articles*, S. 73.

Aufgrund seiner städtischen, bewusst alltäglichen Sujets und seiner unterschwelligen Kritik an der Industrialisierung, die für ihn entmenschlichend ist, gehörte Hopper zweifellos zu den *Ashcan*-Künstlern. Nur seine hartnäckige Anhänglichkeit an seinen Pariser Traum war ein Hindernis. 1909 und 1910 reiste er erneut durch Frankreich und Europa. Seine Leidenschaft für Edgar Degas nahm zu. In Amsterdam bewunderte er Rembrandts *Nachtwache*. Jahrzehnte später malte er eine Nachtszene, *Nighthawks*, die als gedämpftes Echo auf Rembrandts Gemälde erscheinen könnte (dessen englischer Titel *Night Watch* dies auch nahelegt).

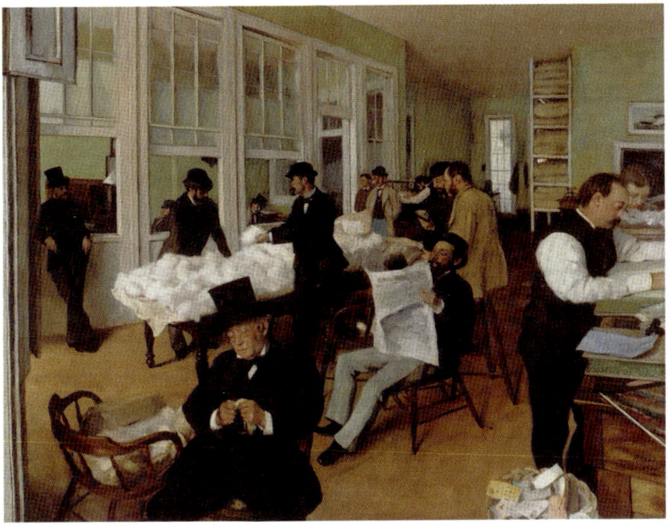

Während seiner letzten beiden Parisaufenthalte überdenkt Hopper seine Maltechnik. Er entsagt dem Impressionismus und dessen Verschwommenheit zugunsten soliderer Konstruktionen, die unwillkürlich an Marquet erinnern. Zurück in New York, trotzt er in den von Robert Henri organisierten Gruppenausstellungen hartnäckig dem Realismus, den sein einstiger Lehrer predigt, und zeigt mit seinen Pariser Gemälden Bilder einer erträumten Welt. Nach der endgültigen Rückkehr in die USA musste sich Hopper wohl oder übel mit der Frage einer unabhängigen, »nationalen« Kunst befassen, der Henris Aktion neue Bedeutung und Legitimität verliehen hatte.

Von den frühen Impressionisten genoss Edgar Degas Hoppers beständigste Bewunderung. Wegen dieser Zuneigung schenkt ihm seine Frau Josephine, genannt Jo, im Jahr ihrer Hochzeit die gerade erschienene Monographie von Jamot. Einige Sujets von Degas, wie *La Bouderie*, das zwei Menschen zeigt, die sich voneinander abwenden, fanden in Hoppers Werken direkte Nachkommen. Noch dauerhafter ist das Echo auf den französischen Maler bei den ausgefallenen Blickwinkeln.

Degas' *Baumwollkontor in New Orleans* (1873, links) ist für Hopper ein besonders wichtiges Bild, weil es ein ganz neues ikonographisches Feld eröffnet. Zum ersten Mal in der modernen Malerei (das Sujet gab es bereits in der flämischen Kunst) war die Welt des Handels und der Bürotätigkeit Gegenstand der künstlerischen Darstellung. Ist es ein Zufall, dass sich dieses Sujet Degas während seiner USA-Reise 1873 aufdrängte und er mit seinem Werk dem ökonomischen Genie der Neuen Welt Ausdruck verlieh?

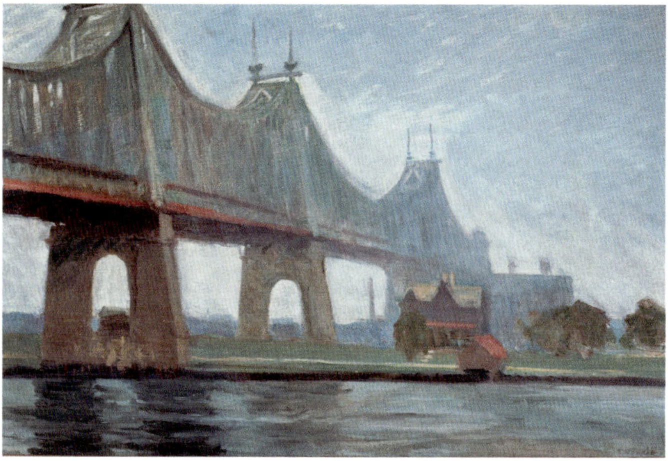

1912 malte er *American Village*, das Sujet war geradezu ein Manifest. Für die Darstellung des monotonen Vorstadtlebens vergaß er den Postimpressionismus und knüpfte wieder an die dunkle Farbpalette seiner Lehrjahre an. Die beiden folgenden Bilder passen zur anti-utopischen Sicht auf das industrialisierte Amerika von Luks oder Sloan. In *New York Corner* steht die bescheidene kleine Bar aus rotem Backstein dem bedrohlichen Hintergrund gigantischer Industriebauten gegenüber. In *Queensborough Bridge* verwandelt Hopper das architektonische Meisterwerk in ein gespenstisches Monster, eine zyklopische Konstruktion, die das zur Winzigkeit geschrumpfte Haus bedroht, über das sie hinwegführt.

Sechs Jahre später zeichnete Joseph Stella, der amerikanische Schüler der italienischen Futuristen, ein ganz anderes Bild der Modernität. Seine *Brooklyn Bridge* ist ein Lobpreis, eine lyrische Hymne auf den technischen Fortschritt. Den italienischen Malern um Filippo Tommaso Marinetti folgend, suchte Stella nach Sujets, die die Bewegung und Kraft des neuen Zeitalters der Metropolen, Maschinen und Massen ausdrücken konnten. Wie Umberto Boccioni war er auf der Jagd nach den Strudeln und Wirbeln der Energie, die die Individuen mit sich reißen und vernichten. In Coney Island, an den Ufern des Hudson, machte sich Stella auf die Suche nach *dem* futuristischen Sujet des modernen Amerika.

Die Gleichgültigkeit der amerikanischen Öffentlichkeit für seine Pariser Bilder, die öffentliche Demonstration der Gruppe The Eight und sein eigener Anspruch auf Realismus bewogen Hopper dazu, nach neuen Sujets und Stilmitteln zu suchen. In diesem Moment der Bedrängnis fand er in der Lektüre des Philosophen Ralph Waldo Emerson die Argumente für die Amerikanisierung seiner Kunst. Emerson, Begründer einer eigenen Philosophie, forderte seine Leser wie zuvor schon die Zuhörer seiner Vorträge auf, eine amerikanische Kultur zu entwickeln, die sich von den aus Europa ererbten Modellen emanzipiert. Dem demokratischen amerikanischen Geist folgend, predigte er die Befreiung von dem, was er »die aristokratischen Musen Europas« nannte: »Ich frage nicht nach dem Großartigen, Entlegenen, dem Romantischen. (...) Ich heiße das Gewöhnliche willkommen, ich sitze zu Füßen des Vertrauten, Geringen und erforsche es.« * Diesem Aufruf zum Realismus folgend, malte Hopper die *Queensborough Bridge* (1913, oben) in einem nebelfeuchten Stil, der an den ersten modernen amerikanischen Maler, James Abbott Whistler, erinnert.

* Ralph Waldo Emerson, »The American Scholar«, Vortrag vom 31. August 1837, zitiert nach Levin, op. cit., S. 381.

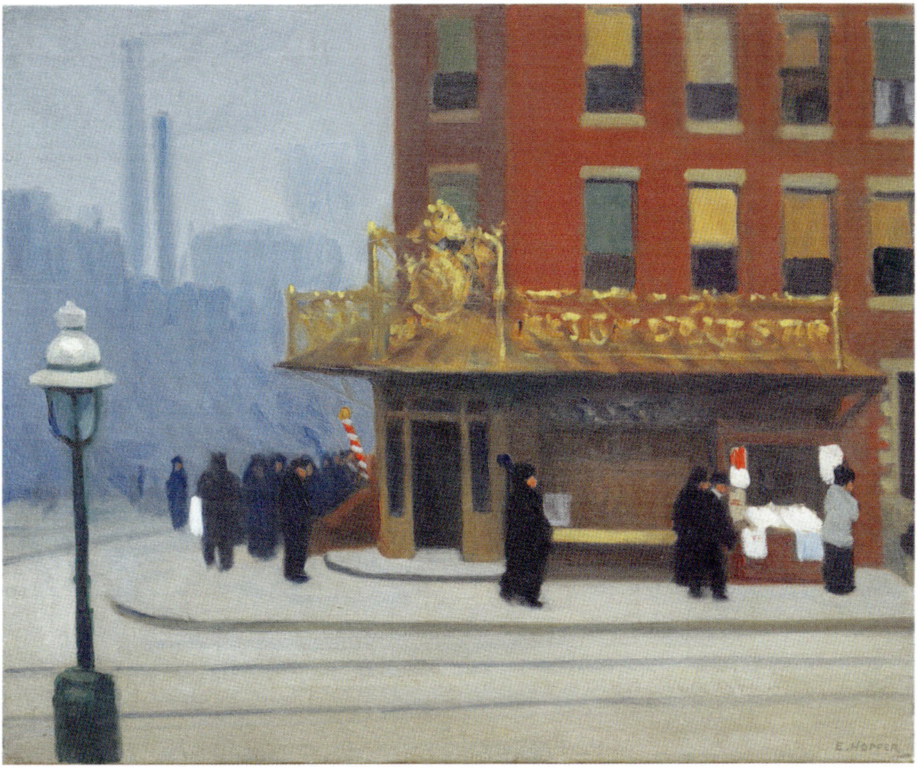

Hopper widerstand diesem Rausch. Statt der Vertikalität von Stellas Kompositionen, ihrer mitreißenden »Bewegungsenergie« (die Futuristen, Erben von Seurats Postimpressionismus, kannten die 1885 veröffentlichten Theorien der *Introduction à une esthétique scientifique* von Charles Henry genau, der die emotionale Wirkung der Kraftlinien einer Komposition beschrieb), bevorzugte er Panoramaformate, Kompositionen, die die horizontalen Linien betonen und in denen sich die Stille, Beharrlichkeit und Reglosigkeit der Melancholie ausdrücken. Seine Figuren ziehen die Einsamkeit der Menge, die Stille dem Tumult der Großstädte, die Unsicherheit des Reisenden den Gewissheiten des siegessicheren Tycoons vor.

Das Sujet von *New York Corner* (1913) ist der Laden, das Restaurant an der Straßenecke, wie man sie in vielen Großstädten findet. Hopper stellt sie den gigantischen Schatten der Fabriken und ihrer Schornsteine gegenüber, die den Hintergrund des Bildes verschließen. Die Konfrontation verstärkt die Ungewissheit, die Bedrohtheit der Räume des Austauschs und der Geselligkeit im Herzen der modernen Städte. Mit diesem Bild antwortet Hopper symbolisch auf den anti-utopischen Realismus, die Ernüchterung seines einstigen Mitschülers Bellows.

Soir bleu

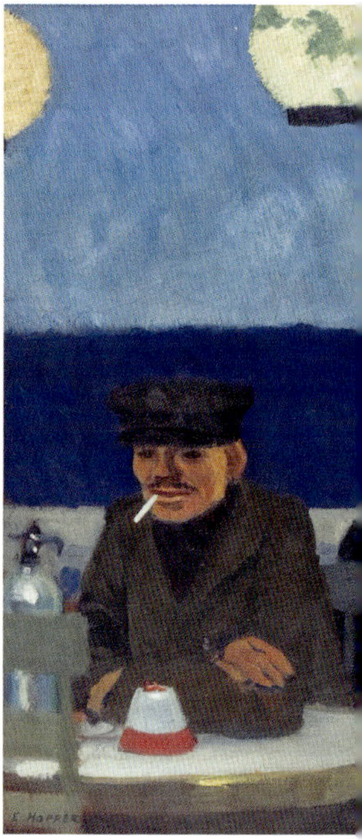

Die erste in der Reihe dieser verstörten Figuren ist das *alter ego* des Malers, der Clown im Zentrum seines größten Bildes, *Soir bleu*. Während Hopper sonst durch die Wahl des Sujets seine Zugehörigkeit zu den Werten einer »amerikanischen« Kunst betont, malte er hier ein elegisch getöntes Werk, einen Abschiedsgruß an seinen französischen Traum, das Bild seines endgültigen Abschieds von Kythera.

Der Titel *Soir bleu* stammt aus dem Gedicht *Sensations* von Rimbaud, das vom Vergnügen des Umherschweifens, vom Reichtum der sinnlichen Welt, von der Hingabe an die Liebe erzählt: »In blauer Sommernacht werd' ich durch Felder geh'n, Hälmchen zertreten auf den kühlen Pfaden.« Dieses Bild ist in Hoppers Werk einmalig, es hat keine Vorläufer oder Nachfolger. Wie Picassos *Demoiselles d'Avignon* sollte es lange in Vergessenheit geraten, weil es so gar nicht in sein Werk passte. Im Salon d'automne von 1906 hatte die Gedenkausstellung für Gustave Courbet Hopper tief beeindruckt. Der Maler aus Ornans hatte 1854 ein manifestartiges Werk geschaffen, dessen komplexer Titel auch auf das künstlerische Projekt zutraf, dem sich Hopper bald zuwenden würde. Dem eigentlichen Titel *L'Atelier du peintre* hatte Courbet die Bezeichnung *Allégorie réelle* angefügt. Hoppers gesamtes Werk folgt dem eigenartigen Programm einer Malerei, deren Sinn sich im Grenzbereich der Allegorie an einer beschränkten Wirklichkeit bricht. Der Materialismus des modernen Amerika mit seiner unerbittlichen Effizienz lässt die Engel, die zu malen Courbet widerstrebte, auf die Erde herabstürzen! Der Dichter Yves Bonnefoy fasste seine Vorstellung von diesem Projekt in ein Oxymo-

In *L'Atelier* (1854) portraitierte Gustave Courbet die Gesellschaft seiner Zeit und definierte den Platz, der dem Künstler darin zukommt. Der Maler befindet sich hier unter seinen Freunden und dem Volk, für das seine Kunst bestimmt ist.

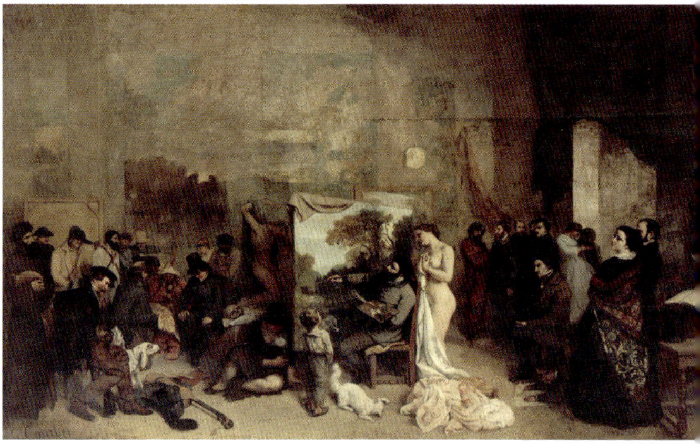

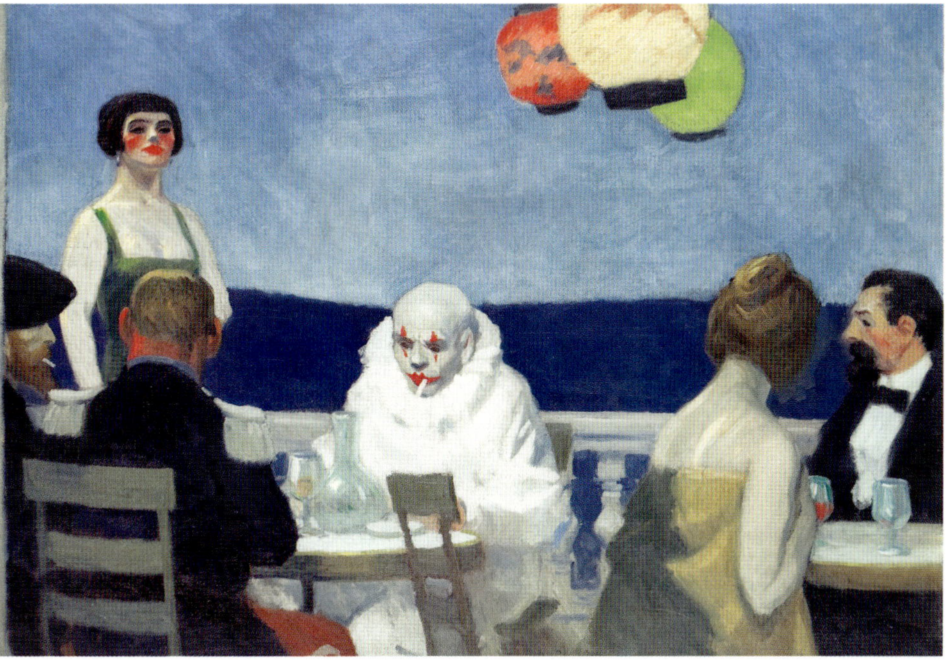

ron: Hoppers Gemälde erschienen ihm als »*Verkündigungen* ohne Theologie und ohne Verheißung«. Der Brief von König David, dessen Lektüre Rembrandts *Bathseba* so verwirrt, wird in den Händen der Figur von *Hotel Room* zum Kursbuch der Eisenbahn. *Der meditierende Philosoph* landet im düsteren Zimmer von *Excursion into Philosophy*.

Soir bleu ist die illusionslose Feststellung, welchen Status, welche Rolle der Künstler hat, wie auch Courbet sie in seinem *Atelier* getroffen hatte.
In Hoppers Bild sitzt der Maler seinem *alter ego* gegenüber, einem weißen Clown, ein entfernter Verwandter von Watteaus *Gilles*. Neben ihnen ein Offizier und ein Freudenmädchen. Auf der einen Seite dieser Gruppe sieht man einen Zuhälter, auf der anderen ein bürgerliches Paar. Courbet hingegen hatte sich inmitten von Dichtern (Baudelaire), Kritikern (Champfleury), Arbeitern und Kunstliebhabern gemalt, eine zusammenfassende Darstellung der Gesellschaft mit ihren Interessen und ihren Leidenschaften.

Mit der Anspielung auf das Gedicht *Sensations* von Arthur Rimbaud zeugt *Soir bleu* (1914) von Hoppers Sehnsucht nach Paris. Erinnerungen an eine Erweckung der Sinne, Hommage an eine symbolistische Poesie, deren Verse er noch lange rezitierte, Traum von einer auf dem Neuen Kontinent unbekannten Bohème – das Bild ist ein Abschiedsgesang. Die für Hopper ungewöhnliche Größe des Gemäldes (1,80 m breit) zeigt, welches Interesse er dem Sujet entgegenbrachte. Bei Ausstellungen unverstanden, verblieb *Soir bleu* eingerollt im Atelier und wurde erst nach Hoppers Tod wirklich entdeckt.

In einer Liste von Hoppers Werken wird erklärt, das Buch auf dem Bett in *Excursion into Philosophy* (1959) sei ein Werk von Platon und der Mann habe es »zu spät wiedergelesen«. Um welchen Text handelt es sich? Die Nachbarschaft des Buches zu einer entkleideten Frau könnte an das *Gastmahl* denken lassen, in dem von der Liebe die Rede ist und von der Erhebung, die sie mit sich bringt. Der erste Titel des Gemäldes, »Excursion into Reality« würde eher auf *Der Staat* verweisen und darin auf das Höhlengleichnis über die Welt der Illusion, in die uns unsere Sinne einschließen. Der aktuelle Titel des Bildes hingegen erinnert an Rembrandts *Philosoph*, den Hopper im Louvre bewundert hatte: Ein Philosoph sitzt nachdenklich am Fenster in der Sonne, eine Wendeltreppe verkörpert seine spirituelle Suche, seine Gefährtin schürt auf Knien das Feuer eines Kamins, Symbol des häuslichen Lebens. In Hoppers Bild nehmen die Sinnlichkeit der weiblichen Figur, das geistige Erhebung ausdrückende offene Buch und der meditierende Mann im Licht jedes einzelne ikonographische Element aus Rembrandts Werk wieder auf.

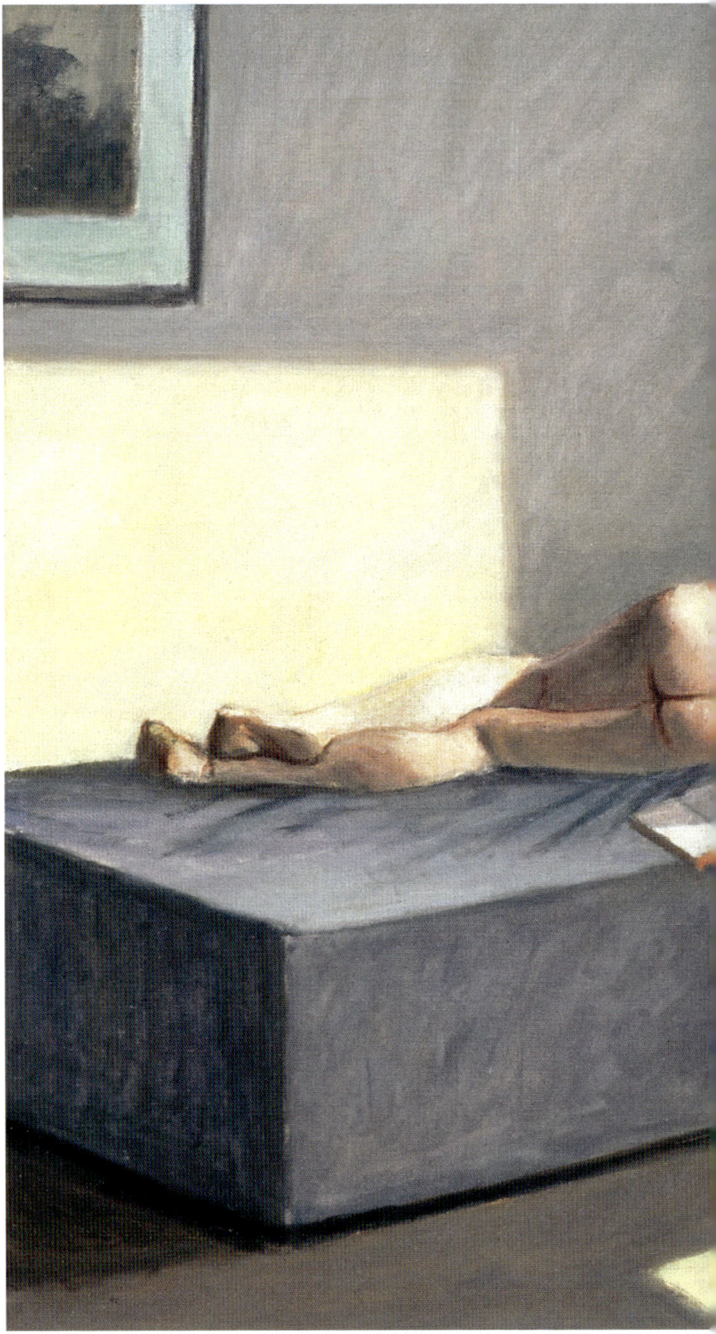

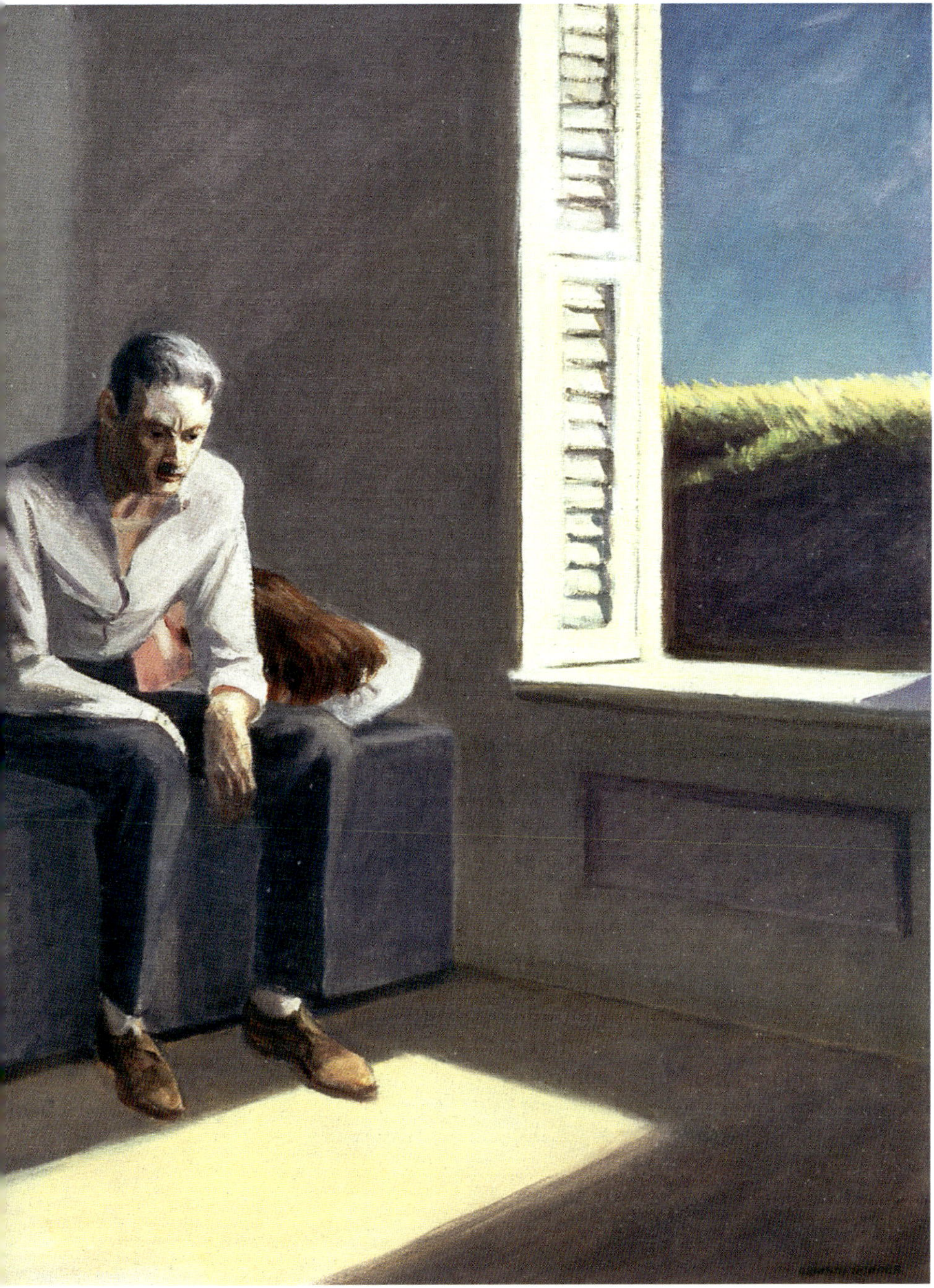

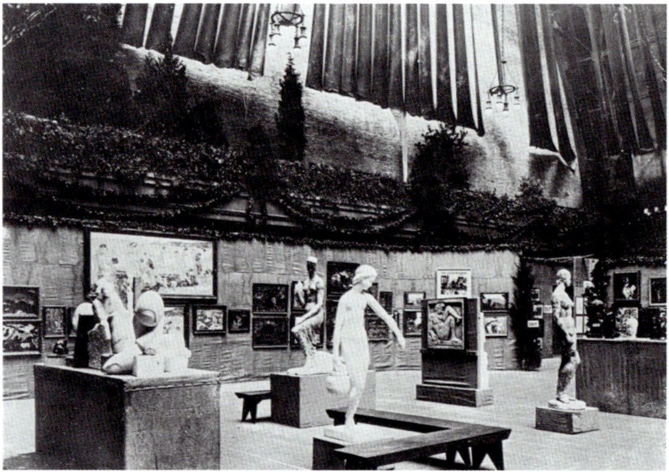

1913 beschließen mehrere Maler aus der Gruppe The Eight, eine internationale Ausstellung zu organisieren, die die Entwicklungen der modernen Kunst darstellen soll: die Armory Show (links). Zum ersten Mal werden die amerikanische Kunstkritik und die Öffentlichkeit mit der europäischen Avantgarde konfrontiert (Matisse, Kubismus, Kubofuturismus etc.) Das Bild *Nu descendant un escalier* (1912, unten) von Marcel Duchamp wird zum Emblem der Exzesse der Avantgarde erhoben und sorgt für einen Skandal, der von den amerikanischen Medien nach Kräften geschürt wird.

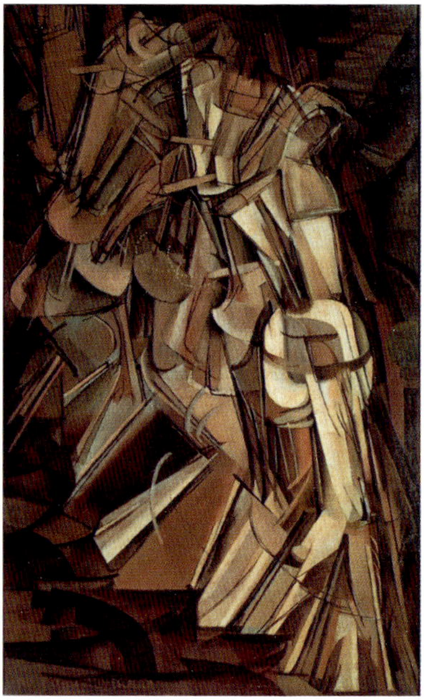

Soir bleu erinnert an das verlorene Paradies der Pariser Gefühle, einer Zeit der Unschuld, utopischer Träume von einer künstlerischen Bohème, zu denen Hopper die symbolistischen Dichter inspiriert hatten. Doch der Pariser Traum hält dem amerikanischen Umfeld nicht stand, in dem die Forderung nach einer nationalen Kunst immer lauter wird.

Die Armory Show

Drei Jahre nach dem Erfolg der Ausstellung der Eight beschlossen vier junge Künstler, Jerome Myers, Elmer MacRae, Walt Kuhn und Henry Fitch Taylor, ihrerseits eine Ausstellung zu organisieren, die die Unabhängigkeit der amerikanischen Künstler von den Zwängen der Akademie bestätigen sollte. Auf der Suche nach Verstärkung schlossen sie sich mit The Eight zusammen, die ihnen den Weg gebahnt hatten. Die Ausstellung, mit der ihre Aktion enden sollte, hatte zum Ziel, die befreiende Wirkung der von Robert Henri in der Galerie Macbeth organisierten Ausstellung auszuweiten. Doch die Armory Show (sie findet im Zeughaus des 69. Regiments der Nationalgarde statt) glitt ihren Organisatoren aus den Händen: Statt die Position der amerikani-

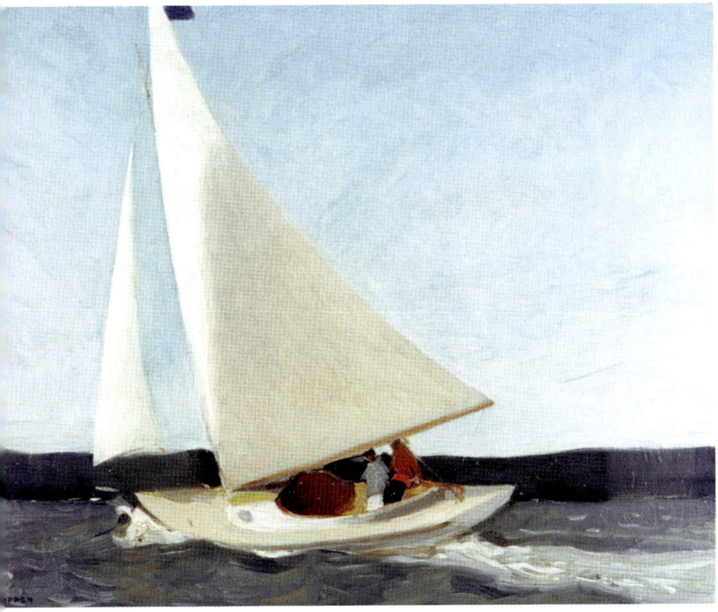

Auf der Armory Show zeigte Hopper *Sailing* (1911), das erste Gemälde, das er verkaufte (es blieb bis 1924 das einzige). Das Werk ist eine Reminiszenz an den Segelsport, den er als Kind auf dem Hudson betrieb. Als Ausdruck seiner Bekehrung zu den amerikanischen Werten war es vor allem eine Reverenz vor Thomas Eakins, den Maler des Wassersports, dem das Motiv am Herzen lag. Das Segeln, das mit *Sailing* in Hoppers Werk auftauchte, wurde ein wiederkehrendes Sujet seiner Bilder. Es inspirierte ihn zu der Radierung *The Cat Boat* (1922) und zu einer ganzen Reihe von Gemälden: *Yawl Riding a Swell* (1935), *Ground Swell* (1939), *The Lee Shore* (1941) und schließlich *The Martha McKean of Wellfleet* (1944).

schen Realisten zu stärken, drängte sie sie für mehrere Jahrzehnte in einen gewissen Provinzialismus. Da die *Armory Show* der europäischen Avantgarde (Kubisten und Kubofuturisten) einen, wenn auch bescheidenen, Platz einräumte, trat an die Stelle der Modernität Baudelaires, der Henri und The Eight anhingen, ein vom Formalismus geprägter Modernismus, der zwangsläufig zur Abstraktion führte. Der Erfolg der Armory Show war der Erfolg der europäischen Kunst, der Triumph gehörte Marcel Duchamp, in dessen *Nu descendant un escalier (Akt, eine Treppe hinabschreitend)* sich Kubismus und Futurismus vereinten.

Hopper, inzwischen für die Prinzipien einer »amerikanischen Kunst« gewonnen, stellte dort das Gemälde *Sailing* aus, in dem unschwer eine Hommage an das Werk von Thomas Eakins zu erkennen ist.

Die Armory Show ist eine Zäsur in der Geschichte der modernen amerikanischen Kunst. Die nachdrücklichste Folge der Ausstellung war die Diskreditierung der von Henri und seinen Gefährten vertretenen Hypothese einer Modernität, die von sozialem Realismus geprägt ist. John Sloan, der engagierteste Vertreter dieser Richtung, reagierte auf den Umsturz der

Werte, den die Ausstellung, zu deren Organisatoren er gehörte, bewirkt hatte. »Ich habe ganz bewusst angefangen, mehr an gestalterischen Problemen zu arbeiten als an dem, was man fälschlich ›anekdotische‹ Motive nennen könnte.« * Eine Folge war unausweichlich: Henri war entthront und nicht nur in Sloans Augen, denn fortan war er nicht mehr der führende Kopf der amerikanischen Kunst.

Hopper zog ähnliche Schlussfolgerungen aus dem Bruch, der sich mit der Armory Show vollzogen hatte. Seine Malerei entwickelte sich zu größerer Strenge der Konstruktion. Er erlangte eine Sicherheit in der Geometrie seiner Kompositionen, die Lloyd Goodrich Jahre später dazu verleitete, Hoppers Gemälde mit denen Mondrians zu vergleichen (»You kill me!« entgegnete Hopper, schockiert von diesem Vergleich).

Im begrenzten Rahmen seiner Radierungen arbeitete Edward Hopper an den Blickwinkeln (Froschperspektive) und fand die Sujets (neoviktorianische Gebäude), die bald auch in seiner Malerei auftauchten. Seine Radierungen blieben teilweise an das Prinzip der narrativen Einheit gebunden, das für die Illustration, von der er immer noch lebte, typisch ist. Hier störte noch nichts die Geschlossenheit einer Darstellung, die ein viktorianisches Haus mit dem Transportmittel seiner Zeit verband. Wie die Illustrationen, die er für Zeitschriften anfertigte, ist *House on a Hill – The Buggy* (1920) das Bild einer Welt, deren Harmonie noch ungetrübt ist.

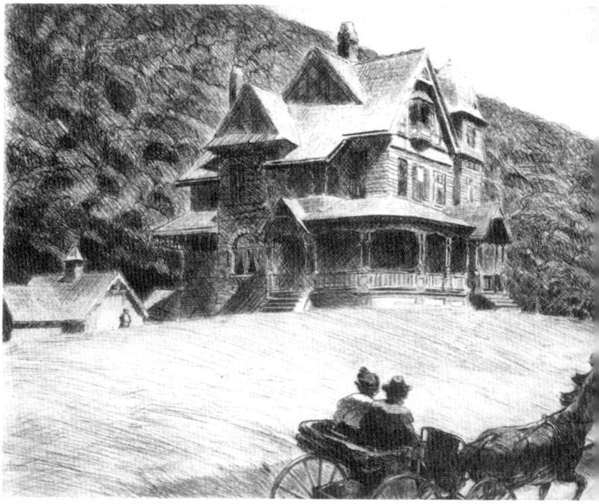

Radierung und »Kristallisation«

Hoppers erste Radierung entstand 1915. Bis 1923 entwarf er etwa sechzig Platten. Nach dieser Phase seines Werks befragt, antwortete er später lakonisch: »Radierung? Ich weiß nicht, warum ich damit angefangen habe. Ich wollte das mal ausprobieren, das ist alles!« ** Sicher aus Neugier, vielleicht auch ein bisschen unter Zwang. Seine Malerei war kommerziell in einer Sackgasse. Ein einziges verkauftes Bild (bei der Armory Show) und die ausbleibende Inspiration nach dem schmerzhaften Misserfolg des zu literarischen und symbolistischen *Soir bleu*. Zwar stieß die Radierung bei den amerikanischen Sammlern wieder auf verstärktes Interesse, aber das ökonomische Argument hat weniger Gewicht als die künstlerischen Gründe, die diese Technik zum fast logischen Bindeglied zwischen Illustration und Malerei machen. Durch ihre Technik ist die Radierung

* John Sloan, *On drawing and painting*, Mineola, NY, Dover Publications, 2000.

** Brian O'Doherty, *Kunst in Amerika*, Stuttgart, Zürich, 1988, deutsch von Rainer Zebst, S. 17.

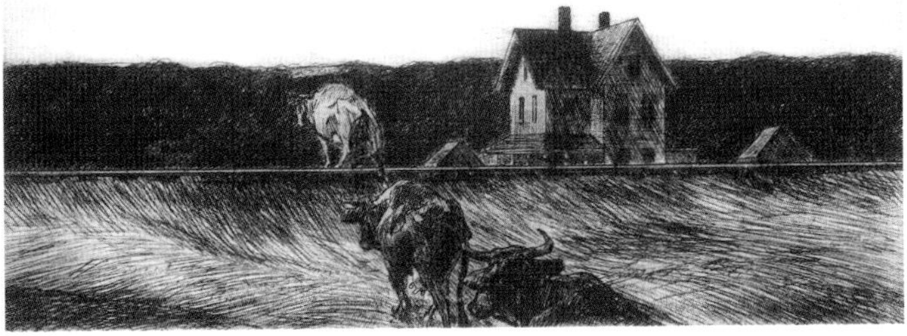

American Landscape (1920) stellt zwei historische Zustände der amerikanischen Zivilisation einander gegenüber: die Zeit der Pioniere und Viehhirten, dargestellt durch eine Rinderherde, und die der Industrialisierung, symbolisiert durch die Eisenbahn. Diese Polarität zwischen menschlicher Produktion und ungezähmter Natur, zwischen Licht und Schatten wurde zum häufigen Konstruktionsprinzip in Hoppers Bildern.

mit der Illustration verwandt, mit der Hopper seinen Lebensunterhalt verdiente. Durch ihre begrenzte Auflage nähert sie sich andererseits dem Kunstwerk und flirtet mit dessen Einzigartigkeit. Die gravierten Platten gaben einer langsamen Metamorphose Raum, in der die kommerziellen Zeichnungen des Malers zu gelungenen Vorstudien für eine neue Generation von Bildern wurden. »Meine Malerei schien sich zu kristallisieren, als ich mit der Radierung begann«,* bekannte er später. Kristallisation ist hier wörtlich zu nehmen. In dem physikalischen Prozess wird etwas kondensiert und erhält eine geometrische Form. Beide Prozesse werden bei Hoppers Gebrauchsgraphiken buchstäblich vollzogen. Seine ersten Radierungen (*Carmine Street*, *Bay Window*, *The El Station* etc.) ähneln Genrebildern, Momentaufnahmen des städtischen Lebens, Schnappschüssen. Ihre Sujets zeugen von Hoppers beharrlichem Festhalten an seinen Pariser Erinnerungen. *Street in Paris* ist eine Hommage an die Romantik von Charles Meryon, dessen Werke Hopper im Metropolitan Museum of Art bewunderte. Auch

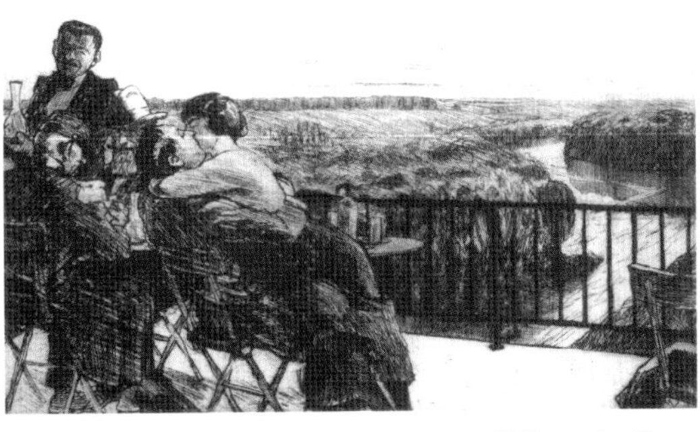

Two Pigeons (1920) evoziert die Pariser Romanzen, die Orte (hier die Terrasse des Parks in Saint-Cloud), wo Hopper in den Fußstapfen Atgets seine Staffelei aufstellte. Noch einmal übermannt ihn die Sehnsucht nach Frankreich, in seiner Erinnerung eine Zeit vollkommenen Glücks.

* Zitiert nach Burrey, «Edward Hopper. The Emptying Spaces", in: *The Arts Digest*, April 1955, S. 10.

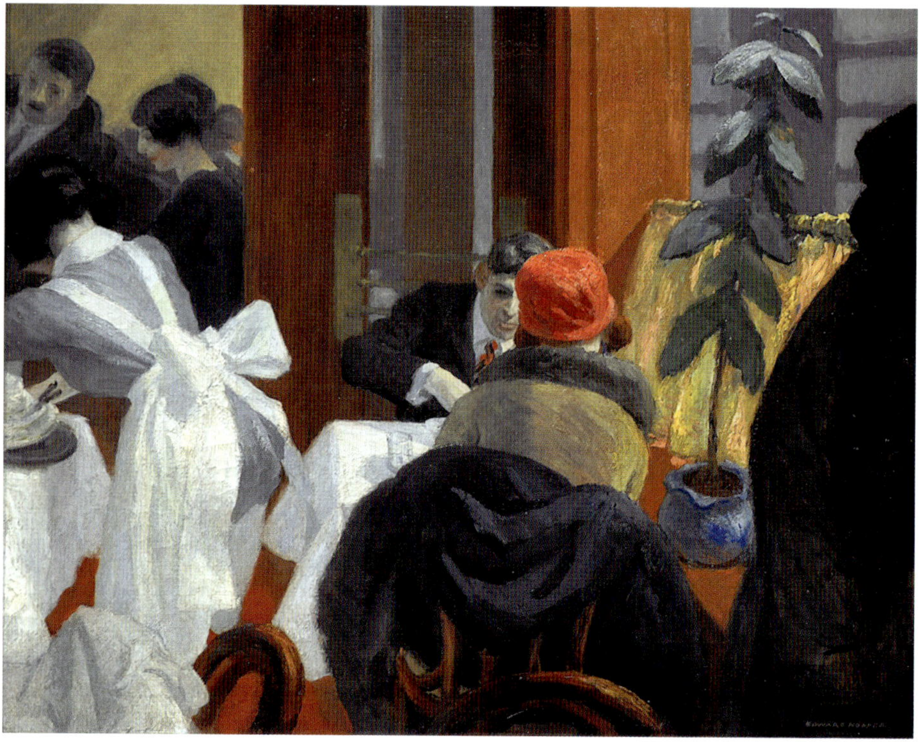

Two Pigeons zeigt seine unstillbare Sehnsucht nach den Freuden seiner Parisaufenthalte.

Im Verlauf der Zeit und der Linien, die er in das Kupfer gravierte, wurden seine Kompositionen einfacher. An die Stelle der Anekdote trat die Zeit, die in der Schwebe bleibende Geschichte, die Stille und die Meditation. Eine neue Ikonographie hielt Einzug in sein Werk: Häuser auf der Anhöhe eines Hügels (*House on a Hill*) oder eines Bahndamms (*American Landscape*). Zur Kristallisation und der Vereinfachung seiner Sujets, die seine Malerei charakterisieren sollte, tritt noch eine weitere: Seine Bilder sind jetzt nach einem strengen Konstruktionsraster strukturiert. In *House Tops* und *Lonely House* kündigt sich die unerbittliche Geometrie in Hoppers Werken an.

Erste Synthesen

Während die Radierung seine Zeichnungen von den der Illustration eigenen narrativen Zwängen befreite,

Dem Beispiel seines früheren Lehrers John Sloan folgend, versuchte sich Hopper zeitweise an der Darstellung des pulsierenden Lebens der modernen Metropolen. Die Vielfalt der Farben und Formen, aus denen sich *New York Restaurant* (1922) zusammensetzt, trägt zu dieser Lebendigkeit bei. Bald schon traten einsame, reglose Figuren an die Stelle der belebten Gruppe, die man hier sieht. Der weiblichen Figur, deren gebeugte Haltung ihr Gesäß hervortreten lässt, war in seinem Werk ein längeres Leben bestimmt.

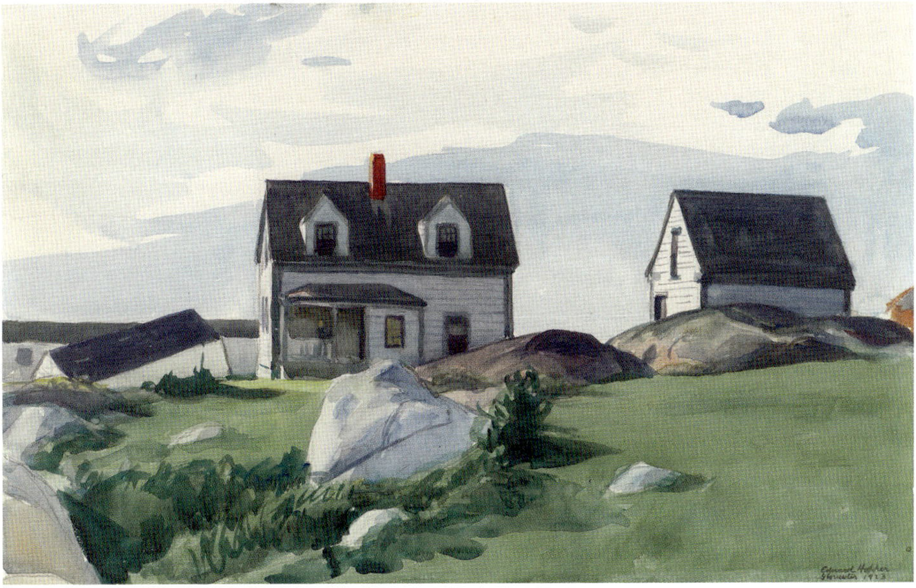

erkundete Hopper in seinen Gemälden die Möglichkeiten einer bis zur Abstraktion gereinigten Form. An der Küste Maines, die schon Homer und Sloan inspiriert hatte, entstanden zahlreiche Studien, in denen die Felsen, der Himmel und das Meer zum Vokabular rein formaler Übungen werden. Auf eine urbane Ikonographie angewandt, hatte er noch Mühe, die Prinzipien der ikonographischen und formalen Ökonomie zu übernehmen, die er in seinem graphischen Werk erlernt hatte. Getreu dem von Sloan vorgegebenen Modell versuchte er in *New York Restaurant* (1922), das lebhafte Treiben eines Restaurants durch die bewusste Vielfalt von Formen, Farben und Figuren einzufangen.

Aber die Radierung hatte Hoppers Malerei noch nicht ganz »kristallisiert«, erst das Aquarell bewirkte 1923 die endgültige Metamorphose seiner Kunst. Im Sommer 1923 fuhr er nach Gloucester, eine als Künstlerkolonie beliebte Hafenstadt in Maine. Er verzichtete auf die pittoresken maritimen Sujets und malte Aquarelle der neoviktorianischen Häuser, die sich die Kapitäne im Viertel Rocky Neck gebaut hatten. Er erklärte, diese Häuser interessierten ihn wegen der starken Kontraste von Licht und Schatten, die ihre ausufernden Profile zeichneten. Mit ausge-

Unter dem strahlenden Licht von Maine malte Hopper 1923 eine erste Serie von Aquarellen, in denen sich sein Faible für die Plastizität der Formen, die er durch starke Licht- und Schatteneffekte wiedergibt, für die Gegensätze zwischen der Vergänglichkeit menschlicher Bauwerke (von denen eins ins Leere zu stürzen scheint) und die Unwandelbarkeit der Natur zeigt, hier durch beeindruckend vorragende Felsen dargestellt. Das Aquarell scheint das ideale Medium im Dienste einer aufrichtigen Kunst, in der jeder Pinselstrich endgültig, nicht mehr zu korrigieren ist.

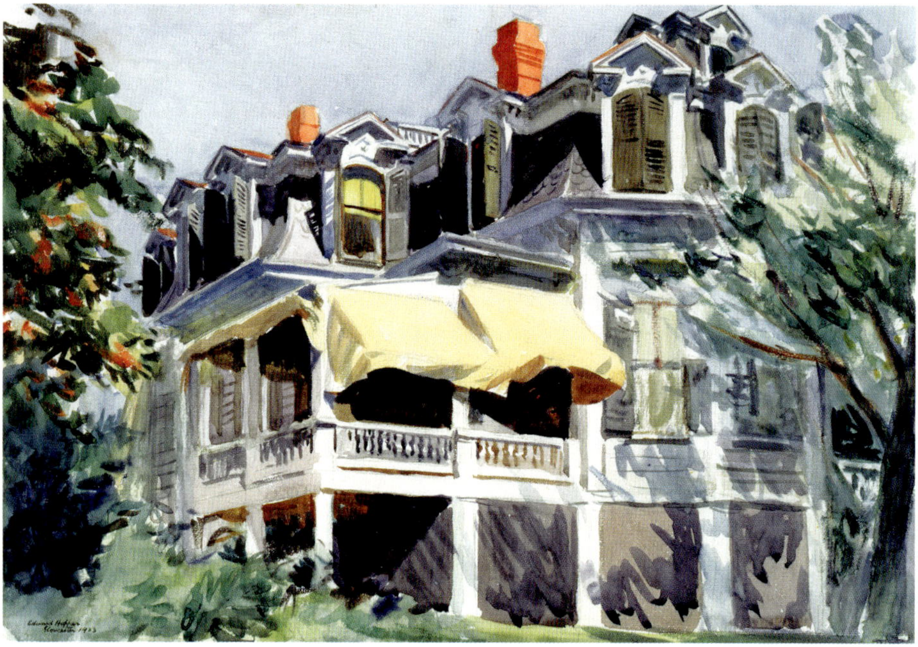

sägten Tischlerarbeiten verzierte Portalvorbauten, kräftige Simse und vorspringende Stürze kennzeichnen diese Bauten aus der Zeit von General Garfield (20. Präsident der USA, 1881). Für Hopper sind sie mehr als nur ein Anlass, das Licht Neuenglands zu dramatisieren. Diese Gebäude, die seinem Geburtshaus in Nyack ähneln, sind Zeugen einer Ära vor der Industrialisierung und Verstädterung, die Amerika zu Beginn des 20. Jahrhunderts erlebte. Während der Bau des Woolworth Building (damals »Kathedrale des Kommerz« genannt) 1913 den Wettlauf um die Höhe eröffnete, der das Gesicht von New York in wenigen Jahrzehnten völlig verändern sollte, verkörpern die Häuser von Gloucester die Ideale des Amerika der Pioniere. Hopper wählte diejenigen mit Mansardendächern und kultivierte damit seine Neigung zum französischen Klassizismus, der sich durch seine Pariser Gemälde zieht.

The Mansard Roof (1923) bot Hopper wieder einen Anlass, an den französischen Klassizismus zu erinnern, den er sehr bewunderte. Vor ihm hatte auch Henry James, nach langem Exil in sein Heimatland zurückgekehrt, diese Bauten in Neuengland bewundert. Er beschrieb ihren »Charme«, die große architektonische Raffinesse der ältesten Gebäude und die doppelreihigen Wohnhäuser, die er mit reifen und nur ein wenig verlebten, bei einer Abendgesellschaft an der Wand aufgereihten Edelfräulein verglich.

Sechs dieser Aquarelle wurden im Herbst 1923 bei einer Ausstellung des Brooklyn Museum of Art gezeigt. Danach war für Hopper nichts mehr wie zuvor. Diese Werke waren *das* Ereignis der Ausstellung. Es war, als vollziehe sich in ihnen die Epiphanie der Werte, die der »amerikanischen Kunst« endlich Leben einhauchten. In der Presse lobte Helen Appleton Read ihre »Vitalität«, ihre »Kraft«, ihre »Offenheit«, die sie mit denen von Winslow Homer verglich. Durch ihre Technik, die eine sichere Hand verlangt und keine Korrektur zulässt, durch ihr Sujet mit den vielen historischen und kulturellen Konnotationen gaben die Werke aus Gloucester plötzlich eine Antwort auf die Fragen nach der Form einer »nationalen« Kunst, die sich viele Amerikaner stellten. Die Konservatoren des Brooklyn Museum erwiesen sich als Kenner und kauften eins der Aquarelle. Hopper, der mit Ausnahme seiner Radierungen seit der Armory Show nichts verkauft hatte, erlebte endlich, dass eins seiner Werke in eine öffentliche Sammlung aufgenommen wurde. Ein Jahr später zeigte der Galerist Frank Rehn Hoppers Aquarelle im Rahmen der Gruppenausstellung »Ten American Painters«. Erneuter Triumph bei der Kritik und im Handel: Sechzehn Werke wurden verkauft.

Der Text, den Hopper 1928 über das Werk von Burchfield verfasste, ist in vielen Punkten ein getarntes Selbstportrait. Darin beschrieb er seine eigene Malerei, sein Interesse für »unsere landestypische Architektur mit ihrer hässlichen Schönheit, ihren Fantasiedächern, pseudogotisch oder mit Mansarden nach französischer Art, im Kolonialstil, oder alles durcheinander, mit ihren schreienden Farben oder den zarten Harmonien ausgeblichener Farbe, aneinandergestützt, endlose Straßen säumend, die in Sümpfe oder auf Mülldeponien münden.« *

* Edward Hopper, « Burchfield American », in: *The Arts*, Bd. 14. Juli 1928, New York.

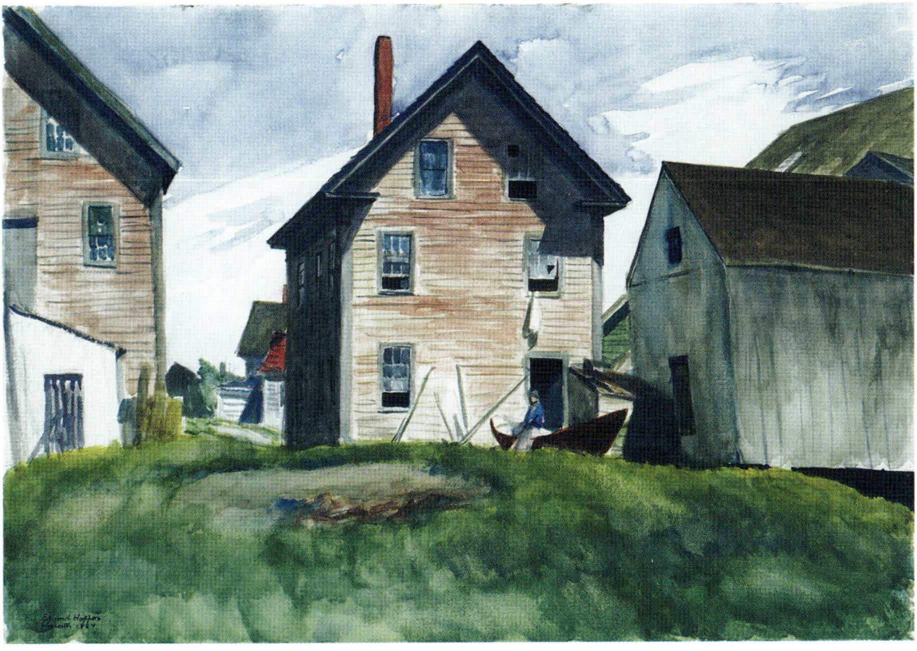

Der Letzte der Puritaner

Seit seiner ersten öffentlichen Ausstellung war das Publikum fasziniert von *House by the Railroad*, von seiner formalen Kraft ebenso wie von seiner Merkwürdigkeit.

Der Erfolg der Aquarelle aus Maine war sowohl auf ihr Sujet als auch auf ihre Handschrift zurückzuführen. In beidem verkörperte sich ein Puritanismus, den Amerika auf der Suche nach seiner Identität zur nationalen ästhetischen Tugend erhob. Unmittelbaren Ausdruck fand dieser Anspruch auch in der Ausstellung der Photographien von Walker Evans, die das MoMA parallel zur Hopper-Retrospektive 1933 organisierte. Auf Initiative des Architekturliebhabers Lincoln Kirstein hatte Evans die viktorianischen Häuser Neuenglands photographiert. Im Vorwort zum Katalog lobte Kirstein die Ästhetik dieser Aufnahmen als *straight* – »reell« – und ihren unmittelbaren, ungeschönten Charakter. Die Ökonomie der Mittel und die Objektivität der Photos brachten ihn zu der Schlussfolgerung, »das auffälligste Merkmal von Evans' Werk ist seine Reinheit, ja sein Puritanismus«.*

Dieser Puritanismus wird auch Hoppers Werk ständig zugeschrieben. In einem Portrait von 1931 schreibt Guy Pène du Bois, es sei »eine große Versuchung, Edward Hopper zum angelsächsischsten Maler aller Zeiten zu erklären. Dabei liegt die Betonung natürlich auf der angelsächsischen Tendenz zum Puritanismus.« ** Und Pène du Bois fügt hinzu: »Er hat den Puritaner in sich zum Puristen gemacht, moralische Strenge in stilistische Präzision verwandelt.« Hopper selbst hat die Nähe seiner Kunst zu den puritanischen Tugenden nie bestritten. Mitte der 30er Jahre wurde das Buch *The Last Puritan* des Schriftstellers und Philosophen George Santayana seine Lieblingslektüre. Santayana beschreibt darin einen Puritanismus, in dem er etwas Tiefes, Spekulatives sieht: Hass auf jede Verstellung, Verachtung jeder Maskerade, bitteres und erbarmungsloses Vergnügen an der harten Wirklichkeit. Oliver, der Held seines Romans, ist ein Mann von gewissenhafter

* Lincoln Kirstein in: *Walker Evans – American Photographs*, Jubiläumsausgabe 1938–2012, München, 2012, S. 199.

** Guy Pène du Bois, *Edward Hopper*, New York, American Artists Series, Whitney Museum of American Art, 1931.

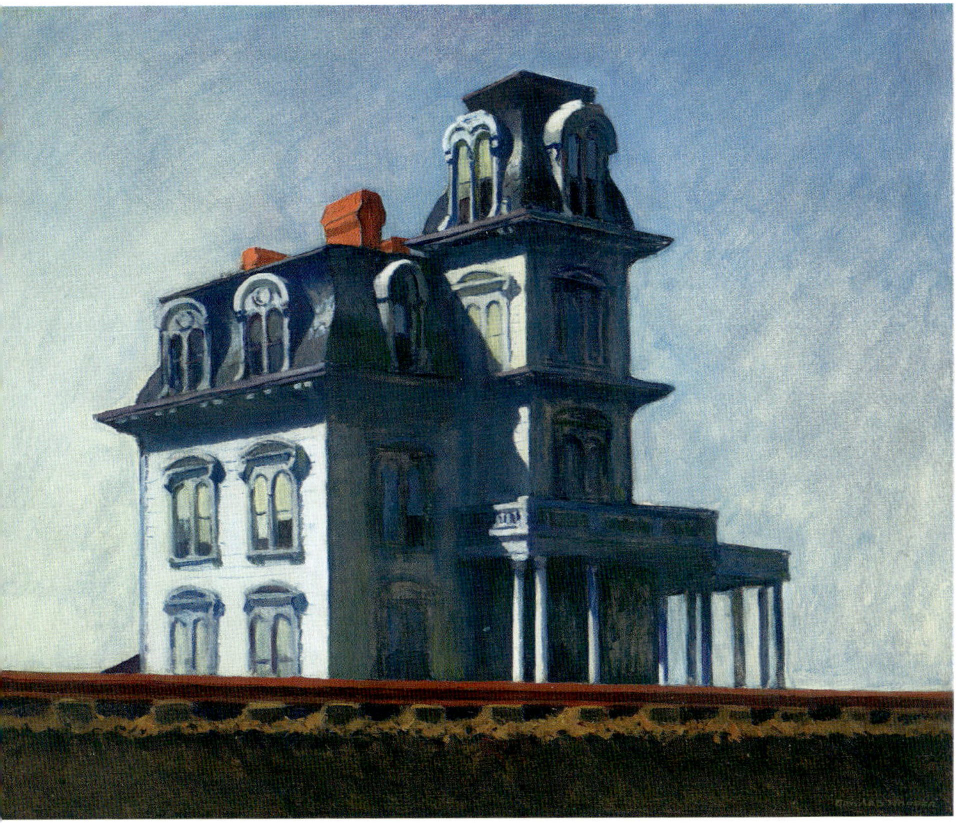

Schlichtheit, von stillem Heldentum. »Jedes Gefühl kam sozusagen mit Verzögerung, es fing erst an, ihm bewusst zu werden, wenn es sich in seinen Geist vorgearbeitet hatte.« In Paris »verabscheute Oliver die Place de la Concorde und die Champs-Élysees, die Boulevards und die Opéra. (...) liebte nur die Quais der Seine, die langen Reihen gekrümmter Bäume mit herabfallenden Ästen, die einen Sichtschutz bilden, die Lastkähne, das glitzernde Wasser.« Die Mansardendächer des Louvre wie die in *House by the Railroad* tauchten noch bei zahlreichen Häusern auf, die Hopper malte. Der einstige Flaneur an der Seine, zum gewissenhaften, realistischen Maler der Häuser Neuenglands geworden, musste sich einfach mit dem »Letzten der Puritaner« identifizieren.

Die Ufer der Seine schnitten den Sockel des Pavillon de Flore ab. Hier amputiert ein Bahngleis das Haus, dessen »Entwurzelung« ihm etwas Geheimnisvolles und Beunruhigendes verleiht.

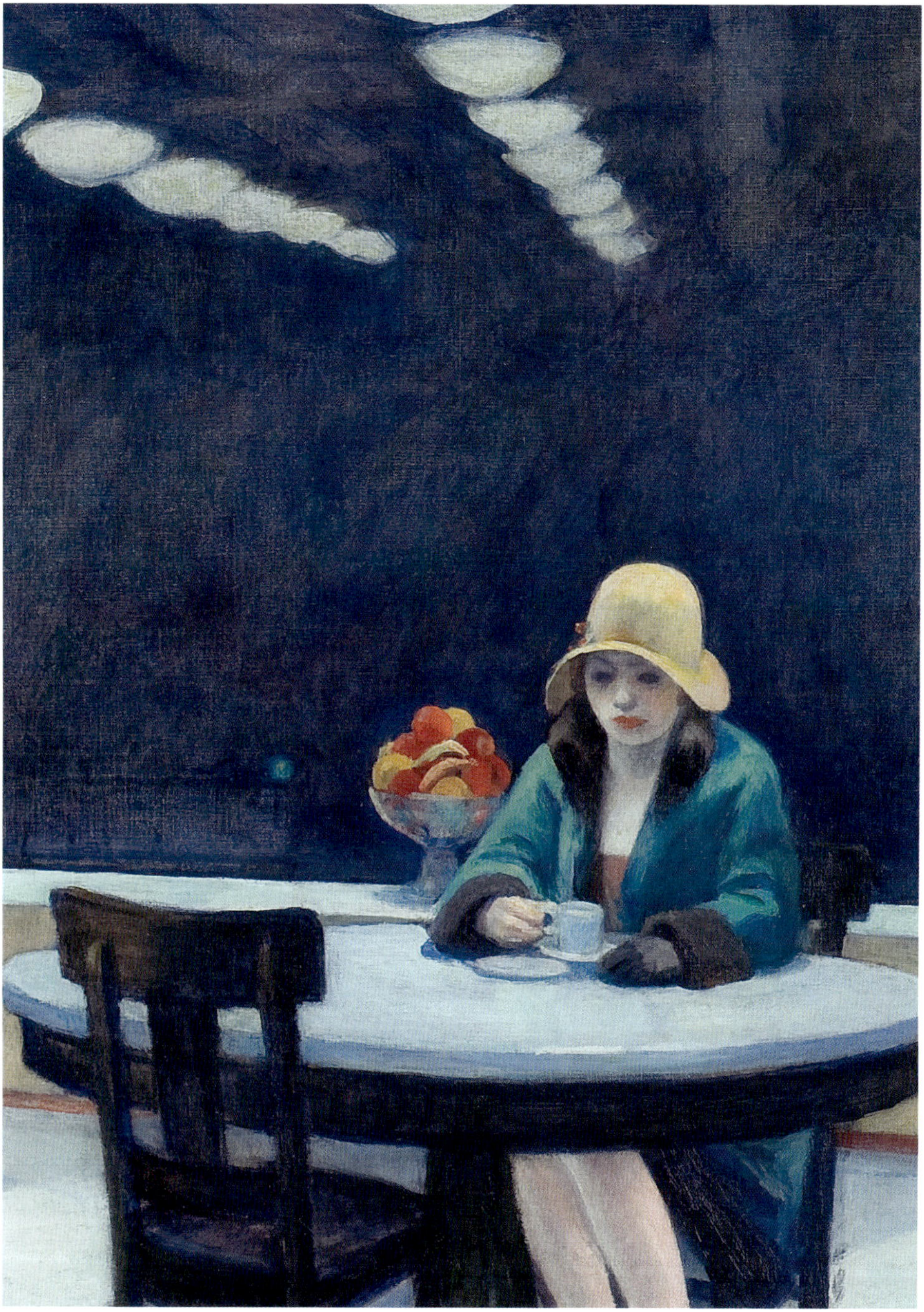

Der Ordnungsruf, der in den 20er und 30er Jahren auf die Avantgarde folgte, förderte den Aufschwung einer realistischen und »vernakulären« Kunst. In den Vereinigten Staaten entwickelte sich eine »regionalistische« Malerei, die die Werte der amerikanischen Ländlichkeit pries. Gegen diesen rückwärtsgewandten Realismus verfocht Hopper eine das Wirkliche kondensierende Malerei, die sich aus dem Streben nach Geistigkeit speist, durch das sie bis an die Grenze zur Abstraktion gelangt.

KAPITEL 3

WUCHERNDE STÄDTE

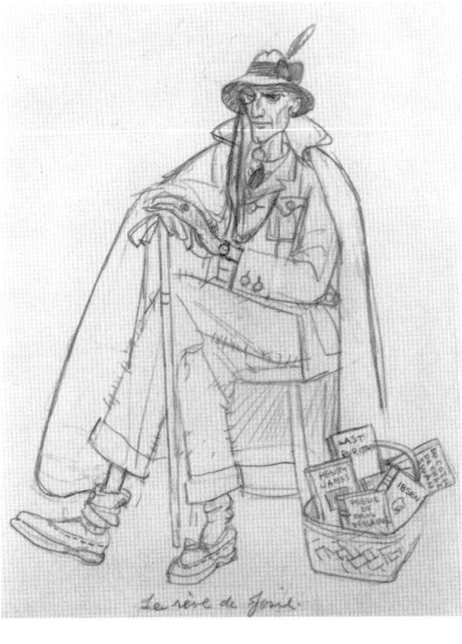

In der Zeichnung *Josie's Dream* stellte sich Hopper als den Gentleman Farmer dar, den sich seine Gefährtin Josephine als Gatten wünschte. Zu seinen Füßen ein Korb mit seinen Lieblingsautoren: Marcel Proust, Henrik Ibsen, George Santayana, Henry James und Paul Verlaine. Links: Detail aus *Automat* (1927)

Auftritt Jo

Hopper mochte sich in einem »ästhetischen Puritanismus« wiedererkennen, doch die moralischen Werte des Puritanismus teilte er nicht. Als die New Yorker Presse sich Anfang der 10er Jahre über die »französischen Zuhälter« erregte, malte er in *Soir bleu* einen Pariser Luden. Während der Prohibition trieb seine Ironie ihn zur Darstellung von Alkoholschiebern (*Bootleggers*, 1924). Jahre später, als die Sittenwächter den Striptease verbieten wollten, malte er *Girlie Show* (1941).

Der kommerzielle Erfolg seiner Gloucester-Aquarelle veränderte Hoppers Leben von Grund auf. Er gab seine Arbeit als Gebrauchsgraphiker auf und konnte sich ausschließlich seiner Malerei widmen. 1924, im Jahr der Ausstellung bei seinem neuen Galeristen Frank Rehn, heiratete er Josephine Verstille Nivison. Sie war wie er selbst eine ehemalige Schülerin von Robert Henri an der New York School of Art und teilte Hoppers Leidenschaft für die französische Kultur. In Gloucester, wo sie sich im Sommer 1923 kennenlernten, rezitierte sie die Gedichte Verlaines auf Französisch weiter, wenn Hopper abbrach …

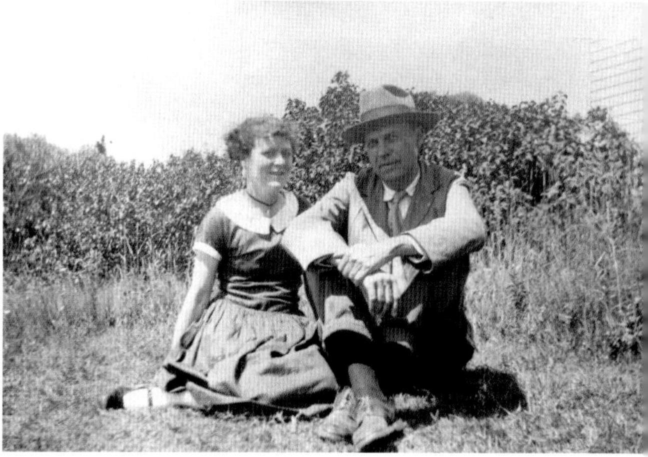

Von einem Erbe, das Josephine zu Beginn der 30er Jahre erhielt, konnte sich das Paar ein Haus als Zweitwohnsitz bauen, um dort ein Sommeratelier einzurichten. Die Suche nach einem geeigneten Ort führte sie von Quebec City bis nach Cape Cod, wo sie sich schließlich niederließen. Edward zeichnete die Pläne für das Haus und betätigte sich damit noch spät als Architekt, seinem ersten Berufswunsch. Der Stil dieses Baus entspricht der Ästhetik seiner Malerei. Er nimmt die Formen, Proportionen und Materialien der einheimischen Bauweise in Cape Cod auf und stilisiert, modernisiert sie. Josephine warf dem Haus noch lange seine schmucklose Nüchternheit vor.

Hopper zögerte noch eine Zeit lang (wie in *Gloucester Street,* 1926), den Realismus seiner Aquarelle auf seine Ölgemälde zu übertragen. Um 1925 jedoch entwickelte er eine abstraktere Methode. Er vergaß den Impressionisten und Realisten, der er gewesen war (und an den er sich in seinen Aquarellen noch erinnerte), und wurde zum Maler von »Geschichten«. Es ging ihm nicht so sehr um die Wiedergabe des Sichtbaren, sondern darum, eine Idee, eine Emotion auszudrücken, der er durch Gegenüberstellungen, Collagen

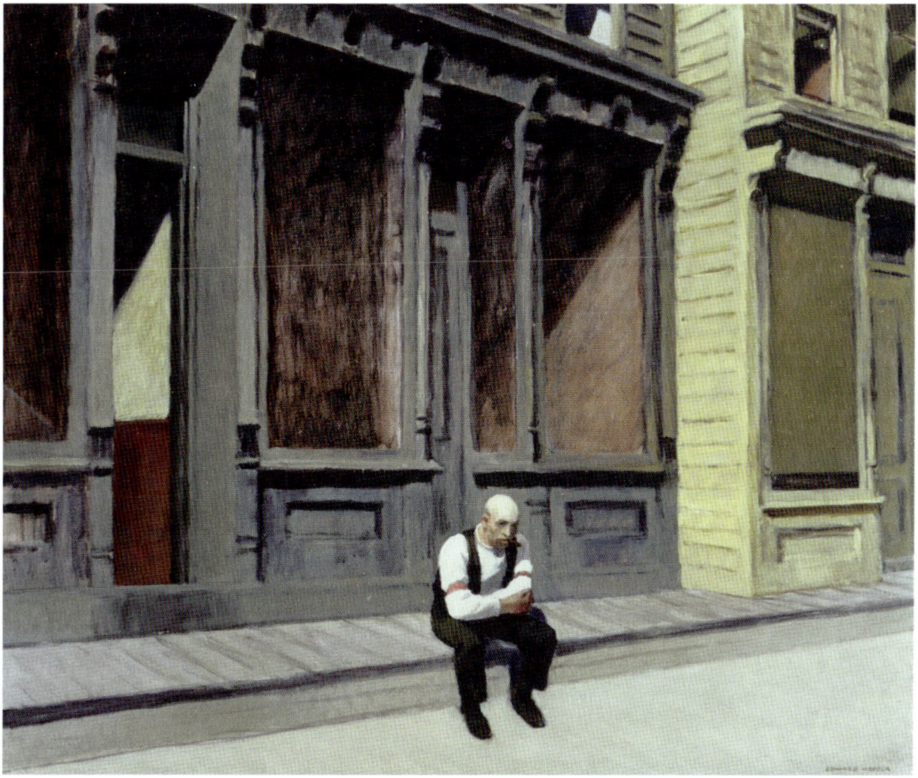

von Elementen, die der Realität entnommen waren, Gestalt verlieh. Mit *House by the Railroad* erreicht diese neue Art zu malen eine erste Vollendung.

Widerstände

Nach *House by the Railroad* malte Hopper drei Gemälde von einsamen Gestalten, in denen sich die Brutalität des Umbruchs in Amerika widerspiegelt. *Sunday* ist ein Bild der Untätigkeit. Im Geist der Melancholie interpretiert, die seinem Werk meist zugeschrieben wird, erscheint *Sunday* als Zeugnis eines verhängnisvollen Schicksals (ökonomische oder sonstige Krise). Bei näherer Betrachtung der Figur jedoch zeigt sich deren widerspenstiger Ausdruck. Die Zigarre, auf der der Mann herumkaut, und seine Haltung sind eine Herausforderung. Seine Untätigkeit ist eine Entscheidung, er steht zu seinem »Streik«. Er hat den düsteren Raum seiner Werkstatt absichtlich

In Hoppers Figuren hat man allzu oft Allegorien der Einsamkeit oder Entfremdung sehen wollen. Aber die Figur in *Sunday* (1926), die erste einer Serie von Heliotropen (»menschliche Sonnenblumen«), ist eher aufmerksam und konzentriert als niedergeschlagen. Sie erwartet einen Moment der Harmonie, die Spuren einer Offenbarung durch die Sonnenstrahlen.

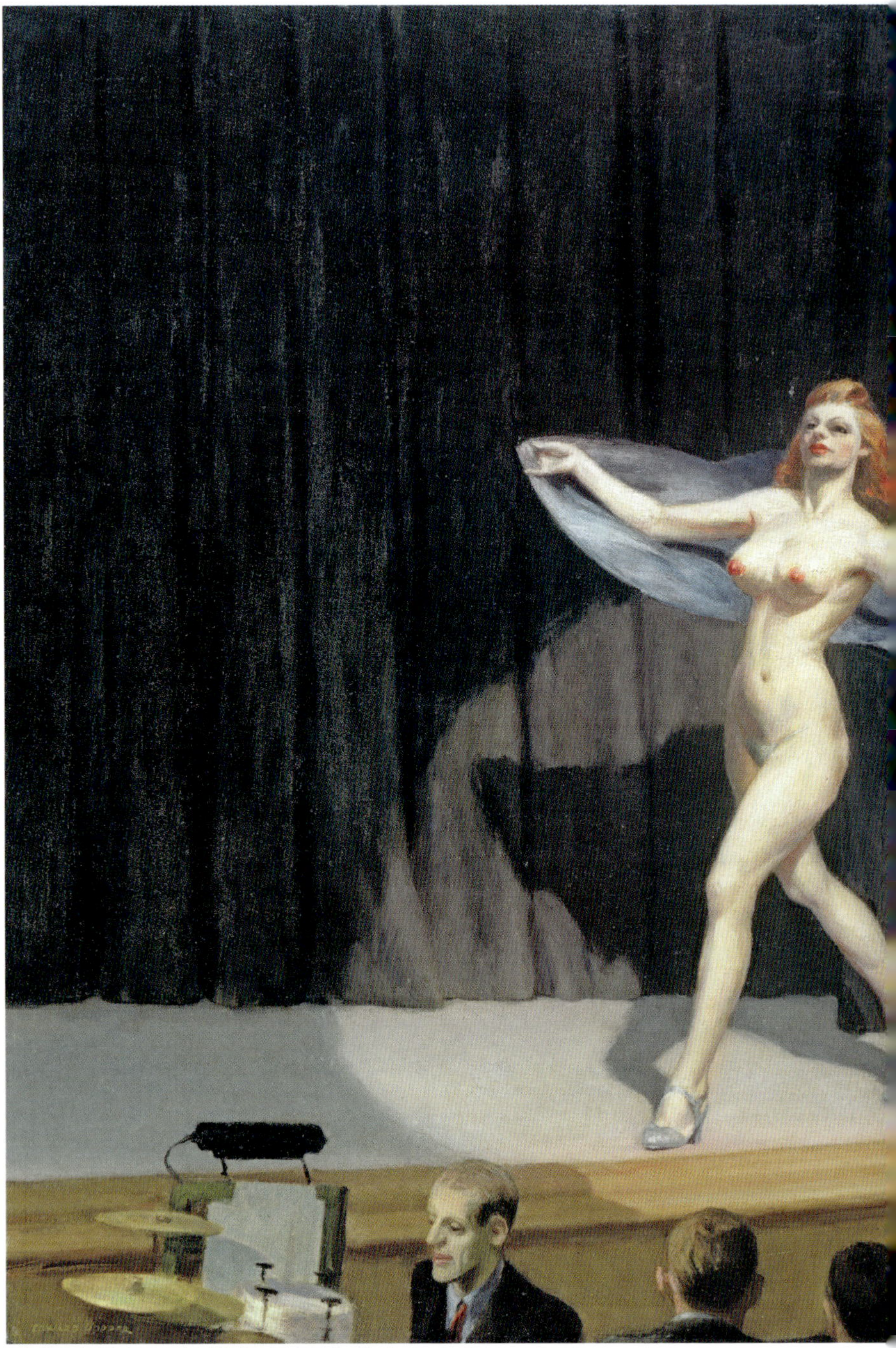

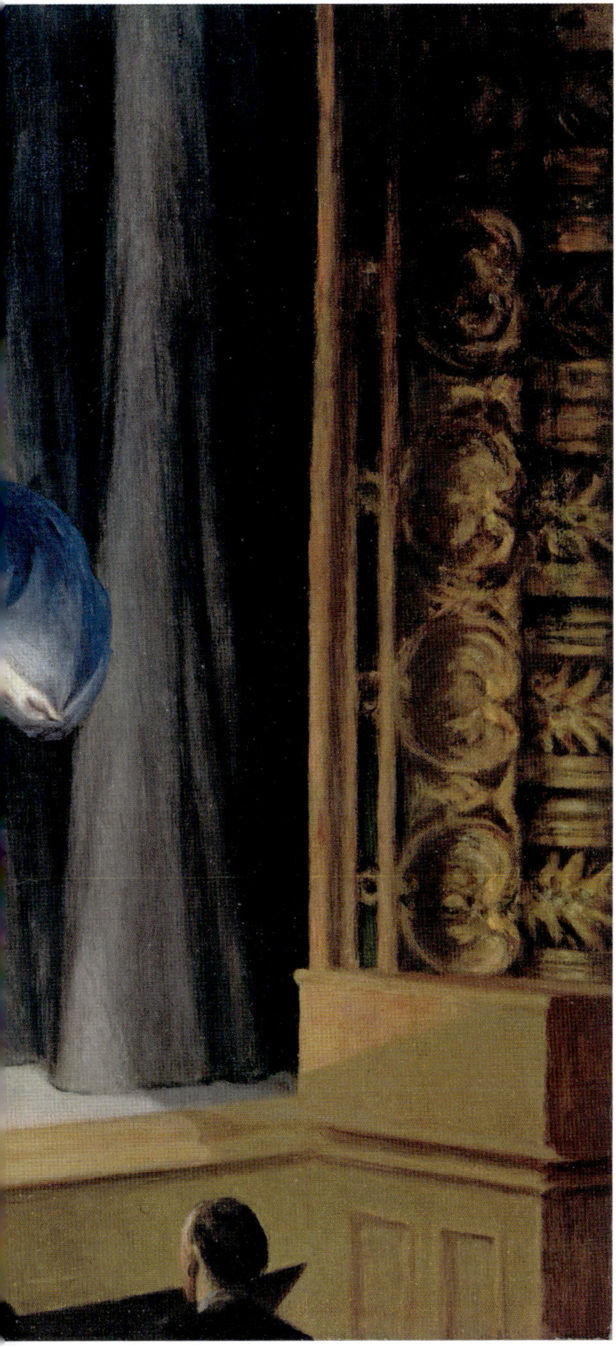

Als eine neue Woge des Puritanismus die amerikanischen Behörden dazu bewog, gegen die *Burlesque Shows* (das ironische Äquivalent zu unserem Striptease) vorzugehen, malte Hopper *Girlie Show* (1941). Der »Letzte der Puritaner« wurde zum Ironiker, der die abwegige Prüderie der zeitgenössischen Gesellschaft anprangerte. »Girlie«, eine entfernte Verwandte von Degas' Tänzerinnen, hat die unterschwellige Erotik der Ballettratten gegen die Pornographie athletischer Sinnlichkeit vertauscht. Die Parallele zu den Werken des verehrten französischen Meisters unterstreicht Hoppers so klaren wie bitteren Blick auf seine Herkunftskultur, in der alles nur athletische Leistung, unverschämte Gesundheit, nach Tarif bezahltes Tauschgeschäft ist. Wie für all seine Frauenfiguren hat Josephine Modell gestanden. Die Entwürfe zu dem Bild zeigen die Metamorphose, der ihre Anatomie unterzogen wurde, um ein hypersexualisiertes Monstrum aus ihr zu machen.

für das Licht eines sonnigen Tages verlassen. Er hat den biblischen Ruhetag gewählt, um mit dem Licht, dem Symbol geistigen Lebens, zu kommunizieren.

Eleven A. M. zeigt zum ersten Mal ein Sujet, das später oft variiert wird. Eine nackte, in Gedanken verlorene Frau bietet sich den Sonnenstrahlen dar. Das Bild überträgt die *allégorie réelle*, wie der entschieden areligiöse Courbet sein großes Werk *L'Atelier* nannte, ins Geistige. Hoppers Bilder sind von einem offenkundigen Symbolismus beherrscht.

Seine ersten Kompositionen von Frauen im Schlafzimmer (*Moonlight Interior*, *Evening Wind*, ein Gemälde und eine Graphik, beide von 1921) zeigen sie von einem Windstoß in ihrem Zimmer überrascht. Bei *Eleven A. M.* tritt das Licht an die Stelle des unkeuschen Windes. Der göttliche Atem der Verkündigungen wird durch Sonnenstrahlen ersetzt.

In *Eleven A.M.* (1926) sind die Innenräume Vermeers durch ein Hotelzimmer ersetzt. Der zudringliche Blick des Malers verweist nicht nur auf den Voyeurismus, mit dem man Hoppers Werk in Verbindung bringen könnte, sondern mehr noch auf die Diskriminierung des Privatlebens, von der Henry James spricht. Die Nacktheit seiner weiblichen Modelle ist von der Erbarmungswürdigkeit, der Verneinung von Intimität und Introspektion geprägt, zu der die amerikanische Kultur zwingt.

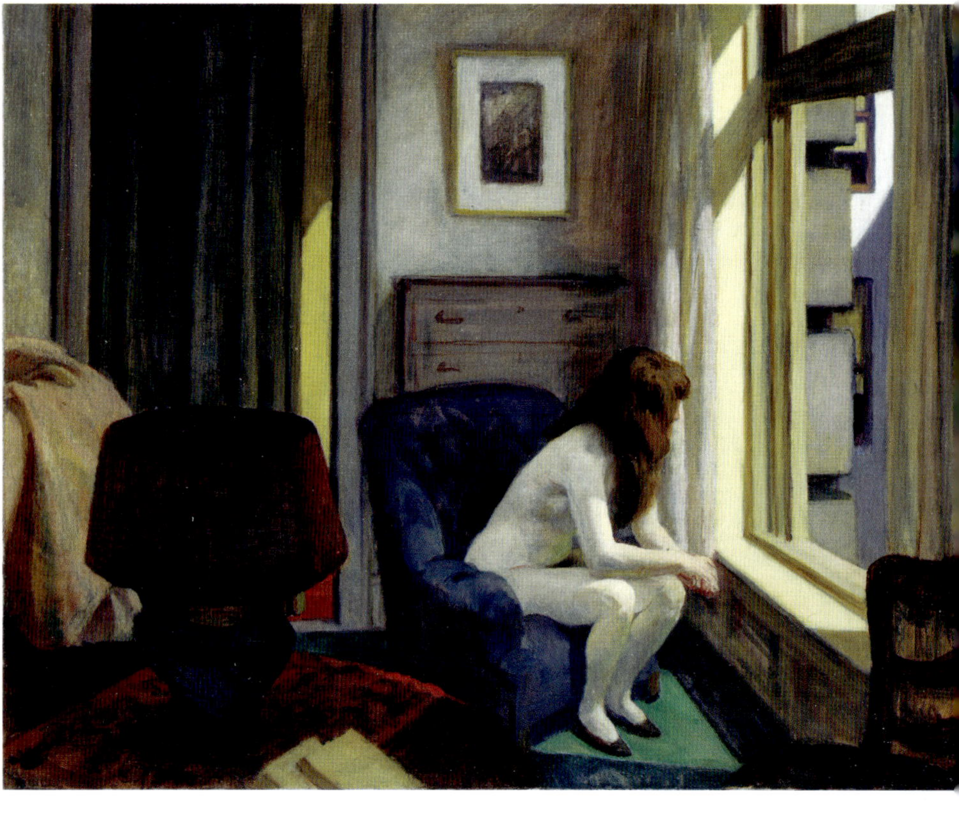

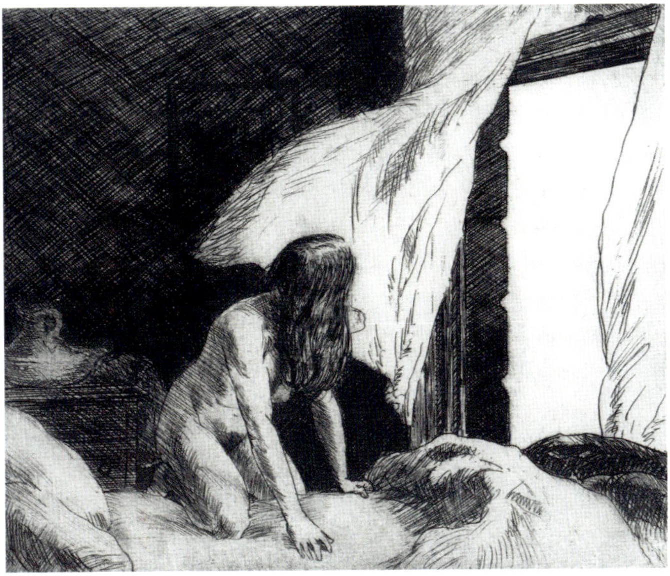

Die Frauen in ihren Interieurs, die Hoppers indiskreter Blick entdeckt, sind alle in einem Moment des Wartens oder der Überraschung erstarrt. Fern der kleinen Geschichten, die seine Bilder im Überfluss heraufbeschwören, hoffen sie auf eine Ankunft, eine Botschaft, eine Offenbarung, die sich jeder anekdotischen Erzählung entzieht. Ihre Nacktheit, der Windstoß, der sie überrascht, die Sonne, die sie suchen, sprechen von einer eher mystischen Sehnsucht, von der Hoffung auf Versöhnung, auf kosmische Harmonie. Durch seine Figuren möchte Hopper, ein großer Leser Emersons, noch an einen wiedergefundenen Einklang von Mensch und Natur glauben. Oben: *Evening Wind* (1921), unten: *Moonlight Interior* (1921)

In dieser prosaischen Verwendung einer traditionellen, von ihrem transzendentalen Sinn gereinigten Ikonographie liegt Hoppers Ironie: Im materialistischen Zeitalter des Massenkonsums werden seine den Sonnenstrahlen zugewandten Frauenfiguren die vergesslichen Vestalinnen eines archaischen Kultes. Sie bewahren das Gedächtnis einer von den Wundern der großen Religionen und des antiken Pantheismus verzauberten Welt. Sie träumen von der Spiritualität, die die alten Religionen mit dem Licht verbanden, und von den sinnlichen Verzückungen, den Wollustausbrüchen, von denen die Mythologien berichten. Jungfrauen in Erwartung der Strahlen des Heiligen Geistes, sind sie auch moderne Danaeen, die einen goldenen Regen – eine der antiken Metaphern für Zeus' Zeugungskraft – empfangen.

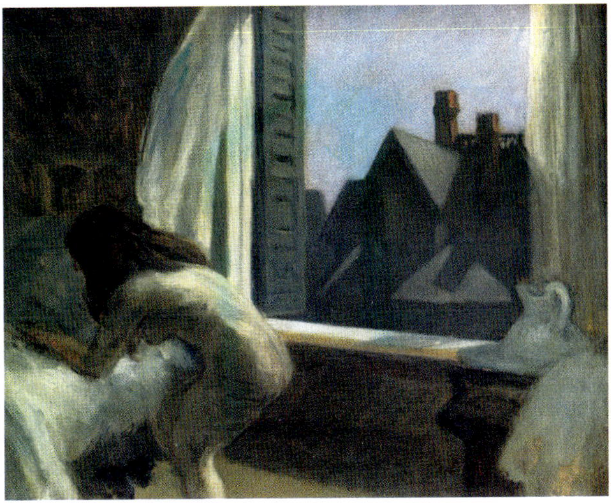

Entfremdung

Das Jahr 1926 war besonders fruchtbar. Auch in *Maine in Fog* kündigen sich viele künftige Werke an. Ein Schiff ist am Ufer gestrandet, nicht weit von einer Häusergruppe entfernt. Die missliche Lage dieses Boots steht der jener Gebäude, die Hopper bald darauf malte, in nichts nach. Wie das Schiff am Ufer des Meers sehen diese Häuser an einer Straße oder Eisenbahntrasse oder am Rand eines wilden Waldes irgendwie verstört aus, wie mit den psychologischen Attributen der Fremdheit und Verblüffung begabt. Der an Land geschleuderte Frachter ähnelt den nach Amerika versetzten neoviktorianischen Häusern. Als Symbole einer Kultur, die mit den Werten von Individualität und Verinnerlichung verknüpft ist, wirken sie wie verirrt in einer Epoche, die der Industrialisierung, dem Konsum und der Uniformierung von Vorlieben und Bedürfnissen huldigt.

Unter den Bildern von 1927 ist *Automat* dasjenige, das am ehesten von jener Entfremdung spricht, die in der Interpretation von Hoppers Werk zum Klischee geworden ist. Das Bild zeigt eine einsame weibliche Gestalt in einem Raum, den der Widerschein seiner Lampen als großen Saal ausweist. Der Titel zielt auf einen semantischen Kurzschluss: »Automat« ist der Oberbegriff eines neuen Restauranttyps, der 1912 in New York auftauchte (das erste Restaurant dieser Art wurde in Berlin gegründet, 1902 in Philadelphia das erste in den Vereinigten Staaten). Dort werden die Speisen aus Automaten gezogen. Hopper bemächtigte sich dieses Symbols der Automatisierung in der modernen Gesellschaft, doch nur, um es gleich wieder zu verdecken. Er zog es vor, dessen entmenschlichende Wirkung darzustellen. Übrig bleibt nur noch eine Gestalt, deren Gestus und Stummheit sich mit denen des Automaten vereinen, nach dem der Maler sie benennt.

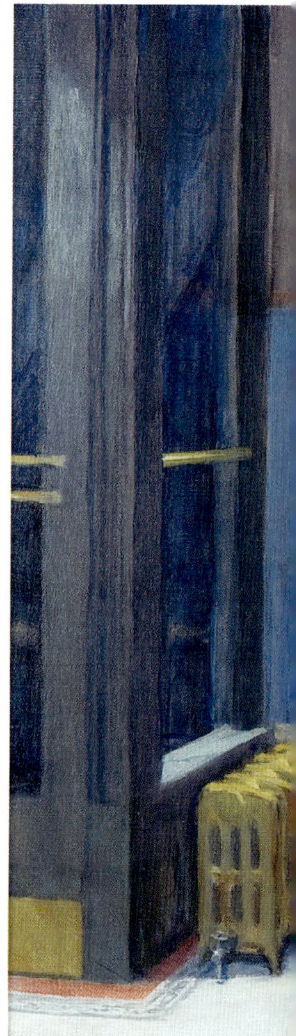

Fünf Jahre nach *New York Restaurant* (1922) zeigt *Automat* (1927) den bemerkenswerten poetischen und künstlerischen Weg, den Hopper in wenigen Jahren zurückgelegt hat.

Das Verschwinden der Avantgarden

Hoppers Konversion zu Amerika, durch seine Gloucester-Aquarelle beglaubigt, öffnete ihm die Türen von Museen und Privatsammlungen. Durch die Veranke-

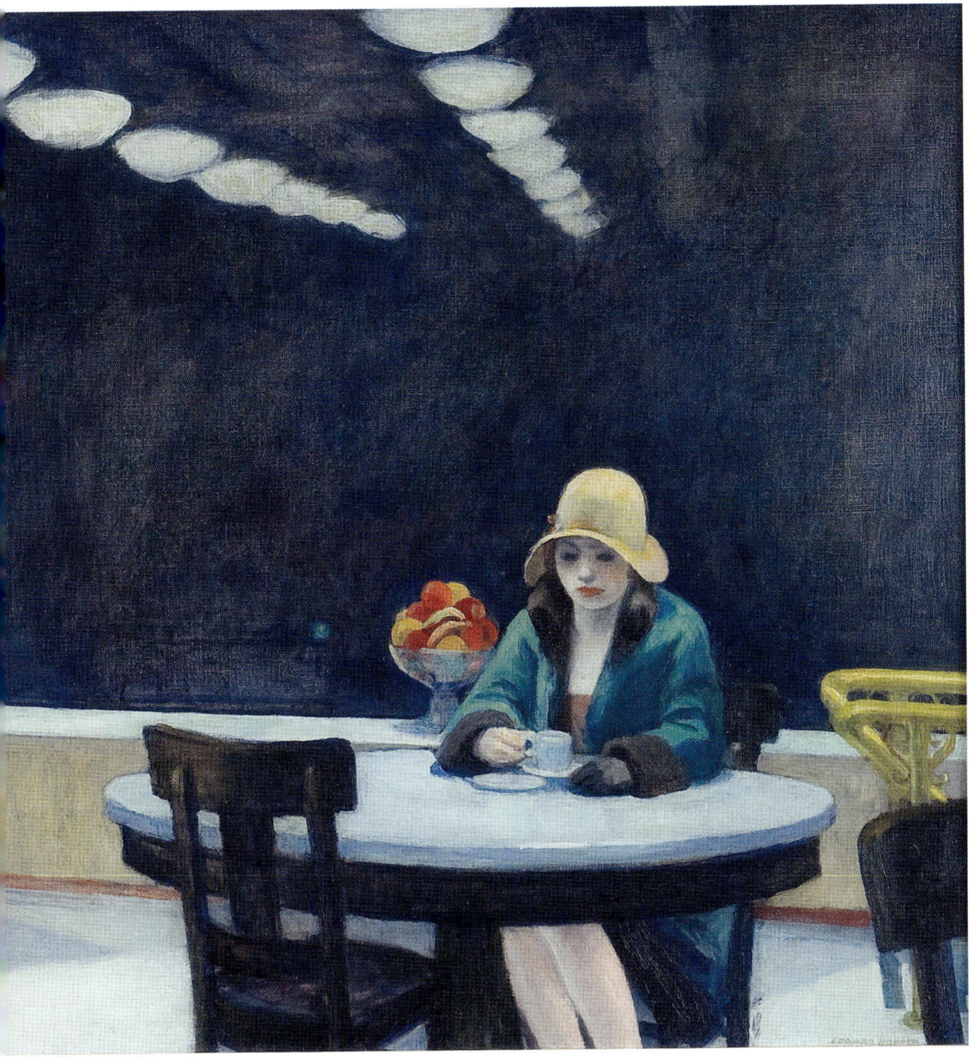

rung in einer Geschichte, die sich jetzt um die Namen Eakins, Homer und Ryder kristallisierte, stand seine Malerei im Einklang mit einer Bewegung, die Tradition und nationale Identität zu rehabilitieren suchte. Auf den Kosmopolitismus der ersten Jahrzehnte des 20. Jahrhunderts war ein Ordnungsruf gefolgt, der dazu führte, dass Picasso sich von der griechisch-römischen Klassik inspirieren ließ, Otto Dix sich auf Grünewald und Holbein besann und de Chirico die Rückkehr zu

Nach dem hektischen Restaurant, noch unter dem Einfluss seiner Gebrauchsgraphik und von John Sloan inspiriert, malte Hopper mit *Automat* ein Bild des Schweigens. Die Einsamkeit der Gestalt ist so abgründig wie die unendliche Nacht, die sie umgibt.

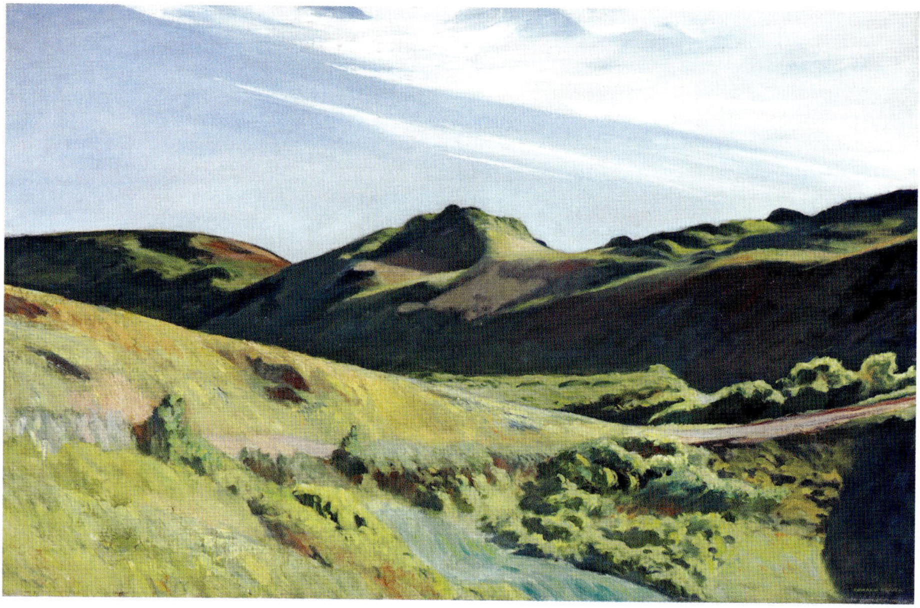

Tizian predigte. Auch in den Vereinigten Staaten führten die Rückwendung zum Nationalismus und das Versiegen der Avantgarde zu einer Malerei, die sich nicht scheute, sich »regionalistisch« zu nennen.

Dieses Erwachen einer nationalen Identität manifestierte sich 1924 in der Eröffnung des »American Wing« im New Yorker Metropolitan Museum of Art. Zur selben Zeit wurden an den Universitäten von Yale und Harvard Lehrstühle für *American Studies* oder *American Civilization* eingerichtet. Wie in Europa, wo sich die einstigen Kubisten einer nach dem anderen wieder auf Ingres oder Poussin besannen, stellten amerikanische Avantgarde-Künstler wie etwa Charles Sheeler Verbindungen zwischen dem modernen Formalismus und der Kolonialzeit her (Sheeler sammelte Quäker-Möbel und integrierte sie in kubistische Kompositionen). Auch das sehr europafreundliche MoMA in New York entging der nationalen Frage nicht. Ein Jahr nach seiner Eröffnung 1929 widmete es den Gründervätern der amerikanischen Malerei eine Ausstellung: Eakins, Homer und Ryder.

In diesem Kontext setzte sich Grant Wood, nachdem er die Bilder der deutschen Neuen Sachlichkeit

Seit 1930 mietete das Ehepaar Hopper jeden Sommer ein Haus auf der Halbinsel Cape Cod. Die Umgebung inspirierte den Maler zu einer Reihe von kargen Landschaftsbildern, in denen das intensive Licht die Volumen mit unerbittlicher Strenge hervorhebt. Das erstaunliche Grün der Dünen in *The Camel's Hump* (1931) weckt die Erinnerung an die ersten Pioniere der *Mayflower*, die, als sie genau hier den Fuß an Land setzten, daran glauben wollten, ein neues »Verheißenes Land« zu betreten. Ab 1934 verbrachte Hopper mehrere Monate im Jahr auf dem Cap, um sein Atelier zu bauen.

von Otto Dix und Christian Schad entdeckt hatte, an die Spitze einer offen reaktionären »regionalistischen« Bewegung. Er machte sich zusammen mit Thomas Hart Benton und John Steuart Curry zum Herold einer von den Werten des ländlichen Amerika gespeisten Kunst: »Die lange Vorherrschaft Europas und besonders Frankreichs über unsere eigene Kunst war eine bewusst betriebene kommerzielle Aktivität, ein Business. Kunsthändler, die mit den größeren Kunstgalerien in New York liiert waren, begünstigten die französischen Agenten, weil das auch für sie eine lukrative Verbindung war. (...) Die jungen Talente,

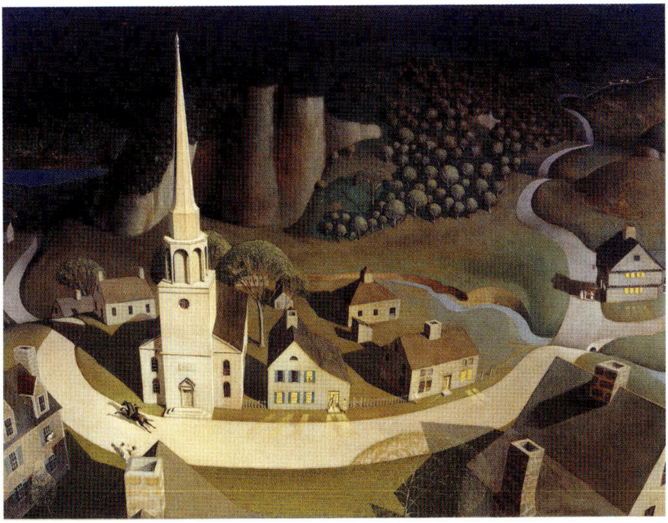

die sich in jener komfortablen Ära des grenzenlosen Wohlstands bei allen möglichen Projekten mitreißen ließen und vor allem alles altmodisch Vertraute hinter sich lassen wollten, kommen jetzt, da alles zusammenbricht, wieder mit beiden Füßen auf die gute alte Erde zurück.« *

Hopper hat jede Zuordnung seines Werks zur »regionalistischen« Schule heftig bestritten, die in den 30er Jahren von dem Maler Grant Wood (Autor eines berühmten Buchs namens *Against the City*) aus Iowa vertreten wurde. Hoppers Misstrauen gegen die modernen Großstädte mag dem von Wood ähneln, doch es ist gewiss nicht auf eine Apologie erlösender Ländlichkeit zu reduzieren. Wood, Curry und Benton waren militante »Regionalisten«, während sich Hopper als eingefleischter Skeptiker erwies. Vor lauter Idealisierung wird das von Wood gemalte Land (links: *The Midnight Ride of Paul Revere*) zur Illustration kindlicher Abzählreime, ein bukolischer Wachtraum, ein süßlich-optimistisches Bild, ganz im Gegensatz zu Hoppers ironischen Elegien.

Die Schlinge des Nationalismus

Ende der 20er Jahre spürte Hopper, dass die Welle des Nationalismus und der Identität sein Werk bedrohte. Er äußerte sich zu dieser Debatte in einem Artikel, den er im Sommer 1928 für die Zeitschrift *The Arts*

* Grant Wood, *Revolt Against the City*, Iowa City, Clio Press, 1935, S. 13 und 27.

schrieb. Gegenstand des Artikels war Burchfield, ein Maler, der wie er in der Galerie Frank Rehn ausstellte, der Titel »Charles Burchfield: American«. Darin zählt Hopper Burchfield zwar zu jenen Malern, »die unseren Lokalgeist erfasst haben: Eakins, Homer, Sloan, Kent und Bellows« und teilt deren »Abwendung vom europäischen Einfluss« *, doch die Behauptung,

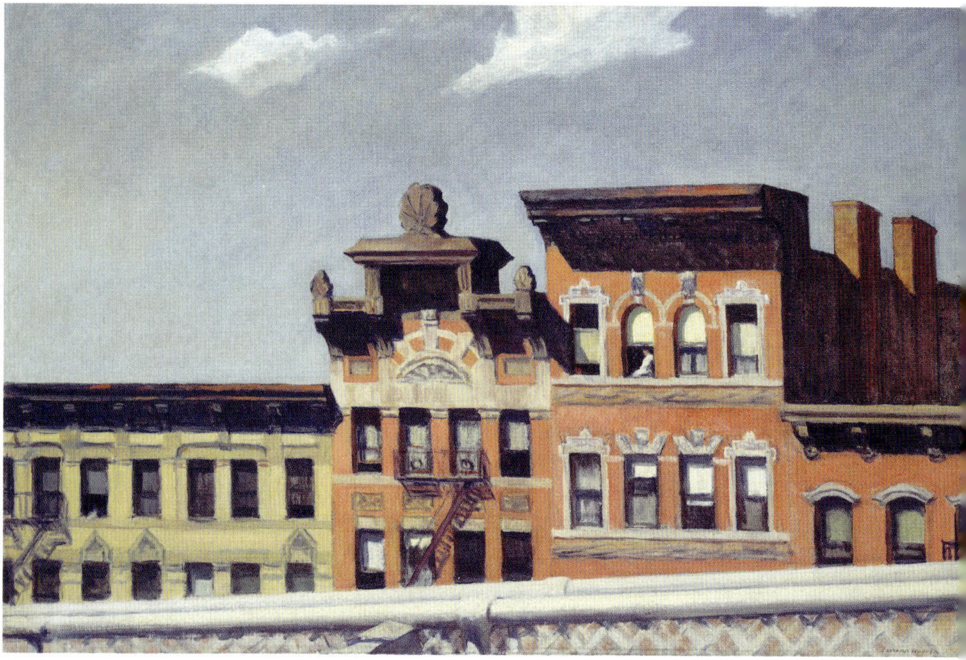

Burchfield sei ein »hundertprozentig amerikanischer Künstler«, bezeichnet er als »lächerlich«. Lächerlich ist für ihn die engstirnige Idee, »Americanness« werde durch das Bekenntnis zu einem ideologischen Programm erworben (dem einer hartnäckigen Opposition gegen Kosmopolitismus und Wirtschaftsliberalismus, die mit dem Aufschwung der großen Metropolen aufgetreten seien) oder durch die Verwendung einer ländlichen Ikonographie. Wenn Burchfield »amerikanisch« sei (und hier spricht Hopper zweifelsohne für sich selbst), dann auf eine ursprüngliche Art, allein dadurch, dass er in seiner Malerei eher moralische als

Schon in seinen Bildern von den Ufern der Seine übernahm Hopper die originellen Ausschnitte, die kühnen Blickwinkel aus der Froschperspektive, die er bei Degas bewunderte. Später versuchte er sich wie Marquet eine Zeit lang an Stadtansichten aus einem höhergelegenen Blickwinkel. Seine tägliche Fahrt mit der New Yorker Hochbahn-Linie L bot ihm viele Ausblicke, die auf halber Höhe abgeschnitten waren, ohne dass er zu Kunstgriffen Zuflucht nehmen musste oder die Perspektive verzerrt wurde. *From Williamsburg Bridge* (1928) zeigt einen solchen Blickwinkel.

* Edward Hopper, »Charles Burchfield: American«, in: *The Arts*, Juli 1928.

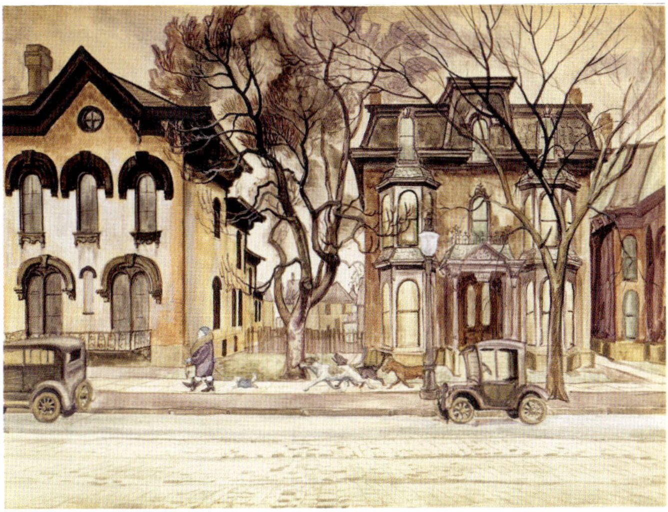

ästhetische Begabungen entfalte. »Ehrlichkeit«, »Einfachheit«, »Aufrichtigkeit« genügten, um aus ihm einen »amerikanischen« Maler zu machen.

Seine künstlerischen Kriterien hatte Hopper schon ein Jahr zuvor offengelegt. In einem Glückwunschschreiben an den Chefredakteur der Zeitschrift *Scribner's Magazine*, der eine Kurzgeschichte von Ernest Hemingway veröffentlicht hatte, schrieb er: »Es ist erfrischend, in einer amerikanischen Zeitschrift auf ein solch ehrliches Stück Arbeit zu stoßen, nachdem man das riesige Meer von zuckrigem Brei durchwatet hat, aus dem ein Großteil unserer Belletristik besteht. In dieser Geschichte gibt es keine Zugeständnisse an den Massengeschmack, kein Abweichen von der Wahrheit und einen genialen, überraschenden Schluss.« *

Die Welt als große Bühne

1927 malte Hopper die ersten Theaterbilder. *Two on the Aisle* zeigt drei Figuren in einem Theater. Alle wenden sich von der Bühne ab, deren Vorhang geschlossen ist. Schon in *Solitary Figure in a Theater* von 1902 fehlte der wesentlichste Bestandteil, die Vorstellung selbst. Das Motiv wurde später noch oft

* Zitiert nach Levin, op. cit., S. 481.

Hopper widmete dem Werk von Burchfield einen der beiden einzigen Zeitschriftenartikel, die er je geschrieben hat. Darin äußert er seine Bewunderung für ein Werk, dem er die wesentlich »amerikanischen« Vorzüge der Unabhängigkeit von jeder Schule und jedem »ismus« zuerkennt. Um diese Kunst zu beschreiben, zitiert er Emerson, einen seiner Lieblingsautoren: »Große Kunstwerke enthalten keine ergreifendere Lehre als ebendiese. Sie lehren uns, gerade dann mit gutgelaunter Unbeugsamkeit bei unserem spontanen Eindruck zu verweilen, wenn das ganze Geschrei der Stimmen für die andere Seite ist.« * In Burchfields Bild *Promenade* (1927/28, links) fand Hopper die Spontaneität, das unverdorbene Herz und Auge, die für ihn den Reiz von Burchfields Werks ausmachten: »Die ironische Haltung hat sich zu einem liebenswürdigeren Humor entwickelt; wie in *Promenade*, dem Bild von der Straße mit den riesigen Hunden, die den kleinen Hund verfolgen, der von seinem Frauchen in Siebenmeilenstiefeln geführt wird. Das ist von erfrischender, ungezwungener Einfachheit und obendrein sehr amerikanisch.« **

* Ralph Waldo Emerson, *Essays*, deutsch von Harald Kiczka, Zürich 1982.

**Edward Hopper: »Burchfield american«, op. cit.

variiert. Die in ihre Gedanken vertiefte Platzanweiserin in *New York Movie* (1939) interessiert sich nicht für den gezeigten Film. Auch die Zuschauer in *First Row Orchestra* (1951) wenden sich demonstrativ von der Bühne ab. Eine weitere Variation von *Solitary Figure in a Theater* ist eines von Hoppers letzten Bildern, *Intermission*, das wieder eine einsame Gestalt in einem leeren Theater zeigt.

Viele Interpreten von *New York Movie* haben das Bild in die Nähe von Platons Höhlengleichnis gerückt. Ob diese Interpretation nun schlüssig ist oder nicht, auf jeden Fall unterstreicht sie die zentrale Rolle, die die Wahrnehmung, der Prozess des Schauens in Hoppers Werk hat. Sie nimmt einen so großen Raum in seinem Werk ein, dass sie als dessen wichtigstes Thema bezeichnet werden könnte. Der Blick, um den er sich bemüht, ist von eindeutig »platonischer« Weisheit geprägt. Er wendet sich bewusst von den trügerischen Vorstellungen, der illusorischen Realität ab, die Schauspiel und Malerei künstlich hervorbringen. Hoppers Zurückhaltung (die technische Nüchternheit), die ganz puritanische Ehrlichkeit seiner Malerei ist wie ein Nachhall des Misstrauens der byzantinischen Theologen gegenüber Bildern, deren allzu große Verführungskraft die Betrachter von den religiösen Zwecken ablenken könnte, die allein ihre Existenz rechtfertigten.

Hoppers Interesse für das Schauspiel, seine Funktionsweise und seine Tricks gleicht einer Warnung vor der Macht seiner eigenen Bilder und einer Welt, die durch die Entfaltung und unendliche Vervielfachung von Bildern alle, die ihrer Verführung erliegen, in der Falle trügerischer Illusionen fängt. Die relativ geringe Zahl von Hoppers Bildern (nur etwa hundert Werke in seiner Reifezeit) folgt derselben Logik wie die unendliche Vervielfachung bei Andy Warhol, der die Welt mit Bildern überschwemmen wollte. Beide, der eine durch Widerstand, der andere durch absurde Übertreibung, wollten auf die Unerreichbarkeit des Wirklichen reagieren, das durch die Multiplikation der »Leinwände« verdeckt wird.

Hoppers letztes Bild zeigt ihn, zum letzten Mal sein Publikum grüßend, von einer Theaterbühne her-

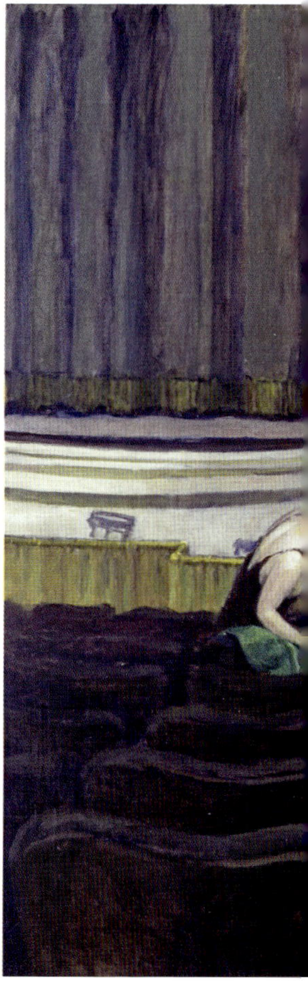

In *Two on the Aisle* (1927) kommt Hopper wieder auf die Welt von Theater und Kino zurück. Im Gegensatz zur asketischen Geometrie seiner Stadtansichten kann er hier einen komplexen Raum mit Kurven und Ellipsen konstruieren.

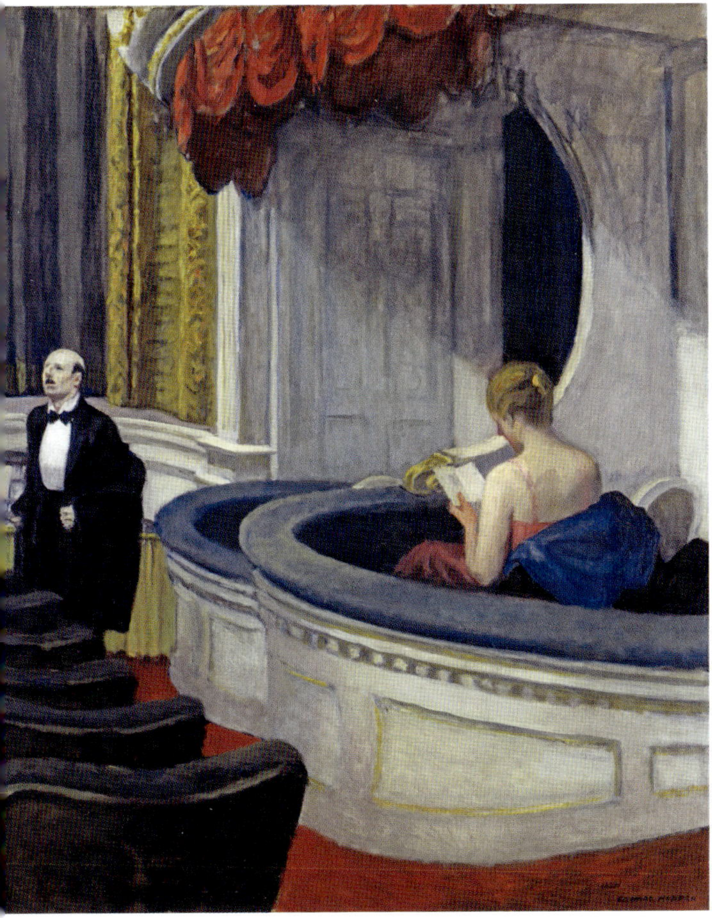

Intermission (1963, folgende Doppelseite) ist Hoppers letztes großformatiges Bild. Aufgrund des veränderten Blickwinkels wird unser Blick nicht mehr wie in *Solitary Figure in a Theater* von hinten auf den geschlossenen Vorhang gelenkt, sondern auf die Zuschauerin selbst. Sujet ist nicht mehr die Erwartung; die Gedanken der Figur, ihre Vorstellungskraft treten an die Stelle der Vorführung. *Intermission*, Pause, ist weit mehr als bloßer Titel; *Pause* ist das letzte Wort in Hoppers Werk. Es resümiert ein sowohl philosophisches als auch künstlerisches Projekt, einen Aufruf, die versklavenden, belanglosen Beschäftigungen für die Reflexion und die Phantasie zu unterbrechen, die verhindern, dass wir uns selbst vergessen. »Pause« ist ein Ordnungsruf, die Aufforderung zum Widerstand. Und es ist wieder einmal eine Frau, der Hopper den Auftrag anvertraut, die Zeit anzuhalten, dem überwältigenden Malstrom von Spektakel und Konsum Einhalt zu gebieten und sich der modernen Bilderflut zu entziehen.

ab: eine einleuchtende Metapher für den Rahmen von Illusionen, den seine Gemälde gebildet haben.

Vom Ende des Zweiten Weltkriegs bis zu seinem letzten Gemälde 1966 malte Hopper nur noch ein oder zwei Bilder pro Jahr. Jedes entsprach einer absoluten Forderung, der Notwendigkeit, seinem Traum von Harmonie eine nie dagewesene, intensivere Form zu geben. Er interpretierte seine Lieblingsthemen neu, vertiefte sie und vollendete seine Sonnenmythologie. Im letzten Kapitel seines Werks wird das Licht zum ausschließlichen Sujet. Es ist Verheißung auf Transzendenz, wirft aber auch seine trügerischen Schatten auf das Theater der Welt.

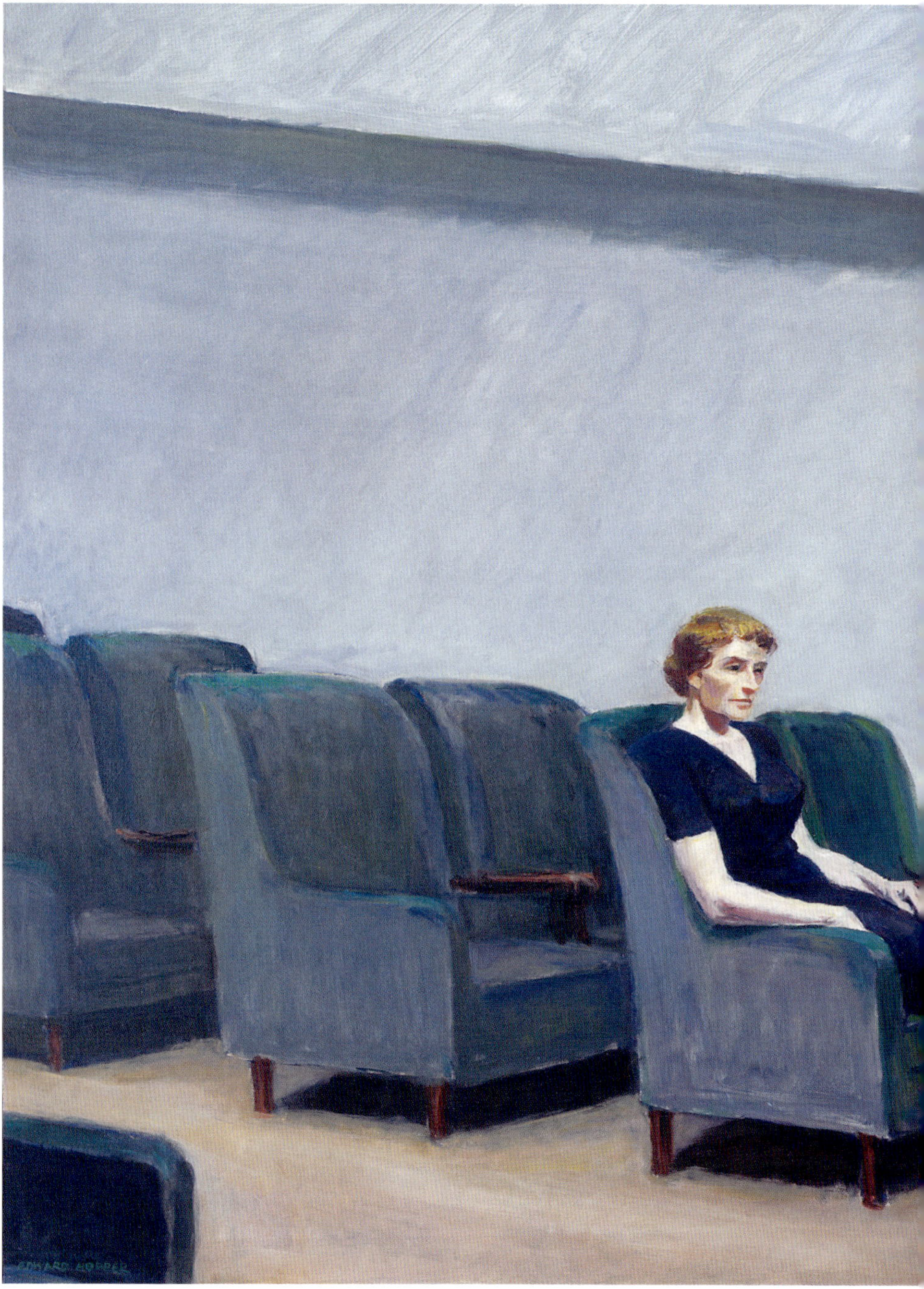

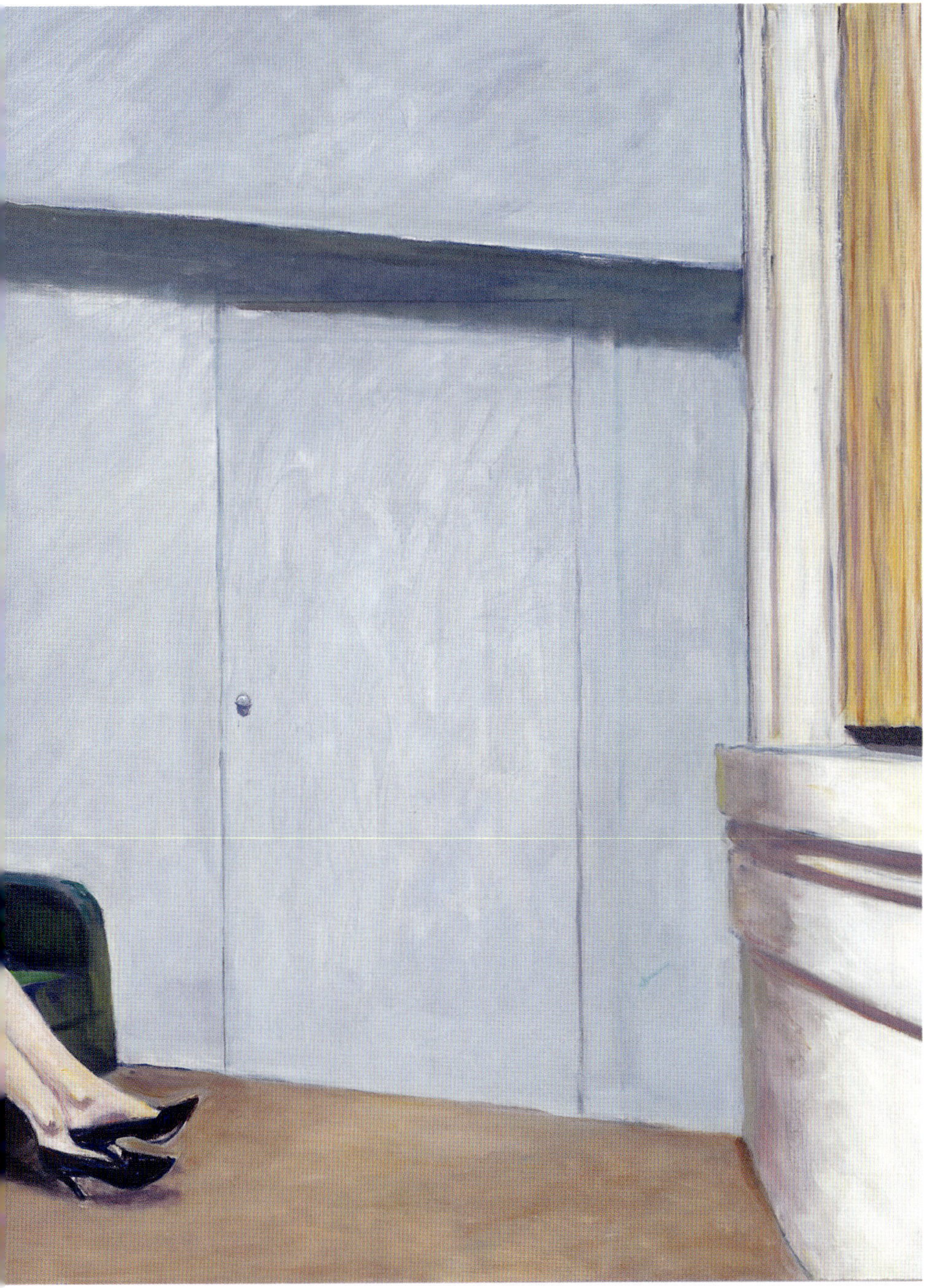

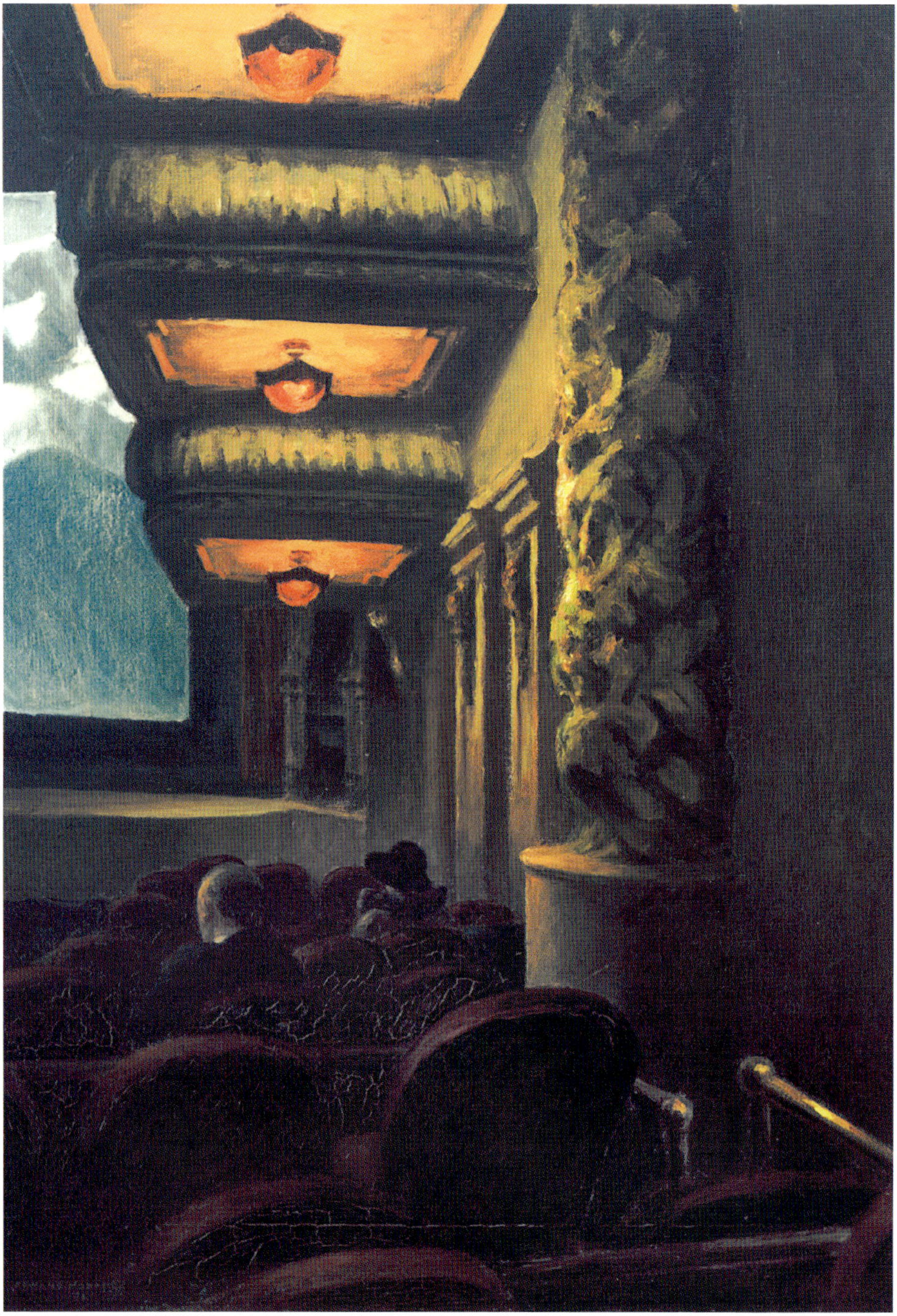

Vom Ende des Zweiten Weltkriegs bis zu seinem letzten Gemälde 1966 malte Hopper nur noch ein oder zwei Bilder pro Jahr. Jedes entsprach einer absoluten Forderung, der Notwendigkeit, seinem Traum von Harmonie eine nie dagewesene, intensivere Form zu geben. Er interpretierte seine Lieblingsthemen neu, vertiefte sie und vollendete seine Sonnenmythologie. Im letzten Kapitel seines Werks wird das Licht zum ausschließlichen Sujet. Es ist Verheißung auf Transzendenz, wirft aber auch seine trügerischen Schatten auf das Theater der Welt.

KAPITEL 4

RAMPENLICHT

Am Ende seines Lebens entdeckt Hopper Watteau und die Welt des Theaters wieder, die ihn zu *Two Comedians* (1966, rechts) inspirieren. Im Kostüm des Pierrot aus *Soir bleu* betritt er ein letztes Mal die Bühne, mit der seine Malerei verschmilzt. Links: ein Detail aus *New York Movie* (1939)

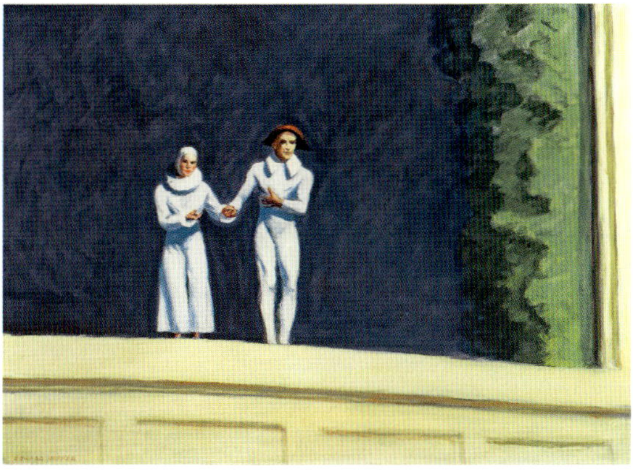

Errettung oder Abführmittel

Ende der 20er Jahre machte sich Hopper auf die Suche nach einem Ort für ein neues Atelier. Er war oft auf Cape Cod, dessen Küste und Dörfer ihn zu zahlreichen Kompositionen inspirierten, in denen die Leuchttürme einen ganz besonderen Platz einnehmen. Ihm ging es keineswegs um das malerische Motiv, das man heute noch auf vielen Postkarten findet. Schon 1925 hatte er von seiner Reise nach New Mexico nur das Aquarell einer alten, auf einem Abstellgleis vergessenen Lokomotive mitgebracht. Die gepflasterten Gassen und die Kolonialarchitektur von Santa Fe hatten ihm nur ein Gähnen entlockt. Auch die Straßen des französischen Viertels von New Orleans oder die Naturparks in Utah ließen ihn kalt. Sein Interesse für die Leuchttürme von Cape Cod muss also von anderer Art gewesen sein. Man versteht es nur, wenn man es in Bezug zu anderen nächtlichen Lichtquellen setzt, deren diffuses Strahlen auch die »Nachtvögel« anzieht.

Nach *Lighthouse Hill* und *Captain Upton's House* malt Hopper *Drug Store*. Dem wohlwollenden, rettenden Licht der Leuchttürme (deren Symbolik mit der Kirche auf dem Bild *South Truro Church* vergleichbar ist, das er 1930 mal-

An der Küste von Cape Cod führte Hopper seine Bestandsaufnahme der Zeichen einer Welt fort, die der technische Fortschritt nach und nach obsolet macht. Die automatischen Leuchttürme verdammen ihre »Wärter« ebenso zur Untätigkeit wie der Dieselmotor die Dampfschiffe dem Rost überlässt, die Hopper im Hafen von Rockland malte. Es ist die Bestandsaufnahme einer Zeit, in der Einsamkeit und Heldentum noch möglich waren.

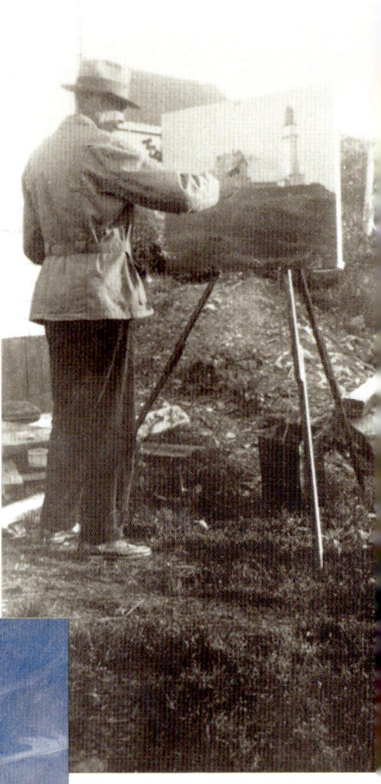

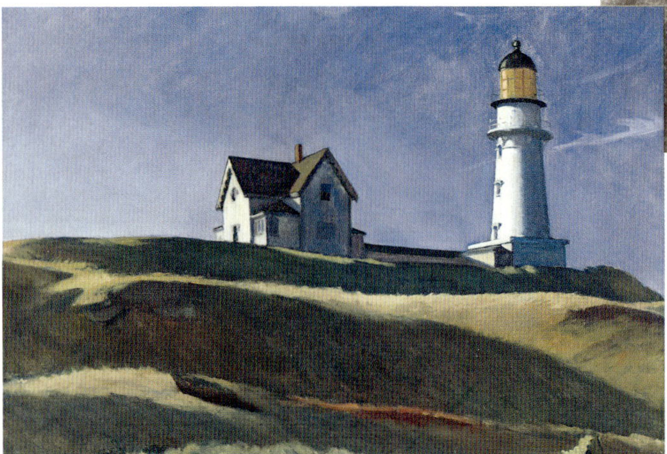

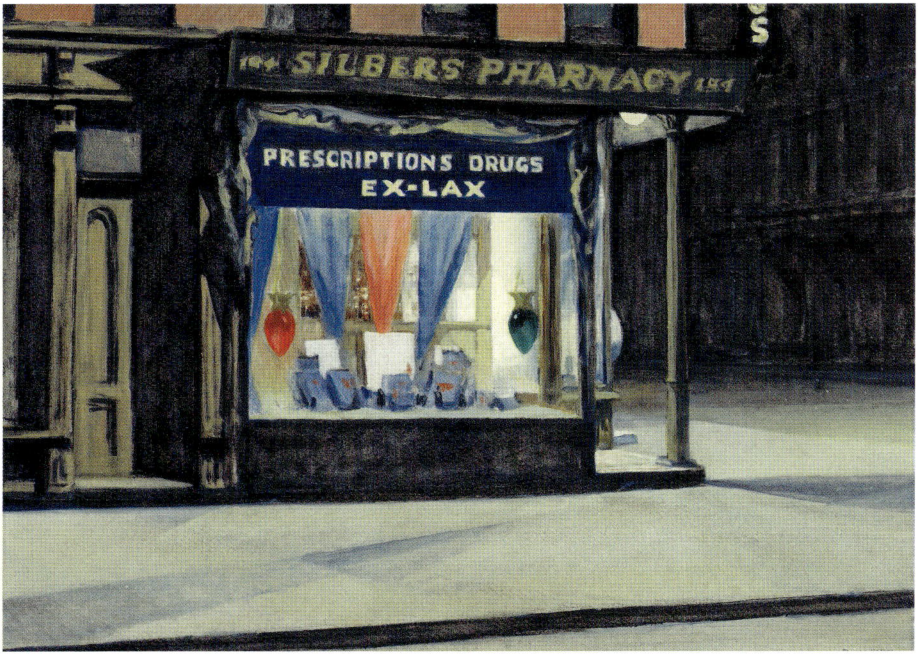

te) stellt er die grelle Beleuchtung eines Drugstore gegenüber, dessen Schaufenster für ein … Abführmittel wirbt.

Das Sujet ist ein Echo auf Sherwood Andersons Roman *Eines Geschichtenerzählers Geschichte*, eine groteske Persiflage seines früheren Berufs. Sie handelt von einem Werbetexter, der sich Slogans für Abführmittel ausdenken muss. Der Roman nimmt das in Amerika herrschende Konsumfieber aufs Korn. Die Ironie in Hoppers Bild bemerkten schon seine Zeitgenossen. Der Käufer der Aquarellstudie zu diesem Bild ertrug sie nicht und schickte die Studie an den Künstler zurück, damit er die allzu peinliche Werbung änderte. Hopper willigte ein und tauschte auf der Studie EX-LAX gegen ein weniger explizites ES-LAX aus. Auch die Frau seines Galeristen, Peggy Rehn, hatte darauf hingewiesen, dass der Titel EX-LAX selbst jenen, deren Bekenntnis zum Realismus keine ästhetischen Zugeständnisse kenne, geschmacklos erscheinen könnte. Die verhängnisvolle Anziehungskraft der Lichter in der Stadt ist 1942 Gegenstand eines weiteren Bildes: *Nighthawks*. Das Werk ist mit van

Drug-Store (1927, oben) hat den Glanz, die traumhafte Aura eines Weihnachtsgeschenks. Hopper macht daraus das emblematische Bild des Überflusses und der Verführung in der neuen Welt des Massenkonsums. Ironisch steht im Mittelpunkt dieser Pracht die Werbung für ein damals weit verbreitetes Abführmittel. Zwanzig Jahre später, 1948, stellte Hopper ein anderes Schaufenster dar: *Seven A. M.* Es ist die Erinnerung an ein Geschäft in der Nähe seiner Geburtsstadt, es ist das Schaufenster einer anderen Ära, in dem vor dem Hintergrund altmodischer Bilder nur ein paar Flaschen stehen.

Goghs *Café de nuit* verglichen worden, das seit 1933 Stephen Carlton Clark, dem größten Hopper-Sammler, gehörte. *Café de nuit* wurde vom 5. bis 31. Januar 1942 in der New Yorker Galerie Paul Rosenberg in der Ausstellung »11 Bilder von V. van Gogh« gezeigt. Zur gleichen Zeit begann Hopper *Nighthawks*. Van Gogh hatte einen Ort malen wollen, wo man sich zugrunde richten, verrückt werden, ein Verbrechen begehen kann. Diese Atmosphäre von Verdammnis und latenter Kriminalität färbte auf *Nighthawks* ab, das zum anderen Teil von Hemingways Kurzgeschichte *Die Killer* inspiriert war.

Der Tankwart in *Four Lane Road* (1956, unten) könnte derselbe sein wie der auf dem Bild *Gas* (1940). Aber das Geheimnisvolle, die dumpfe Drohung der Dämmerung haben einem lebhafteren Licht Platz gemacht. Statt des dramatischen Kampfs zwischen Licht und Finsternis sieht man auf dem neueren Bild Nachdenklichkeit und Träumerei, nur unterbrochen vom Zuruf der Frau, die die Ehefrau des Tankwarts sein könnte, eine Szene an der Grenze zum Boulevardstück. »Die Ehe«, meinte Jo Hopper einmal, »ist eine schwierige Angelegenheit. Aber da muss man durch. Vom Tag meiner Geburt an wusste ich genau, was ich wollte, und es war schwer, mit mir auszukommen.«

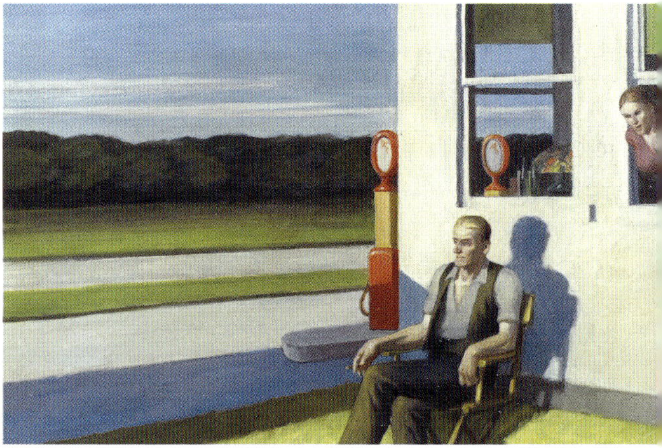

Szenen einer Ehe

Anfang der 30er Jahre taucht mit *Room in New York* das Sujet des Paares in Hoppers Werk auf. Ein Mann und eine Frau wenden sich in der Intimität ihrer Wohnung voneinander ab. Er vertieft sich in die Lektüre seiner Zeitung, während sie in einer anderen Ecke des Zimmers eine Klaviertaste berührt. *Ennui* von Walter Sickert oder *La Bouderie* von Edgar Degas mögen diese Darstellung ehelicher Kommunikationsunfähigkeit beeinflusst haben. Aber es könnte auch ein Zeugnis seines eigenen Ehelebens sein. Seine ersten Erfolge, die Anerkennung seines Werks durch Kunstmarkt und Institutionen in den sechs Jahren ihres Zusammenlebens hatten Jos Groll und Ärger geschürt, da all ihre Versuche gescheitert waren, die eigenen Bilder auszustellen. Hoppers Schweigen und Passivität angesichts dieser Ablehnung verschlechterten ihre Beziehung zusätzlich. Anfang der 30er Jahre begann Josephine ein Tagebuch, das voller Bitterkeit über diese Gleichgültigkeit ist. Nach *Room in New York* sind *Summer in the City* (1949), *Hotel by a Railroad* (1952), *Four Lane Road*

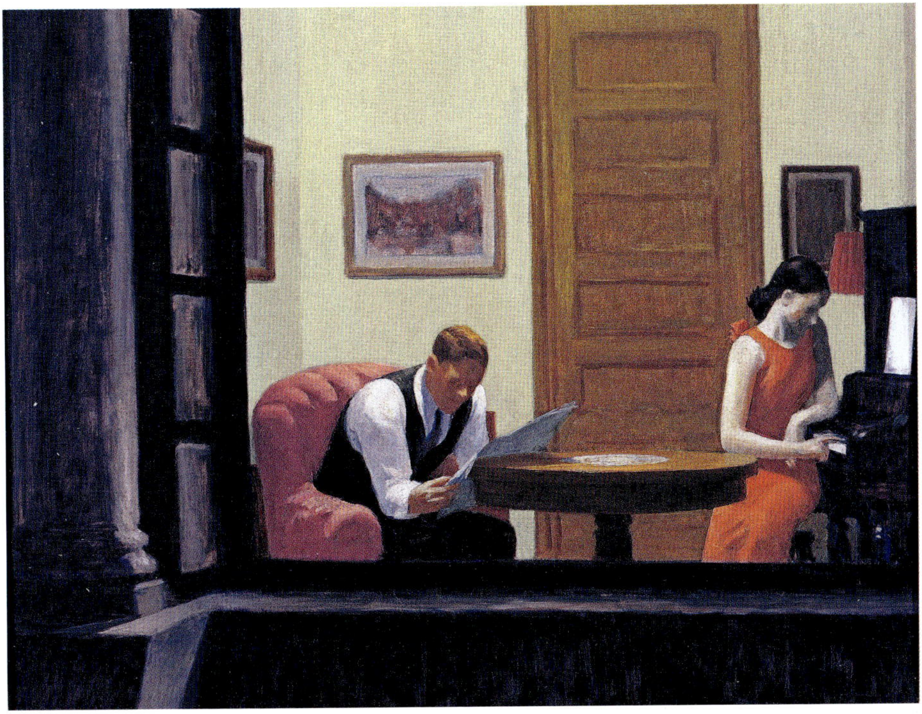

(1956) und *Excursion into Philosophy* (1959) weitere Variationen zum Thema eines von Zweifeln und Spannungen untergrabenen Ehelebens.

Sturm auf die Bastion des Formalismus

Die Ausstellungen von Hoppers Werken in der Galerie Rehn Ende der 20er Jahre waren ein künstlerischer und kommerzieller Erfolg. Seine Bilder wurden in die bedeutendsten privaten (Duncan, Clark etc.) und öffentlichen (Metropolitan Museum of Art, Pennsylvania Academy etc.) Sammlungen aufgenommen. Hopper wurde einhellig gefeiert: Die Kritik lobte das zutiefst amerikanische Wesen seiner Kunst, die Academy of Design bot ihm die Mitgliedschaft an (die er ablehnte). 1930 wurde er als erster Künstler in die Sammlung des MoMA in New York aufgenommen.

Im Umfeld einer amerikanischen Kunst, die zum Aufschwung des stilistisch konservativen und ideologisch reaktionären Regionalismus führte, verlieh die Retrospektive, die das MoMA 1933 Hoppers Werk

Die Hochbahn der Linie L erlaubte Hopper Einblicke in das Theater des Privatlebens der New Yorker. *Room in New York* (1932, oben) zeigt Personen, die in ihrer Zurückgezogenheit und Stummheit den Stücken Henrik Ibsens entstiegen scheinen, den Hopper sehr mochte. Die Konfiguration des Raums, die der Blick aus der Hochbahn ermöglicht, macht das Bild zur Bühne, von der Hopper sein Publikum auch auf seinem letzten Bild, *Two Comedians*, grüßt.

widmete, seiner Malerei einen Rang, der sie von diesem Chauvinismus absetzte. In einer Zeit, die von zunehmendem Nationalismus geprägt war, wechselte das MoMA in seinem Programm zwischen Projekten, die die von Direktor Alfred Barr sehr geschätzte internationale Moderne repräsentierten, und Ausstellungen, die die Entwicklung einer eigenständigen amerikanischen Kunst aufzeigten. Die Eröffnungsausstellung des Museums im Dezember 1929 war den Gründervätern der Moderne (Cézanne, Gauguin, Seurat, van Gogh) gewidmet. Im Mai 1930 bekräftigte die Ausstellung »Homer, Ryder, Eakins« die Herkunft der spezifisch amerikanischen Moderne. Einzelausstellungen von Burchfield (April 1930, auf eine begrenzte, nahezu abstrakte Periode seines Schaffens konzentriert), Sterne (Februar 1933) und Hopper (Oktober 1933) zeigten deren Entwicklung. Im Vorwort zum Katalog der Hopper-Retrospektive macht Alfred Barr deutlich, was ihn an diesem Werk interessiert: »Hopper gelingen in vielen seiner Bilder Kompositionen, die unter einem rein formalen Gesichtspunkt interessant sind.« * Auch *Night Windows* (1928), das zur Sammlung des Museums gehörte, betrachtete Barr unter rein formalen Gesichtspunkten und ließ geflissentlich den Aspekt des Voyeurismus außer Acht. Das Bild, inspiriert von Sherwood Andersons Erzählung *Die Kraft Gottes*, nimmt den Blickwinkel von deren Protagonisten ein, einem Pastor, der vom Kirchturm seiner Kirche eine Frau in ihrem Schlafzimmer sieht. Barr lobte an dem Werk nur die »drei leuchtenden Rechtecke« der Fenster! Als Antwort auf diese recht enge Lesart seiner Bilder verfasste Hopper für den Katalog seine *Notes on painting*, in denen er einen höflichen Einwand gegen die Werte des Museums formuliert, das seine Ausstellung beherbergt. Dem von Alfred Barr gerühmten Formalismus, den Hopper mit der Erfindung beliebiger Formen und einer rein dekorativen Auffassung von Malerei assoziiert, stellte er seine intimsten Eindrücke der Natur entgegen. Dieses Glaubensbekenntnis zum Transzendentalismus

Night Windows (1928, unten) ist nicht auf die Geometrie der Komposition zu reduzieren, die MoMA-Direktor Alfred Barr hervorhob. Hopper entdeckte in den New Yorker Fenstern sinnliche Formen: die gleiche Haltung, das gleiche Gesäß, die er Jahre zuvor in *New York Restaurant* (1922) gemalt hatte.

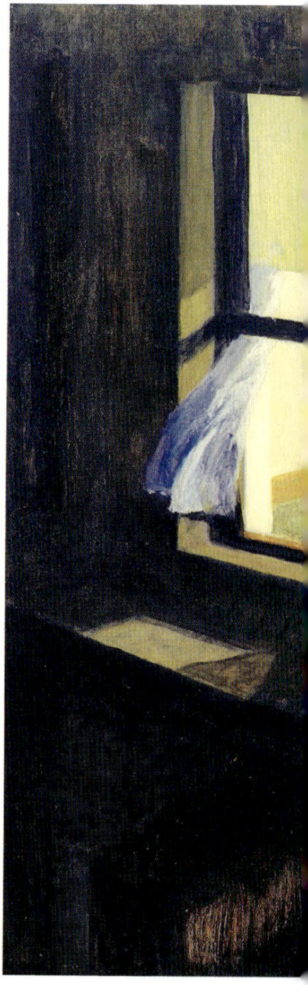

* Vorwort des Ausstellungskatalogs *Edward Hopper: Retrospective Exhibition* (New York, MoMA, 1. November – 7. Dezember 1933), New York: The Museum of Modern Art, 1933.

knüpft an die Definition seines Lieblingsautors Ralph Waldo Emerson an, der in der Kunst »die in der Retorte des Menschen destillierte Natur« * sah. Außerdem widerlegt er die Idee eines künstlerischen Nationalismus und distanziert sich von der literarischen, ideologischen Malerei der aufstrebenden »regionalistischen« Bewegung. Hopper grenzte sich immer wieder von den militanten Malern der amerikanischen Ländlichkeit ab wie etwa Grant Wood mit seinem Loblied auf die Farmer des Mittleren Westen, die der guten alten Erde treu geblieben seien. Die Nostalgie der »regionalistischen« Maler nach dem vorindustriellen Ameri-

House by the Railroad war das erste Bild, das 1930 in die Sammlung des MoMA aufgenommen wurde. Das Werk ist ein Geschenk des

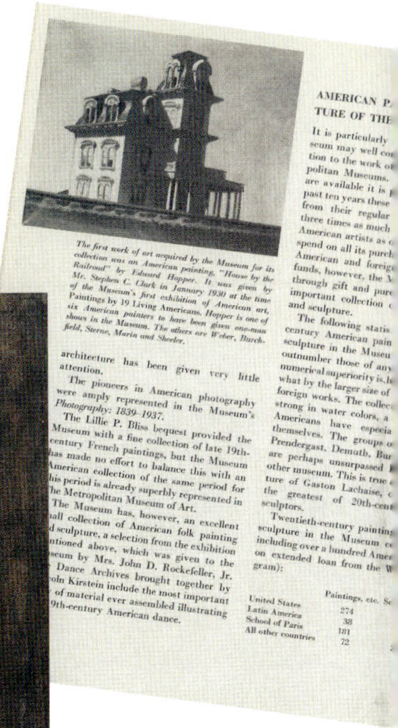

The first work of art acquired by the Museum for its collection was an American painting, "House by the Railroad" by Edward Hopper. It was given by Mr. Stephen C. Clark in January 1930 at the time of the Museum's first exhibition of American art, Paintings by 19 Living Americans. Hopper is one of six American painters to have been given one-man shows in the Museum. The others are Weber, Burchfield, Sterne, Marin and Sheeler.

architecture has been given very little attention.

The pioneers in American photography were amply represented in the Museum's *Photography: 1839–1937.*

The Lillie P. Bliss bequest provided the Museum with a fine collection of late 19th-century French paintings, but the Museum has made no effort to balance this with an American collection of the same period for his period is already superbly represented in the Metropolitan Museum of Art.

The Museum has, however, an excellent mall collection of American folk painting d sculpture, a selection from the exhibition ntioned above, which was given to the seum by Mrs. John D. Rockefeller, Jr. Dance Archives brought together by oln Kirstein include the most important of material ever assembled illustrating 9th-century American dance.

AMERICAN P TURE OF THE

It is particularly seum may well co tion to the work o politan Museums. are available it is past ten years these from their regular three times as much American artists as spend on all its purch American and foreig funds, however, the through gift and pur important collection and sculpture.

The following statis century American pain sculpture in the Museu outnumber those of any numerical superiority is, h what by the larger size of foreign works. The collec strong in water colors, a Americans have especia themselves. The groups o Prendergast, Demuth, Bur are perhaps unsurpassed other museum. This is true ture of Gaston Lachaise, the greatest of 20th-cent sculptors.

Twentieth-century painting sculpture in the Museum c including over a hundred Amer on extended loan from the W gram):

	Paintings, etc.
United States	274
Latin America	38
School of Paris	181
All other countries	72

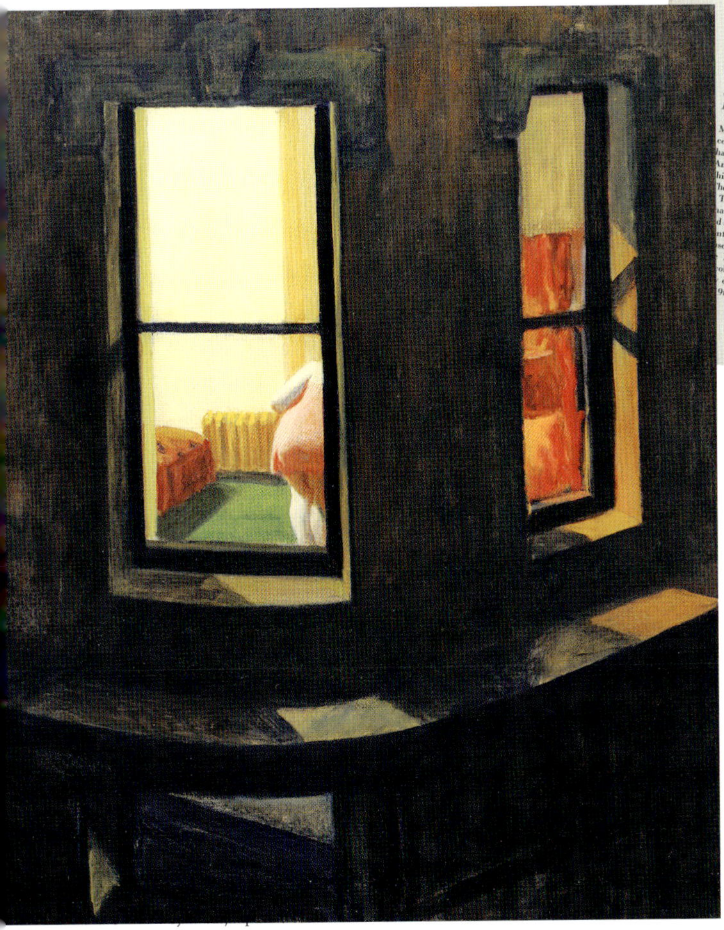

Sammlers und Präsidenten des MoMA-Kuratoriums Stephen Clark, der drei Jahre später die Retrospektive des Künstlers unterstützte. Clark, ein leidenschaftlicher Förderer von Hoppers Malerei, schenkte später viele seiner Gemälde verschiedenen Museen im Osten der USA.

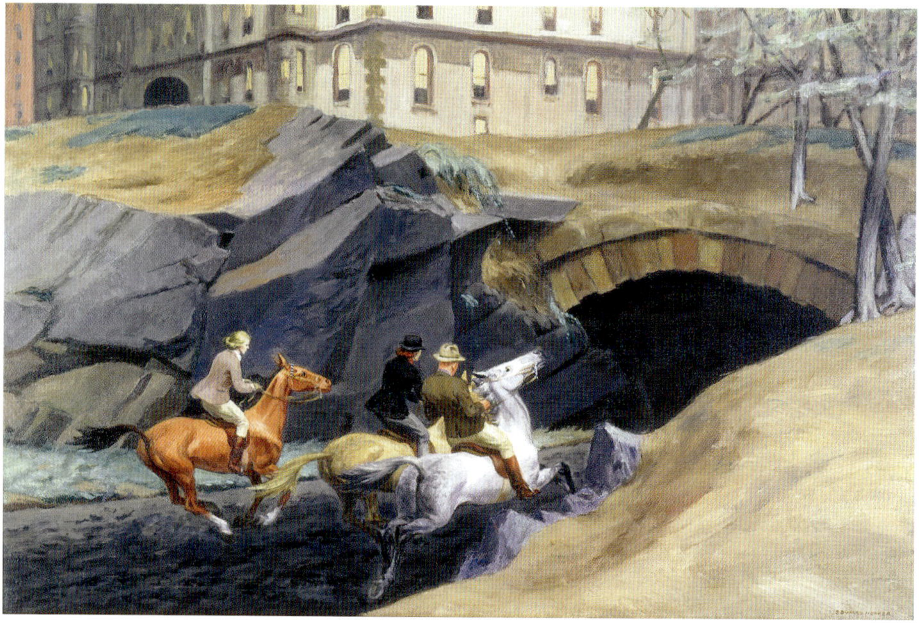

ka war in Hoppers Augen eher verächtlich als melancholisch, eher ideologisch als elegisch.

Europa im Krieg

Die Geschichte, die sich dem Maler immer wieder in Erinnerung bringt, tritt Ende der 30er Jahre noch stärker in den Vordergrund. Die Sorge angesichts der kriegerischen Absichten Hitlerdeutschlands dringt in die drei Gemälde ein, die er von Frühjahr bis Herbst 1939 malt. Das erste, *Bridle Path*, zeigt drei Reiter, kurz bevor sie in einer Unterführung im Central Park verschwinden. Für den Kunsthistoriker Alexander Nemerov ist die Bedeutung dieses Bildes eindeutig. Es geht um die Entwicklung in Europa, die Hopper in den amerikanischen Medien verfolgte. Das weiße Pferd, das vor dem dunklen Tunnel scheut, symbolisiert die Angst, die ihn quält. *Cape Cod Evening*, im Juli desselben Jahres gemalt, drückt ein ähnliches Gefühl der Besorgnis aus. Diesmal ist es ein Hund, der ein Geräusch, eine Gefahr wahrnimmt, von der die Menschen noch nichts wissen. *Ground Swell*, am 15. September, also zwei Wochen nach der Kriegserklärung in Europa, vollendet, ist das deutlichste Bild

Bridle Path (1939, oben) zeigt den schwierigen Weg, der den Reiter zwingt, die Zügel zu straffen. Der Titel des Werkes nimmt den eines Bildes von Winslow Homer auf, das eine junge Frau vorsichtig über einen Bergpfad reitend zeigt. Es ist das einzige Bild, auf dem Hopper Bewegung, Energie in Aktion darstellt. Diese Dynamik wird jedoch von dem Schimmel gestört, der vor dem Eingang der Unterführung im Central Park scheut. Entsprechend der diskreten Symbolik Hoppers sträubt sich das Tier gegen die ungewisse Dunkelheit.

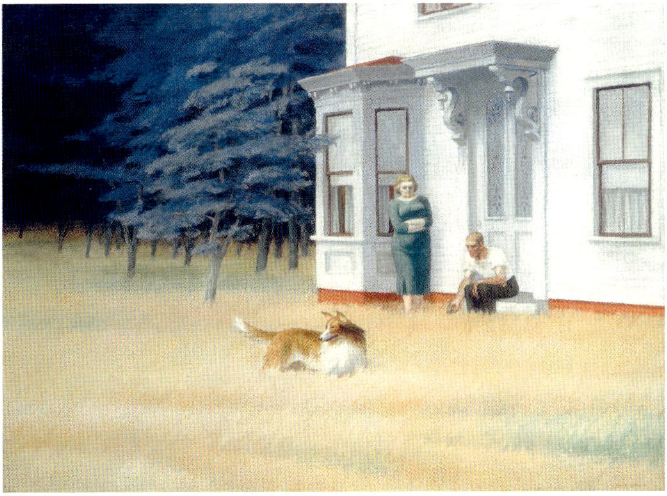

»… keine genaue Wiedergabe eines Ortes, sondern zusammengesetzt aus Skizzen und Erinnerungen an Dinge aus der näheren Umgebung. Die Gruppe von Robinien entstand nach Skizzen von Bäumen in der Gegend. Der Eingang des Hauses stammt aus Orleans, etwa zwanzig Meilen von hier. Die Figuren sind fast völlig ohne Modell entstanden und das trockene, vom Wind bewegte Gras sieht man im Spätsommer oder Herbst von meinem Atelierfenster aus.«

Edward Hopper an Lloyd Goodrich über die Entstehung von *Cape Cod Evening* (1939, links)*

dieses Triptychons bedrohlicher Zeiten. Die Insassen eines Segelboots, Symbolfiguren in Eakins' Amerikabildern, betrachten die Glockenboje auf einer zerstörerischen Welle aus dem fernen Europa, die stürmische See ankündigt.

Zu diesen drei Bildern könnte man zweifellos *Light Battery at Gettysburg* (1940) hinzufügen. Das Sujet dieses vom amerikanischen Bürgerkrieg inspirierten Bildes ist in Hoppers Werk ungewöhnlich. Der Schatten von Mathew Brady, dem Photographen des Sezessionskriegs, dessen Photos Hopper sich tagelang anschaute, worüber er sogar zu malen vergaß, schwebt über diesem Gemälde, das ebenfalls aus dem historischen Kontext zu verstehen ist. Gettysburg brachte die Wende im Krieg, die Ankündigung des endgültigen Siegs der Nordstaaten. Hopper wählte zwar auch hier lieber das Warten als die Aktion, aber die Darstellung der künftigen Sieger der entscheidenden Schlacht war als Ermutigung gedacht, da Amerika noch zögerte, in den Krieg einzutreten.

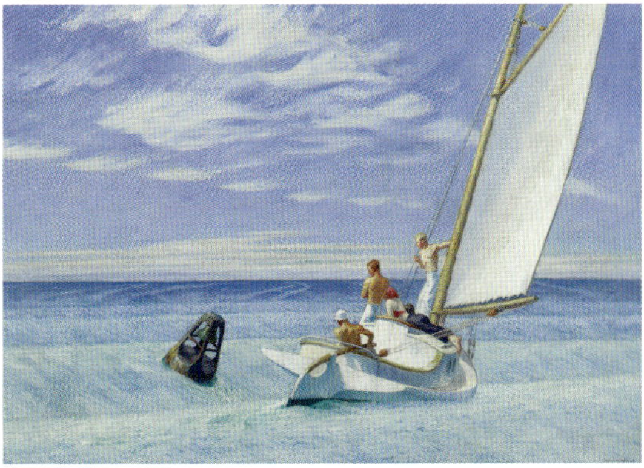

Ein Puzzle von Eindrücken und Beobachtungen bestimmt alle Werke Hoppers. Auch *Ground Swell* (1939, oben) ist anhand von Notizen und Erinnerungen vollständig im Atelier des Künstlers entstanden.

* Zitiert nach Levin, op. cit., S. 431.

Metaphysik

Die Riesenwoge, die der europäische Konflikt auslöst, erreichte schon bald die amerikanische Küste. Der Vormarsch der deutschen Truppen führte zum Exodus vieler Intellektueller und Künstler. Im Juli 1941 landete André Breton in New York. Im MoMA entdeckte er *New York Movie*. In einem Interview, das er im August der Zeitschrift *View* gab, brachte er es mit dem *Gehirn des Kindes* von Giorgio de Chirico in Verbindung, dem kostbarsten Bild unter den Kunstwerken, die er in Paris zurücklassen musste. Die nachdenkliche Haltung der Platzanweiserin und der Vorhang hinter ihr spielen für Breton direkt auf *Gehirn des Kindes* an. Der surrealistische Dichter sah in diesem Bild die Originalität von Hoppers Werk und

Wie die meisten seiner Werke ist auch *New York Movie* Hoppers Phantasie entsprungen. Er verglich seine Intuition mit der Wirklichkeit der New Yorker Kinos, in denen er jedes Detail des Gemäldes fand. Wie üblich hat Jo für die Frauengestalt Modell gestanden. André Breton beschrieb »die sehr schöne, traumverlorene junge Frau abseits der Vergnügungsaktion, die sich vor den anderen abspielt.« *

* André Breton, »Interview with Charles-Henri Ford«, zit. nach Ausst.-Kat. *Hopper*, Didier Ottinger, Tomas Lloren, collectif, RMN, Paris, 2012, S. 41.

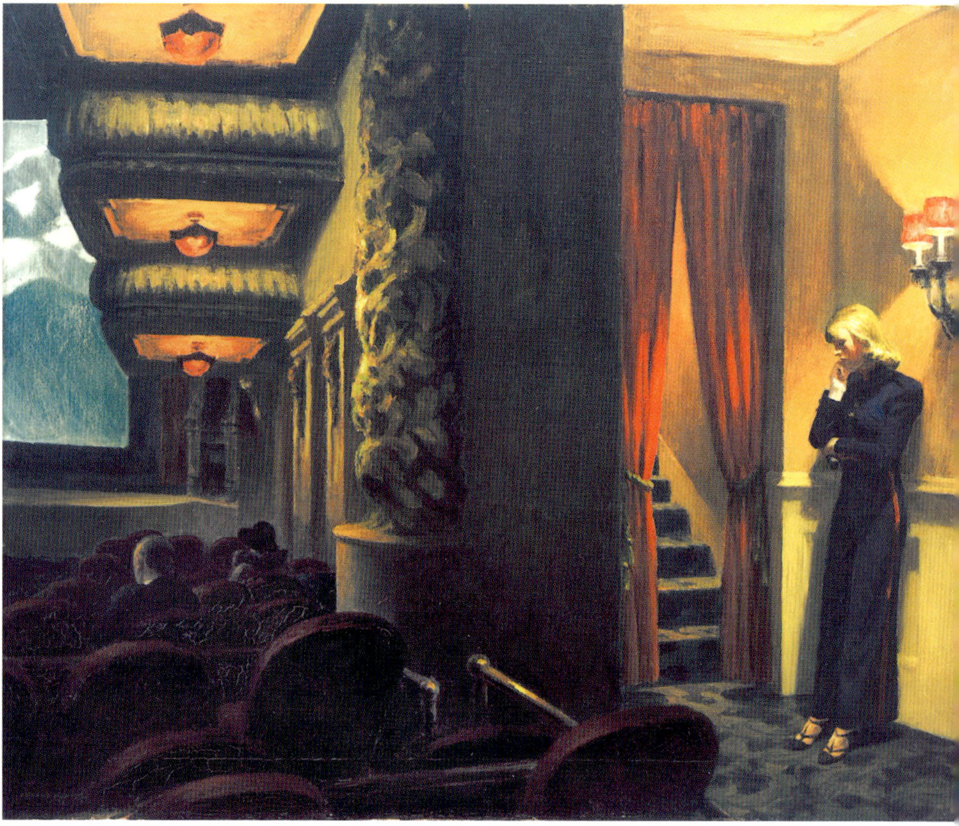

verglich es mit de Chiricos metaphysischer Kunst. Wie dieser bemühe sich Hopper um die Destabilisierung des Realen, um das Eintauchen in die Tiefen des Innenlebens.

Anfang der 50er Jahre stellten dann viele Kritiker die Verbindung zwischen den Werken Hoppers und de Chiricos her. Die Arkaden der italienischen Plätze, die Schornsteine, die Züge, das Dämmerlicht, die dem italienischen Maler so teuer waren, wurden von Hopper in *Dawn in Pennsylvania* aufgenommen, das ein Jahr nach der Veröffentlichung des Breton-Interviews entstand. Beiden Künstlern ging es darum, durch die Verwendung abwegiger Perspektiven und verwirrender Raumkonstruktionen alle Gewissheiten des Realismus zu durchkreuzen.

Die Kunsthistorikerin Jean Gillies hat Hoppers ketzerische Konstruktionen untersucht, die er einsetzte, um die Betrachter seiner Bilder aus dem Gleichgewicht zu bringen, und stellt fest, »Der Betrachter kann sich nicht in Raum oder Zeit im Bezug zum Gemälde orientieren, weil beide zusammenfallen. Der Betrachter schwebt irgendwo in der Luft, auf der rechten Seite des Gemäldes.« * Gillies sieht in dieser bewusst geschaffenen Fremdartigkeit den Ursprung des Gefühls der Entfremdung, das viele Hopper-Exegeten bisher nur der Ikonographie seiner Werke zugesprochen hatten. Es ist das »Unheimliche«, das Hopper mit de Chirico verbindet. Der Begriff fand Eingang ins Vokabular der Kritiker und Kunsthistoriker, nachdem Sigmund Freud ihm einen Aufsatz gewidmet hatte: *Das Unheimliche* (1919). Darin untersucht er

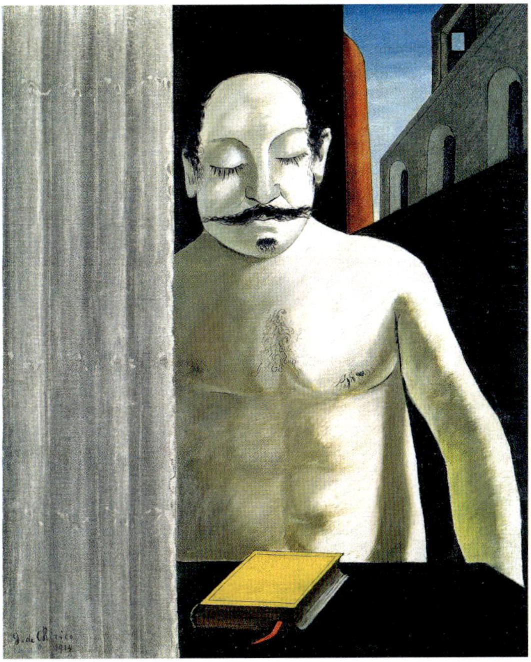

Das Gehirn des Kindes von Giorgio de Chirico (1914, unten), das André Breton mit *New York Movie* verglich, war lange das Glanzstück der persönlichen Sammlung des surrealistischen Dichters. Breton entdeckte es, als er im Bus am Schaufenster der Galerie Rosenberg vorbeifuhr, und sprang beinah aus dem fahrenden Bus. Später wurde Yves Tanguy so sehr in den Bann dieses Bildes gezogen, dass er beschloss, Maler zu werden. Die Themen des Vorhangs und der geschlossenen Augen verweisen auf das »innere Modell«, das im Zentrum des frühen Surrealismus stand.

* Jean Gillies, »The Timeless Space of Edward Hopper«, in: *Art Journal*, vol. 31, No. 4, Sommer 1972.

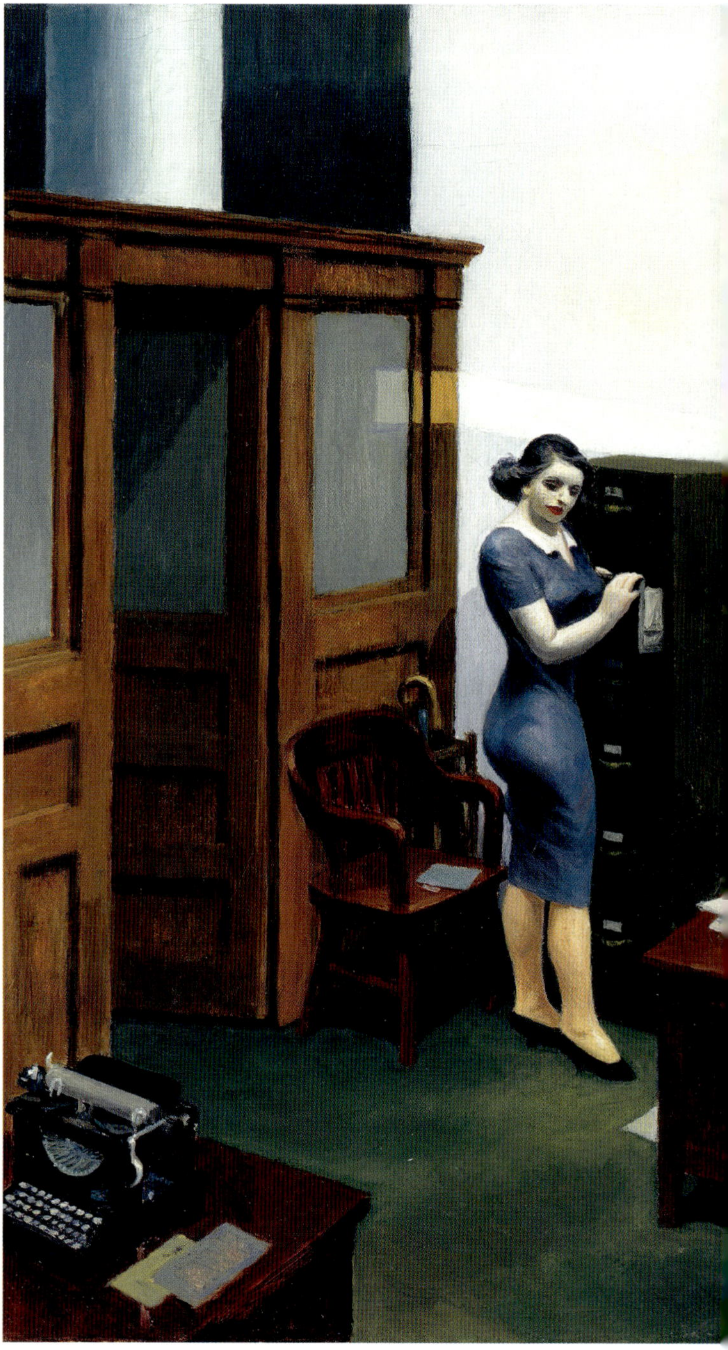

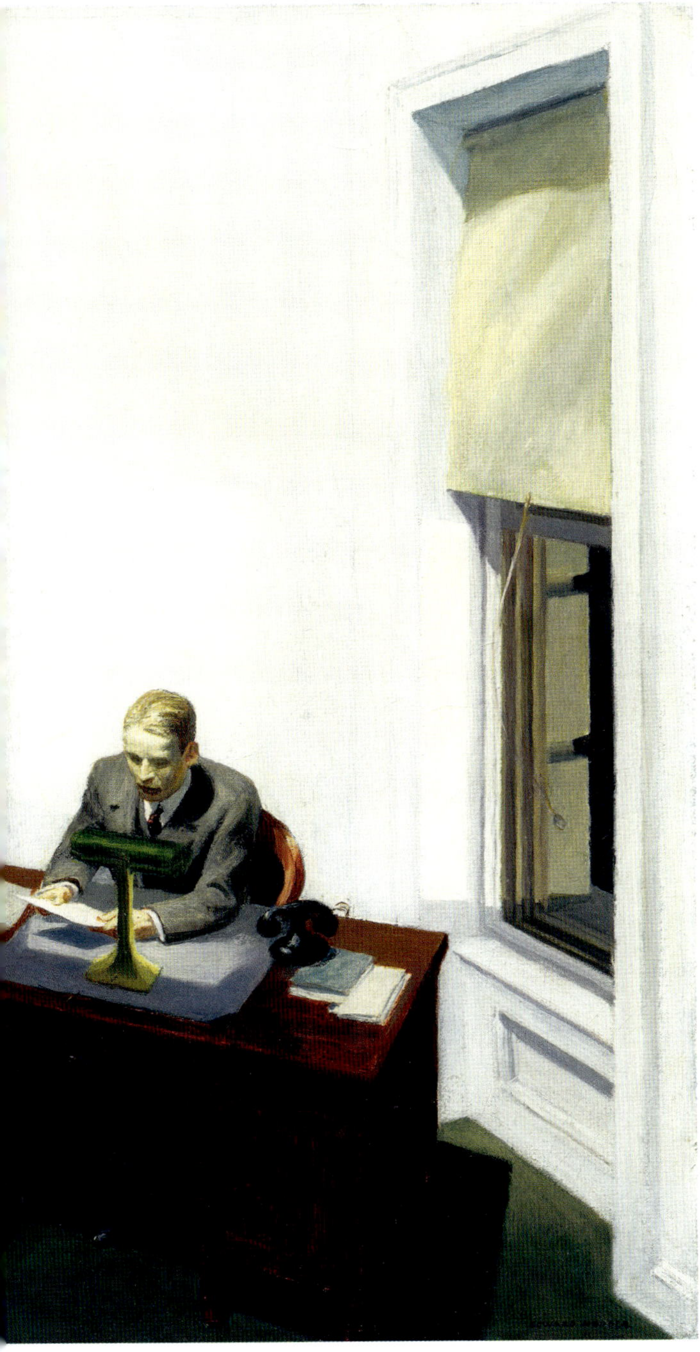

Office at Night (1940) gehört zu den von Hoppers Hochbahn-Fahrten inspirierten Bildern. Während seiner Zeit als Illustrator für die Zeitschrift *System* hatte er oft Gelegenheit, die Bürowelt darzustellen. Die Anregung zu *Office at Night* ist jedoch eher bei Degas zu suchen. Dessen *Baumwollkontor in New Orleans* spukt förmlich durch dieses Bild, in seinem Entwurf taucht ein Stuhl auf, der direkt dem Bild von Degas entliehen ist. Auch die ganze Komposition, durch Wände mit Fenstern und Türen abgeschlossen, nimmt die räumliche Anordnung von *Baumwollkontor* auf. Hoppers eigentliches Thema, die Beziehung zwischen den beiden Figuren, stammt ebenfalls aus einem Gemälde von Degas: *La Bouderie*. Das Bild, seit 1929 in der Sammlung des New Yorker Metropolitan Museum of Art, zeigt ein Paar. Die Frau versucht vergeblich, die Aufmerksamkeit eines in seine Lektüre versunkenen Mannes auf sich zu ziehen. Die spürbare Spannung zwischen der Sekretärin, deren wie in sich selbst verschlungener Körper erotische Reize ausstrahlt, und dem gleichgültigen Mann ist das eigentliche Thema von *Office at Night*.

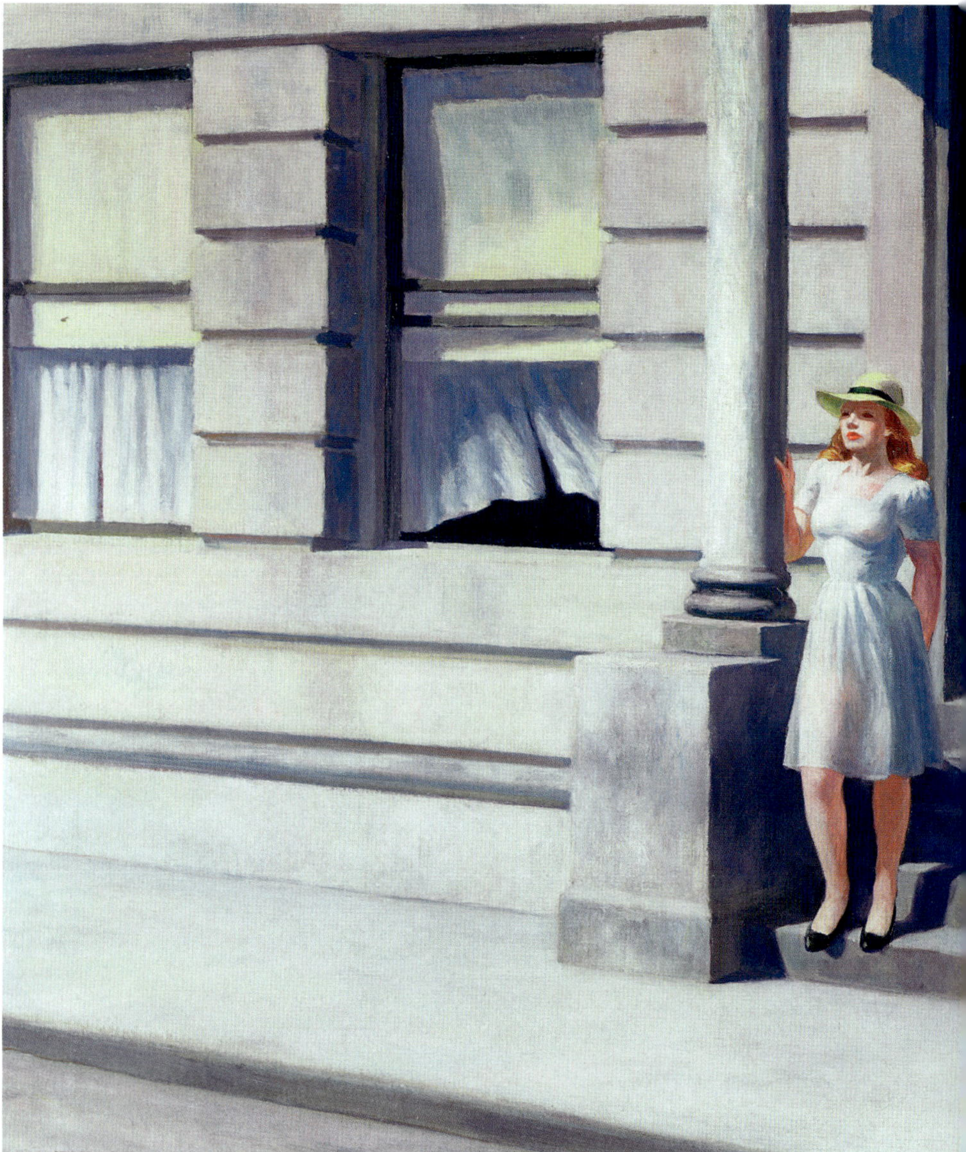

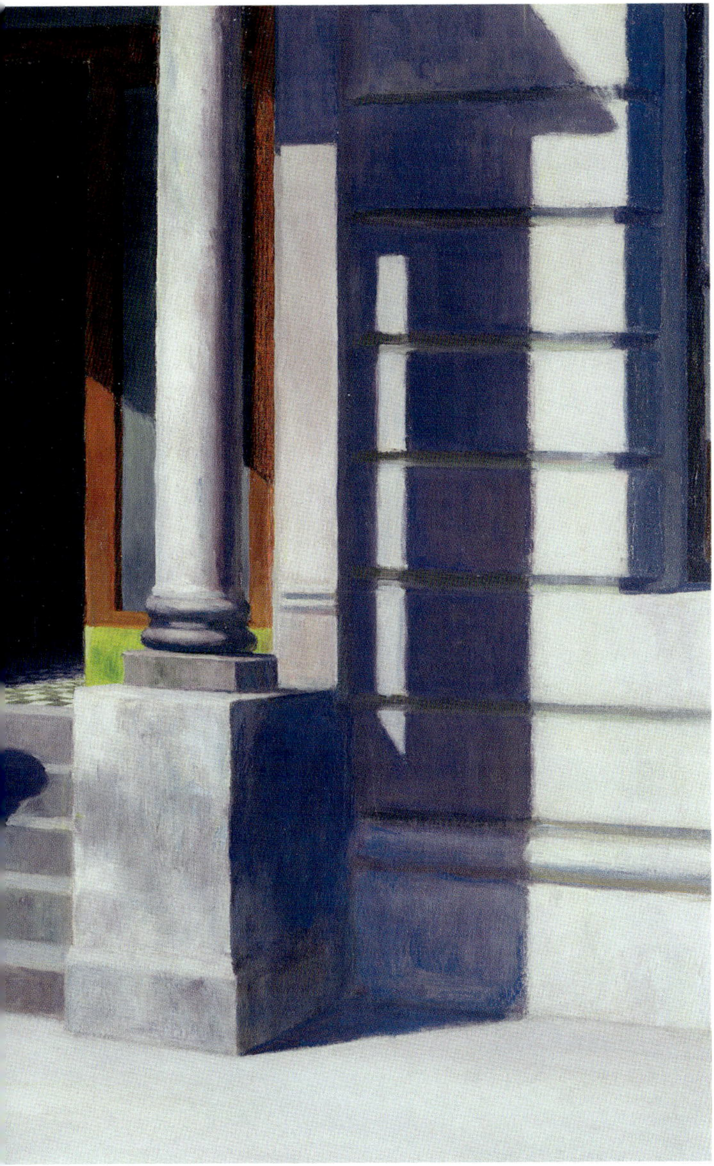

Die Figur in *Summertime* (1943) gehört mit Fug und Recht zu den Allegorien der alten Meister. Nach Pomona, Justitia oder Libertas verkörpert die junge Frau in *Summertime* Gesundheit, Jugend, die strahlende Kraft, die man gewöhnlich mit dem Sommer verbindet. Selten hat Hopper eine weibliche Gestalt von solcher Schönheit gemalt. Er hat ihr ein Kleid angezogen, dessen Durchsichtigkeit die üppigen Formen ahnen lässt. Links von der Frau sind zwei Fenster seltsam ungleich. Während die Vorhänge des einen glatt herunterhängen, werden die des anderen von demselben indiskreten Wind bewegt, der sich in die Schlafzimmer von *Evening Wind* (1921) und *Moonlight Interior* (1921) gestohlen hatte.

»jene Art des Schreckhaften, welche auf das Altbekannte, Längstvertraute zurückgeht« und das wir plötzlich nicht wiedererkennen. Freud zitiert ausführlich die Etymologie des Wortes *unheimlich* und definiert es als das »Heimliche-Heimische«. Er ergänzt, dass »vielen Sprachen ein Wort für diese besondere Nuance des Schreckhaften abgeht«, so dass sie »unseren Ausdruck: ein unheimliches Haus gar nicht anders wiedergeben können als durch die Umschreibung: ein Haus, in dem es spukt«.

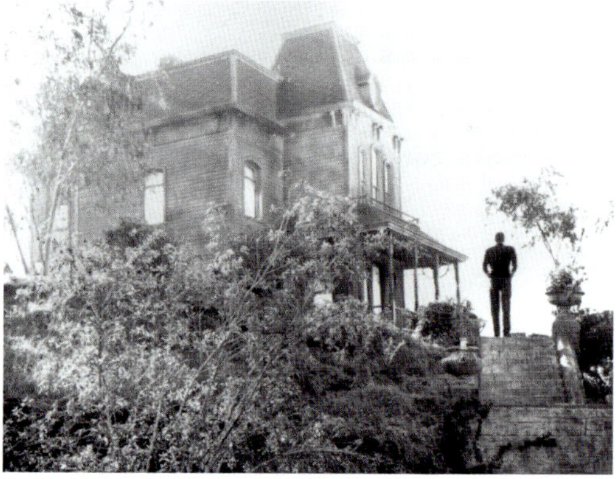

1926 malte Hopper *Haunted House* (unten). 1960 machte Alfred Hitchcock aus dem *House by the Railroad* das Haus der mumifizierten Mutter in *Psycho* (oben).

1926 malte Hopper das Aquarell *Haunted House*, Vorbote weiterer Geisterhäuser. *Unheimlich* hat sich im Laufe der Zeit in der Kritik als Begriff durchgesetzt, der auf sein gesamtes Werk angewendet werden kann. Hitchcock nahm ihn wortwörtlich und machte

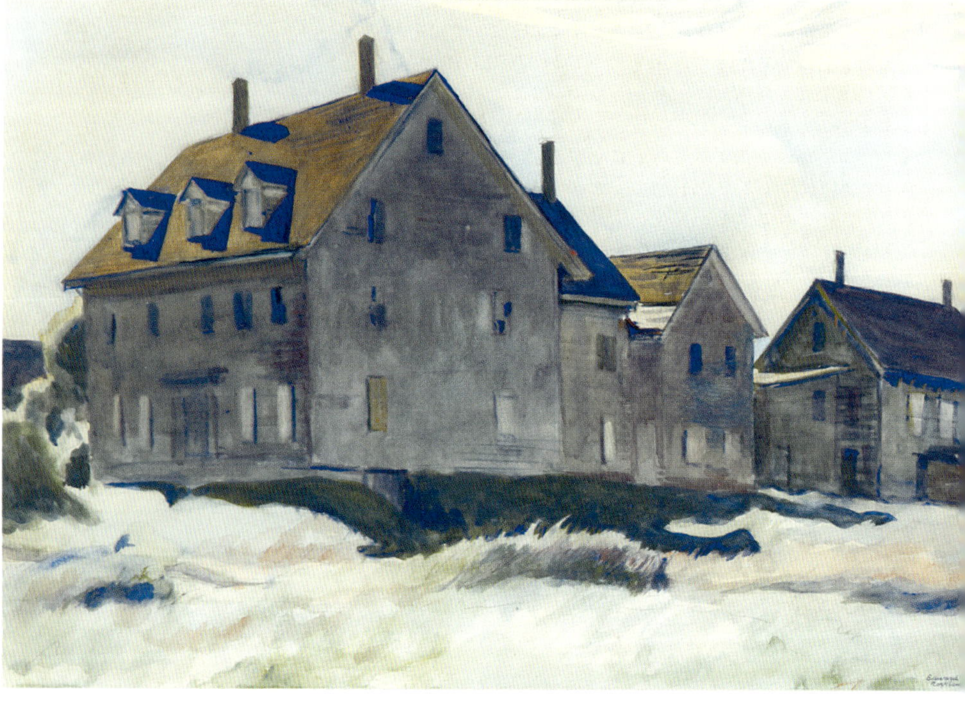

aus dem *House by the Railroad* die Kulisse seines Films *Psycho*.

Der Triumph der amerikanischen Kunst

Am Ende des Zweiten Weltkriegs trat eine neue, abstrakte amerikanische Schule auf, deren Held Jackson Pollock wurde. Sie war ein Erbe des von den europäischen Surrealisten ins amerikanische Exil (André Masson, Max Ernst, Matta etc.) mitgebrachten automatischen, nicht bewusst gesteuerten Schaffensprozesses. 1946 griff der Verfechter dieser neuen Malerei, der Kunstkritiker Clement Greenberg, Hopper an und bezeichnete seine Malerei als »vor allem photographisch« und »literarisch«. Im Jahr darauf analysierte Hopper diese abstrakte Kunst, die den Anspruch erhob, ausschließliche Norm der zeitgenössischen Malerei zu sein: »Es gibt eine als abstrakt oder ungegenständlich bezeichnete Richtung in der Malerei, die weitgehend vom Werk Paul Cézannes abgeleitet ist, das versucht, *reine Malerei* zu schaffen, das heißt, eine Kunst, die Form, Farbe und Gestaltung um ihrer selbst willen verwendet, unabhängig von der Lebenserfahrung des Menschen und seinem Bund mit der Natur. Ich glaube nicht, dass ein Mensch ein solches Ziel erreichen kann.« *

»Die Lebenserfahrung des Menschen«, die Durchlässigkeit der Kunst für die kleinen und großen Ereignisse der Geschichte fanden 1949 in einem weiteren Werk Ausdruck. *Conference at Night* zeigt scheinbar nur eine ganz normale Sitzung von Büroangestellten an ihrem Arbeitsort. Doch im Hintergrund steht die Aktualität der Nachkriegszeit, die Ausbreitung eines wahrhaft hysterischen, von Senator Joseph McCarthy angeführten Antikommunismus. Hannah Arendt schrieb, die politische Atmosphäre vor allem an den Universitäten und Colleges (mit Ausnahme der ganz

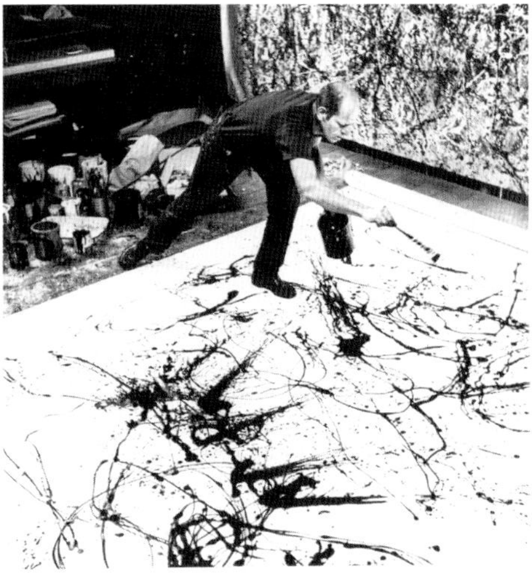

Edward Hopper und Jackson Pollock (oben) scheint alles zu trennen: Hoppers Introspektion ebenso wie Pollocks lyrische Vehemenz. Eine dogmatische Historiographie hat sich eifrig bemüht, Hoppers »Realismus« und Pollocks abstrakten Expressionismus für unvereinbar zu erklären. Dabei verbindet dieselbe geradezu mystische Vorstellung von der Beziehung zur Natur ihr Werk. »Ich bin die Natur«, hat Pollock einmal erklärt. Auch Hopper gestand, er träume von der Verschmelzung von Mensch und Natur. Emersons Definition: »Die Kunst ist nichts anderes als die in der Retorte des Menschen destillierte Natur« * könnte Hoppers Kunst mit der Pollocks versöhnen.

* Edward Hopper an Mrs. Frank B. Davidson in Richmond, Indiana, Brief vom 22. Januar 1947, zitiert nach Levin, op. cit., S. 548.

* R.W. Emerson, »Natur«, in: *Essays*, op. cit.

großen) sei nicht sehr erfreulich. Die Jagd auf die Roten sei im Gang, und ein Teil der amerikanischen Intellektuellen stimmten mit dem State Department überein. Stephen Clark, der erste Besitzer von *Conference at Night* und empfänglich für das politische Klima, gab das Bild an den Galeristen Frank Rehn zurück, weil er den Verdacht hegte, die fragliche »Konferenz« sei nichts anderes als ein kommunistisches Komplott.

In dem Jahr, in dem er *Conference at Night* malte, las Hopper Thomas Manns *Zauberberg*, dessen Protagonisten eine verblüffende psychologische Verwandtschaft mit den Figuren aufweisen, die er selbst immer wieder gemalt hat. Thomas Mann hat den *Zauberberg* Anfang der 30er Jahre geschrieben, während sich in Deutschland der Nationalsozialismus ausbreitete, der einen Sozialdarwinismus auf der Basis von »Rassereinheit« und der Verherrlichung der Lebenskraft zum politischen Programm erhob. Ganz im Gegensatz zu diesem eroberungswütigen Biologismus beschreibt Thomas Mann die kleine Gesellschaft der Patienten eines Sanatoriums. Dort geben die »Dienstältesten«, deren Krankheit am weitesten fortgeschritten ist, den Ton an. Der Alltag ist von Untätigkeit, Langsamkeit und endlosen Liegekuren bestimmt, in denen die Kranken der Sonne ihre Heilkraft abzuringen suchen. Diese Welt ins Gegenteil verkehrter Werte passt gut zu Hoppers Figuren. Der »Widerstand« von Manns Figuren ist dem sehr ähnlich, den Hoppers Figuren dem Konsum- und Geschäftsrausch der neuen amerikanischen Gesellschaft entgegensetzen. James Thrall Soby, Sammler surrealistischer Werke und Konservator im MoMA, hat diesen Widerstand hervorgehoben: Hopper male

Das bescheidene Atelier am Washington Square 3, das Hopper von 1913 bis zum Ende seines Lebens nutzte, überraschte die Besucher wegen seiner Kargheit (unten, 1948). Auf der Staffelei wartete eine weiße Leinwand manchmal monatelang, bis ein Bild auf ihr entstand. Zwischen seinem Atelier mit Blick auf den Park und dem von Jo an

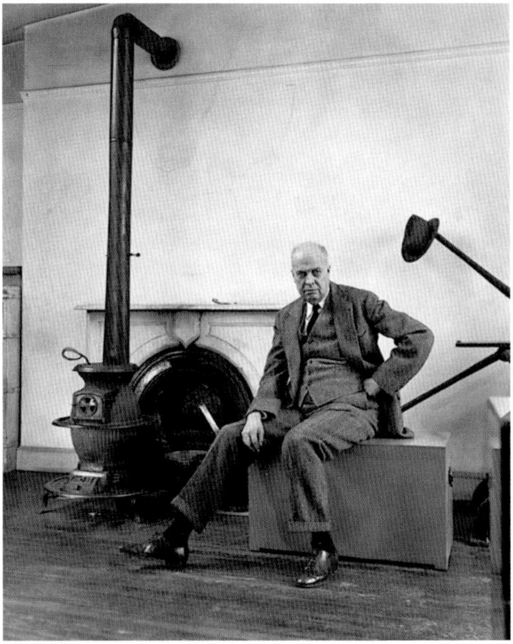

der Rückseite des Gebäudes war mit weißer Farbe eine Demarkationslinie gemalt, die Josephine auf keinen Fall überschreiten durfte.

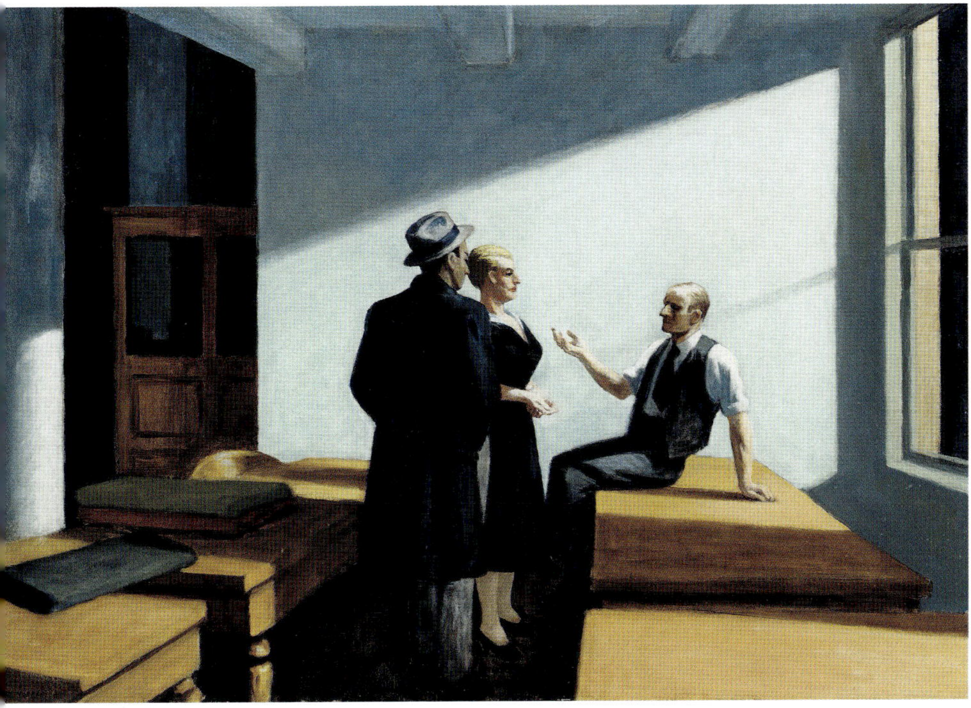

Die nächtliche Umgebung der *Conference at Night* (1949), die Kleidung und die Haltung der Figuren erinnern mehr als jedes andere Hopper-Bild an die *Films noirs*, die er sich bei seinen gelegentlichen »Kino-Orgien« ansah. Obwohl er behauptete, von den nächtlichen Sitzungen inspiriert worden zu sein, die er in den Büros am Broadway erspähte, verweist allein schon das Prinzip eines Gesprächs nur im Licht der Straßenlampen auf Konspiration und Verhandlungen jenseits der Regeln des Büroalltags.

die Kehrseite der amerikanischen Industriewelt, ihrer explodierenden Energie und ihres rasenden Rhythmus. Er zeige das Gefühl von Leere und Apathie, das diejenigen empfänden, die sich nicht mit dem Mangel an geistigem Gehalt zufriedengäben.

Reality

Anfang der 50er Jahre schien es Hopper, als würde sich das von Soby erwähnte Defizit an »geistigem Gehalt« so sehr ausbreiten, dass es sogar die künstlerische Produktion angriff. Das schloss er aus der Welle abstrakter Kunst, die Galerien und Museen überschwemmte. Sogar das Whitney Museum, bisher die letzte Bastion der realistischen amerikanischen Tradition, feierte bei seiner Biennale 1950 den Triumph der Abstraktion (Pollock, Arshile Gorky, Willem De Kooning, Robert Motherwell, Franz Kline etc.). Jo und Edward Hopper warfen dem Museumsdirektor vor, er sei »schnurstracks ins andere Lager gewechselt«. Einige Zeit später erfuhren sie von der Gründung

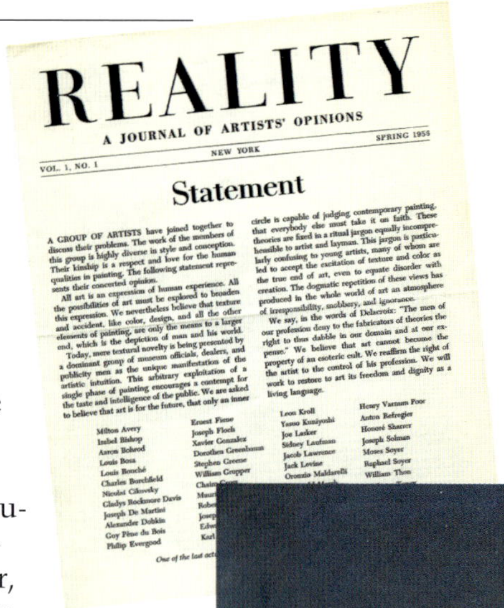
REALITY

A JOURNAL OF ARTISTS' OPINIONS

VOL. 1, NO. 1 NEW YORK SPRING 1953

Statement

A GROUP OF ARTISTS have joined together to
discuss their problems. The work of the members of
this group is highly diverse in style and conception.
Their kinship is a respect and love for the human
qualities in painting. The following statement repre-
sents their concerted opinion.

All art is an expression of human experience. All
the possibilities of art must be explored to broaden
this expression. We nevertheless believe that texture
and accident, like color, design, and all the other
elements of painting, are only the means to a larger
end, which is the depiction of man and his world.

Today, mere textural novelty is being presented by
a dominant group of museum officials, dealers, and
publicity men as the unique manifestation of the
artistic intuition. This arbitrary exploitation of a
single phase of painting encourages a contempt for
the taste and intelligence of the public. We are asked
to believe that art is for the future, that only an inner
circle is capable of judging contemporary painting,
that everybody else must take it on faith. These
theories are fixed in a ritual jargon equally incompre-
hensible to artist and layman. This jargon is particu-
larly confusing to young artists, many of whom are
led to accept the excitation of texture and color as
the true end of art, even to equate disorder with
creation. The dogmatic repetition of these views has
produced in the whole world of art an atmosphere
of irresponsibility, snobbery, and ignorance.

We say, in the words of Delacroix: "The men of
our profession deny to the fabricators of theories the
right to thus dabble in our domain and at our ex-
pense." We believe that art cannot become the
property of an esoteric cult. We reaffirm the right of
the artist to the control of his profession. We will
work to restore to art its freedom and dignity as a
living language.

Milton Avery
Isabel Bishop
Aaron Bohrod
Louis Bosa
Louis Bouché
Charles Burchfield
Nicolai Cikovsky
Gladys Rockmore Davis
Joseph De Martini
Alexander Dobkin
Guy Pène du Bois
Philip Evergood

Ernest Fiene
Joseph Floch
Xavier Gonzalez
Dorothea Greenbaum
Stephen Greene
William Gropper

Leon Kroll
Yasuo Kuniyoshi
Joe Lasker
Sidney Laufman
Jacob Lawrence
Jack Levine
Oronzio Maldarelli

Henry Varnum Poor
Anton Refregier
Honoré Sharrer
Joseph Solman
Moses Soyer
Raphael Soyer
William Thon

einer Gruppe von Künstlern um Raphael Soyer, die unterschiedlichen figurativen Strömungen angehörten und entschlossen das MoMA kritisierten, das in ihren Augen »heutzutage einzig Nichtgegenständliches gelten lässt« *. Hopper schloss sich den Protestierenden an und beteiligte sich an den Vorbereitungen zur Herausgabe einer neuen Zeitschrift, *Reality*, die am 13. April 1953 endlich erschien. Die aktivsten Mitarbeiter der Zeitschrift (Raphael Soyer, Jack Levine, Reginald Marsh) gehörten einer realistischen Schule an, die stark vom politischen Engagement der 30er Jahre geprägt war. Hopper, Pène du Bois und Burchfield bildeten die alte Garde unter den Unterzeichnern des Manifests, das auf der ersten Seite von *Reality* veröffentlicht wurde. »Wir glauben trotzdem, dass Struktur und Zufall ebenso wie Farbe, Aufbau und alle anderen Bestandteile eines Gemäldes nur die Mittel sind, um ein höheres Ziel zu erreichen, nämlich die Darstellung des Menschen und seiner Welt. Heutzutage präsentiert eine beherrschende Gruppe von Museumsleuten, Händlern und Werbemedien eine bloß strukturelle Erneuerung schon als einzigartige Manifestation der künstlerischen Intuition. Diese willkürliche Verwertung eines einzigen Elements der Malerei fördert die Verachtung für den Geschmack und für die Intelligenz des Publikums.« Noch kampflustiger fährt das Manifest fort: »Die dogmatische Wiederholung dieser Ansichten hat in der gesamten Künstlerszene ein Klima von Verantwortungslosigkeit, Snobismus und Ignoranz geschaffen.« ** Die zweite Ausgabe von *Reality* öffnet sich den internationalen Künstlern. Oskar Kokoschka stellt die Frage der Abstraktion in den Kontext der Entwicklung der modernen Gesellschaft: »Das Sehen als Fähigkeit, das Leben, die Welt mit eigenen Augen zu sehen, ver-

* Zitiert nach Levin, op. cit., S. 608.

** In: *Reality: A Journal of Artists' Opinions*, Vol.1, April 1953, S. 1.

krüppelt und wird in der Gesellschaft bald vollkommen verschwunden sein, ersetzt durch Erfahrung und Wissen aus zweiter Hand, durch Theorien und einen abstrakten Zugang zu Leben und Dasein. Ursache dafür ist die formalistische Erziehung, die von der heutigen technischen Zivilisation beherrscht wird (...) und die Gesellschaft mit einer Zukunft der Uniformität und des Totalitarismus bedroht, die nicht nur langweilig ist, sondern unmenschlich werden kann, wie die jüngste Geschichte gezeigt hat.« *

Ebenso wie Hopper darauf bedacht war, Lichtstrahlen auf einem Gebäude darzustellen, verwendete er in *Morning Sun* (1952, unten) besondere Sorgfalt darauf, das subtile Spiel des Lichts auf der Haut seines Modells wiederzugeben.

* in: *Reality: A Journal of Artists' Opinions*, Vol. 2, Frühjahr 1954.

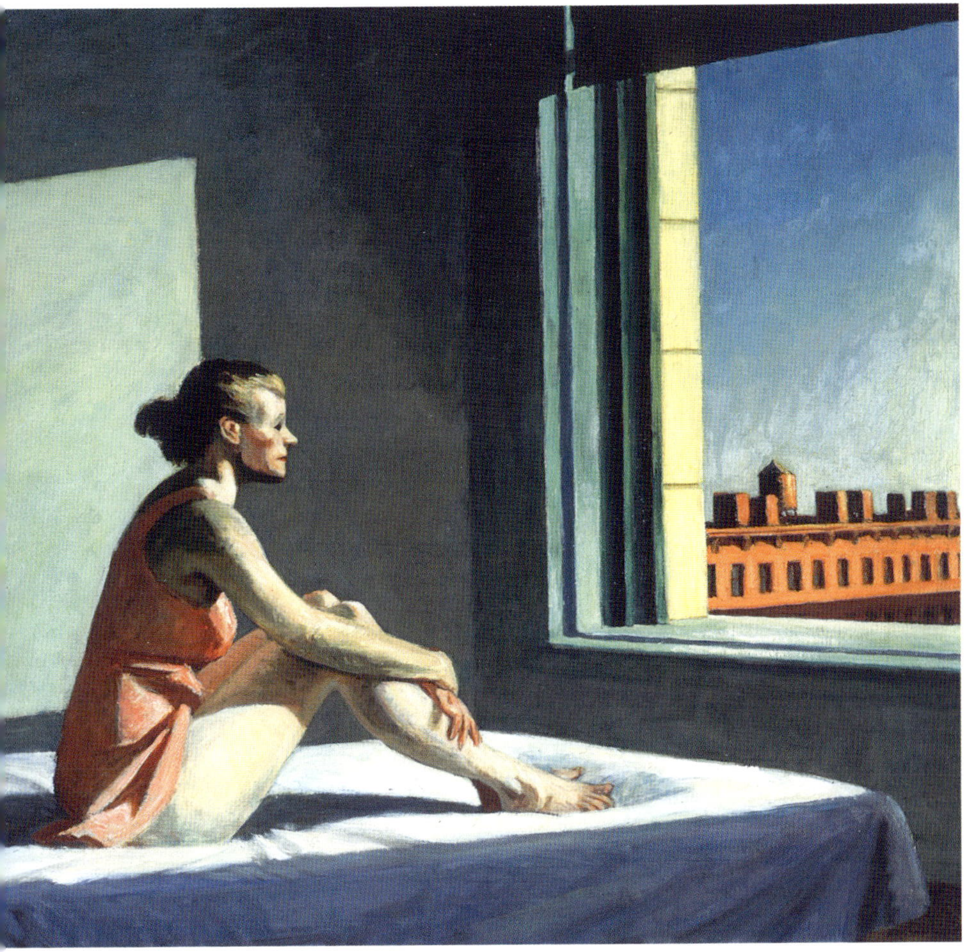

Abstraktion

Obwohl Hopper auf den Seiten von *Reality* Position bezog, genoss sein Werk die Nachsicht der Verfechter des abstrakten Formalismus. Der Maler erwähnte dieses Wohlwollen in einem Interview, das er 1954 bei der Eröffnung des Neubaus des Whitney Museum of American Art gab: »Das ist wahr, und ich finde es auch eher rätselhaft. Es mag sein, dass mich die Avantgarde als einen der ihren akzeptiert, weil meinen Bildern eine geometrische Gestaltung zugrunde liegt.« * Nicht allein diese Geometrie, die bereits Alfred Barr 1933 bei der Ausstellung des MoMA hervorgehoben hatte, erklärt die Akzeptanz der Avantgarde

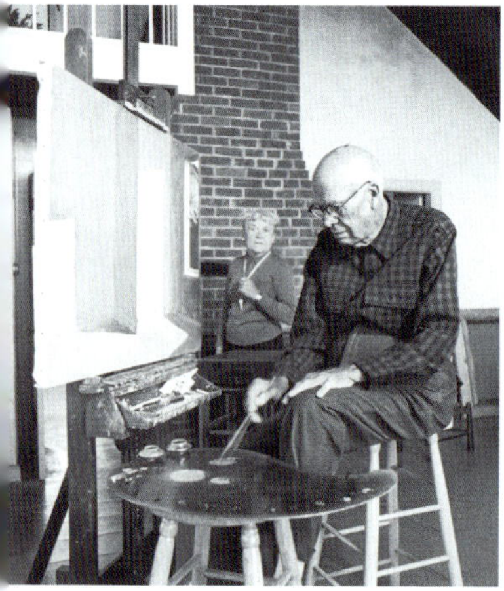

für Hoppers Werk. Seine Bilder basieren durchaus auf einer Abstraktion, aber sie geht weit über das rein Formale hinaus. In einem Brief an Charles Henry Sawyer erklärte er die »konzeptuelle« Dimension seiner Kunst: »Ich hatte das Bild in Gedanken sehr genau geplant, bevor ich zu malen anfing, aber abgesehen von ein paar kleinen Schwarzweiß-Skizzen nach der Natur hatte ich keine konkreten Vorlagen, aber ich kehrte oft zu dem Sujet zurück, um meine Erinnerung aufzufrischen.« **

Brian O'Doherty, Künstler, Kritiker, Regisseur und Freund der Hoppers, erzählte später in ähnlichen Worten von Hoppers Schaffensprozess: »Zuerst kam das langsame Reifen des Sujets in seinem Kopf, oft von ein paar Skizzen unterstützt. Er erklärte, ›in meinem Geist gehe ich lange mit ihnen schwanger, und zunehmend steigt ein Empfinden in mir auf.‹ In diesem Stadium wurde das Sujet gleichzeitig sinnlich und formal entwickelt. (...) Er begann die Arbeit am

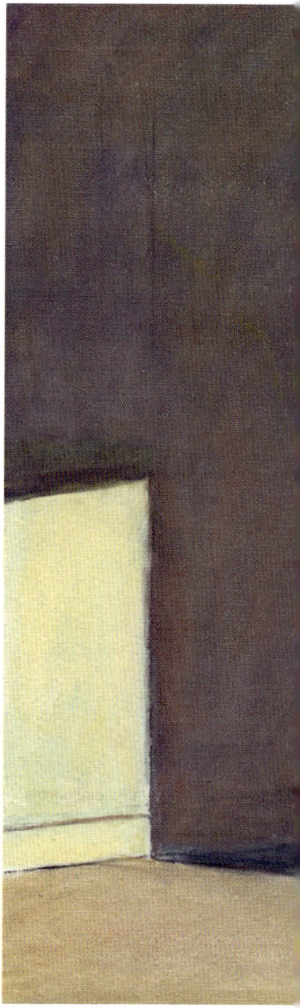

Als Hopper in seinem Atelier in Cape Cod an *Sun in an Empty Room* (links) arbeitete, genoss er sicher die Ironie einer rein abstrakten Interpretation seines Werks, denn die Streitfrage Realismus oder abstrakte Kunst beherrschte weiterhin die ästhetischen Debatten.

* Brief an Charles H. Sawyer, in: *Notes & Articles*, op. cit. S. 62.

**Zitiert nach Levin, op. cit., S. 301.

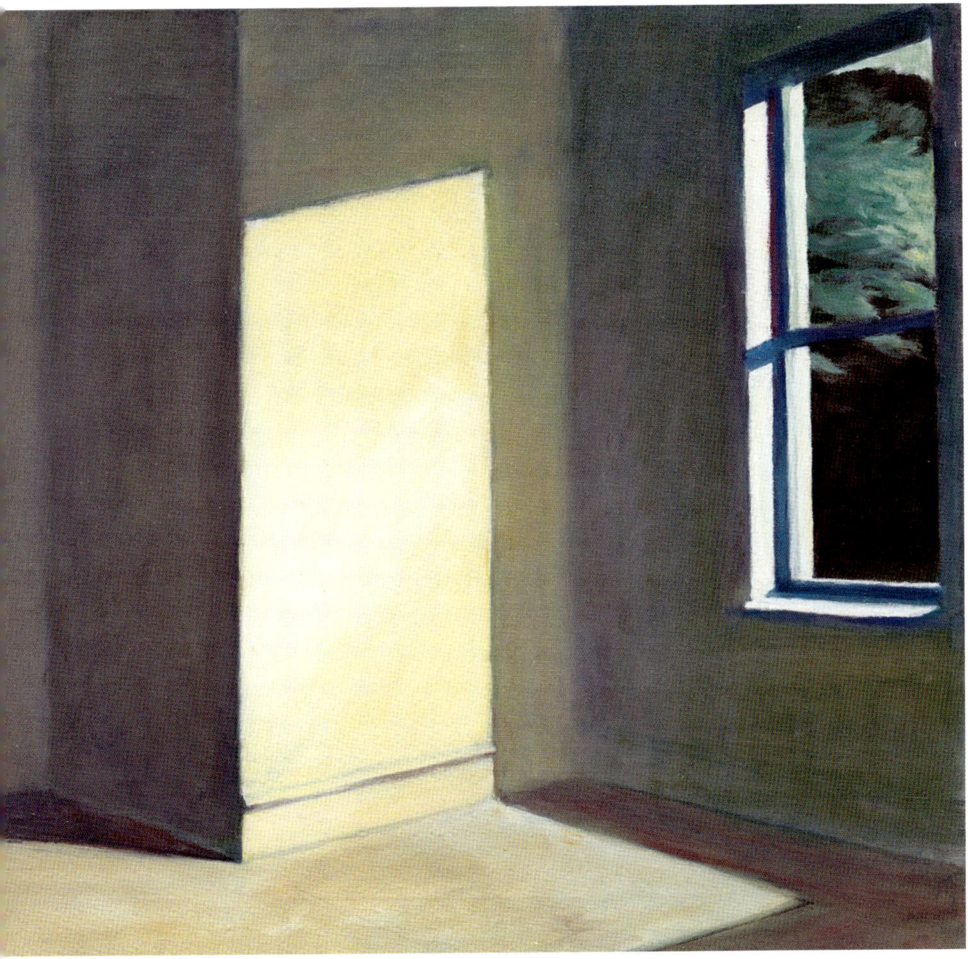

Bild niemals, bevor sich die Idee in seinem Kopf konkretisiert hatte. Dann schuf er eine relativ vollendete Studie und konnte anfangen, zu malen, ohne durch seine Studie festgelegt zu sein, soweit ich mich erinnere. Das Bild auf der Leinwand trat an die Stelle des Plans, der in seinem Kopf gereift war. (…) Es veränderte das vorgefasste Bild, um es am Ende zu ersetzen. Die Entstehung des Gemäldes bedeutete also den Untergang der Idee und in gewisser Weise die Auslöschung des Künstlers. Dieser Prozess wurde durch das bestimmt, was er ›den Kampf gegen die Verfälschung der Idee‹ nannte. Die Intensität, mit der er diesen

Hopper war sich des außerordentlichen Symbolgehalts seiner letzten Bilder bewusst. *Sun in an Empty Room* (1963) stellt einen nie zuvor erreichten Grad formaler Radikalität dar, weil jede menschliche Anwesenheit daraus verschwunden ist.

Kampf gegen die Verfälschung seiner ursprünglichen Idee führte, verlieh diesem Prozess eine zutiefst moderne Spannung.« * Dieses Verfahren macht Hoppers Malerei zum Gegenpol des Realismus, auf den sie allzu oft reduziert wurde. Die visuellen Eindrücke, die ihm seine zahlreichen Reisen durch New Mexico oder in andere Gegenden verschafften, inspirierten ihn zu keinem Bild. Seine Kunst ist eindeutig mehr die des Geistes als des Auges. Seine Gedanken, seine Erinnerungen, seine Lektüre sind die stärkste Anregung für seine Phantasie. Sein Ehrgeiz, jedes Werk mit größtmöglicher emotionaler und spiritueller Intensität aufzuladen, hat ihn eigenartig sparsam gemacht. In einem besonders fruchtbaren Jahr, 1949, entstanden vier Gemälde. In den Jahren 1950, 1951, 1955, 1956, 1960, 1962 und 1963 entstanden nur je zwei Bilder. 1952, 1953, 1954, 1957, 1958, 1959, 1961, 1965 und 1966 vollendete er jeweils nur ein einziges Werk.

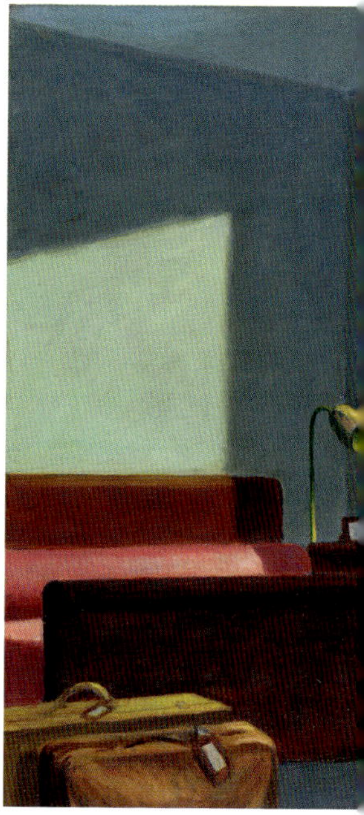

Das letzte Bild aus dem Hoteluniversum, *Western Motel*, malte Hopper während seines Aufenthalts in Kalifornien Anfang 1957. Zum zweiten Mal (nach *South Carolina Morning* zwei Jahre zuvor) sieht uns eine Figur direkt an. Dieser Blick tritt an die Stelle der Nacktheit der vorangegangenen Bilder mit demselben Sujet. Seit Manets *Olympia* ist diese visuelle Ansprache des Betrachters zwiespältig und erotisch aufgeladen, und Hopper verstärkt dies noch durch die Rundungen der Landschaft und der Fahrzeugkarosse im Hintergrund.

Die letzten Lichter

Nach dem Zweiten Weltkrieg folgt Hoppers Werk nicht mehr der dringenden Notwendigkeit immer intensiveren Ausdrucks. Das zeigt sich zunächst in der Aufgabe des Aquarells und dann in den immer seltener entstehenden Gemälden. »Ich arbeite nicht mehr nach der Natur. Ich denke, ich gehe tief in mich selbst, wenn ich im Atelier arbeite.«

In den letzten Jahrzehnten seines Schaffens tritt Hopper in eine neue Phase der »Kristallisation«, der ikonographischen Reduktion, der psychologischen Intensivierung seiner Sujets. Es häufen sich die Figuren im Übergang, in der Bewegung, im Stranden, in der Entwurzelung. Schwellen, Übergänge, Grenzzonen zwischen Innen und Außen (Schaufenster, Erkerfenster) erobern den Raum seiner Bilder. Seine Figuren bewohnen nur noch Vortreppen und Türrahmen. Wenn sie doch in geschlossenen Räumen sind, ist der Rahmen ein Zugabteil oder Hotelzimmer. Als Henry James 1904 nach zwanzigjähriger Abwesenheit in die USA zurückkehrte, spürte auch er, wie sehr die Ent-

* Brian O'Doherty, *Kunst in Amerika*, Stuttgart, Zürich, 1988, deutsch von Rainer Zerbst, S. 22f.

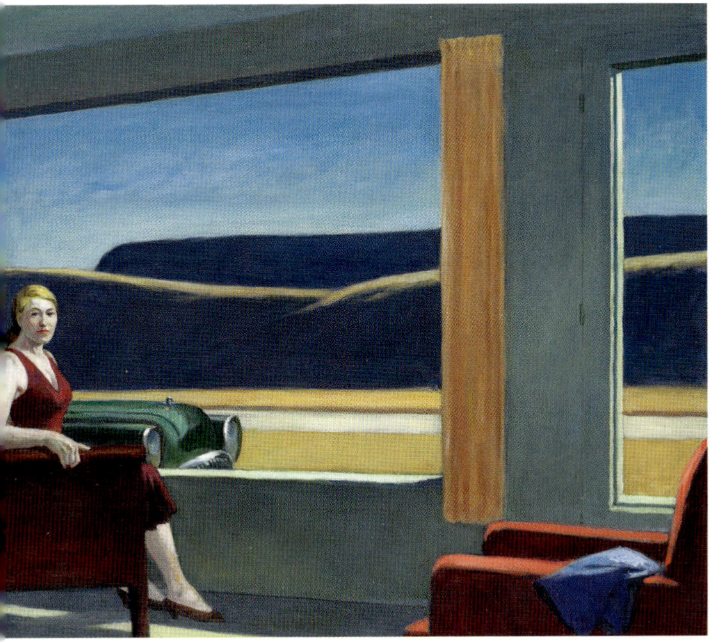

Josephine und Edward Hopper gehen 1964 gemeinsam zur Eröffnung eines neuen Flügels des MoMA (unten). Trotz der Bitterkeit, Spannungen und Streitereien, die ihr Zusammenleben bestimmten, war Hopper klar, dass Jo sein Werk immer und unter allen Umständen unterstützt hat. Josephine überlebte seinen Tod am 15. Mai 1967 nur um ein Jahr.

wicklung von Übergangszonen ein grundlegendes Charakteristikum des amerikanischen Lebensrahmens darstellte. »Der amerikanische Geist hat [dem Hotel] nie gekannte Verwendungen und Werte zuerkannt; er macht es so sehr zum Ausdruck eines gesellschaftlichen und in der Tat geradezu ästhetischen Ideals und erhebt es damit, auf dieser höchsten Stufe, zum Synonym für die Zivilisation selbst, für die Gestalt gewordenen guten Sitten, dass man versucht ist, sich zu fragen, ob der Geist des Hotels nicht womöglich das stärkste Streben und die größte Erfüllung des amerikanischen Geistes selbst sei.« Zur Erklärung dieses »amerikanischen Geistes« führt er die Symbolik der Architektur an (wie es später auch Hopper tun sollte): »Überall sehen wir den Instinkt am Werk, jedem ›Innen‹ möglichst viel Schuldgefühl, Scham oder Verantwortung – wie immer sie in Erscheinung treten

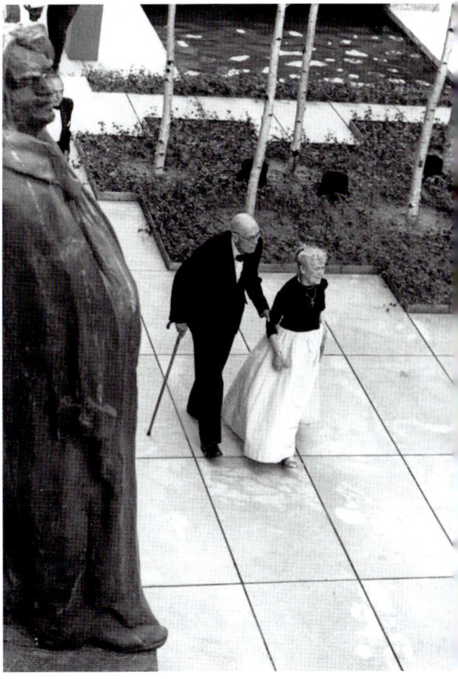

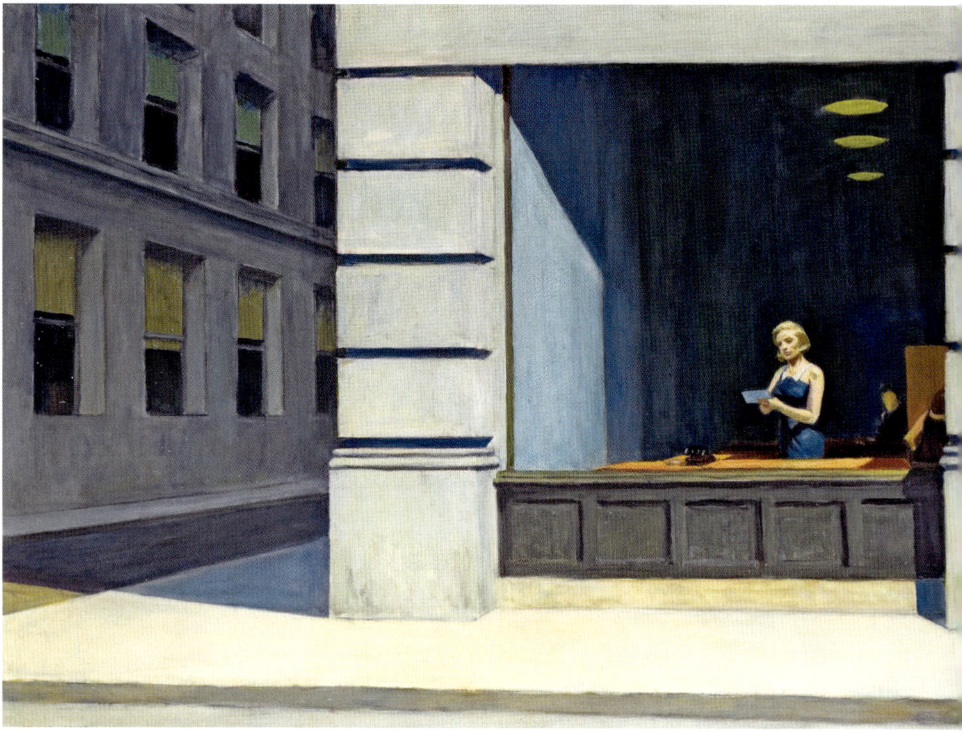

mögen – zu nehmen, dafür, ein ›Innen‹ zu sein. (…) Und da die junge, unverbrauchte, ausgelassene Architektur mit all ihrem Erfindungsreichtum Vorschub und Hilfe leistete, setzte sie [die Tilgung] sich mit der Zeit in kleinen wie in großen Bauwerken durch und gilt nun gar als Konstruktionsgesetz. Als Konsequenz wird das Gesetz befolgt, dass jeder Teil eines jeden Hauses so vollständig wie nur möglich sichtbar, erreichbar, begehbar sein müsse, nicht nur von jedem anderen Teil des Hauses aus, sondern auch von möglichst vielen Teilen möglichst vieler anderer Häuser, wenn sie sich nur nahe genug befinden. Auf diese Weise erleben wir die systematische Ausdehnung aller Räume ins Unendliche und die endgültige Verschmelzung aller Funktionen; jede Öffnung wird vergrößert, jeder Durchgang übertrieben, klaffende Bögen, weite Perspektiven und hallende Hohlräume ersetzen umschließende Wände, zweckdienliche Türen, regulierbare Fenster und alle anderen Wesens-

New York Office (1962, oben) ist Hoppers letzte Variation eines Themas, das Vermeer so teuer war: die Lektüre eines Briefs. Auf Hoppers Bild findet sie jedoch im Sonnenlicht statt. Die Intimität des häuslichen Universums ist der Obszönität einer Zurschaustellung auf der Straße, im öffentlichen Raum gewichen. Es ist das Bild einer Welt, die fürs Alleinsein keinen Raum mehr lässt, in der private Botschaften, die in Format und Inhalt von offiziellen Schreiben abweichen, vielleicht überhaupt unmöglich werden.

merkmale, die bisher den Charakter eines Raums ausmachen.« *

Dieser »Raum«, die Möglichkeit und die Sehnsucht nach Einsamkeit und Sammlung sind ständige Sujets in Hoppers Werk. In wuchernden Städten, in Wohnungen, die nach allen Seiten offenstehen, bleibt den Widerständlern auf seinen Bildern nur der Trost oder die Hoffnung auf die Wärme der Sonne, dieses

In *People in the Sun* (1960, unten) ist der Heliotropismus nicht länger eine private Angelegenheit, sondern setzt sich als kollektive Anbetung, als neuartiger Sonnenkult durch.

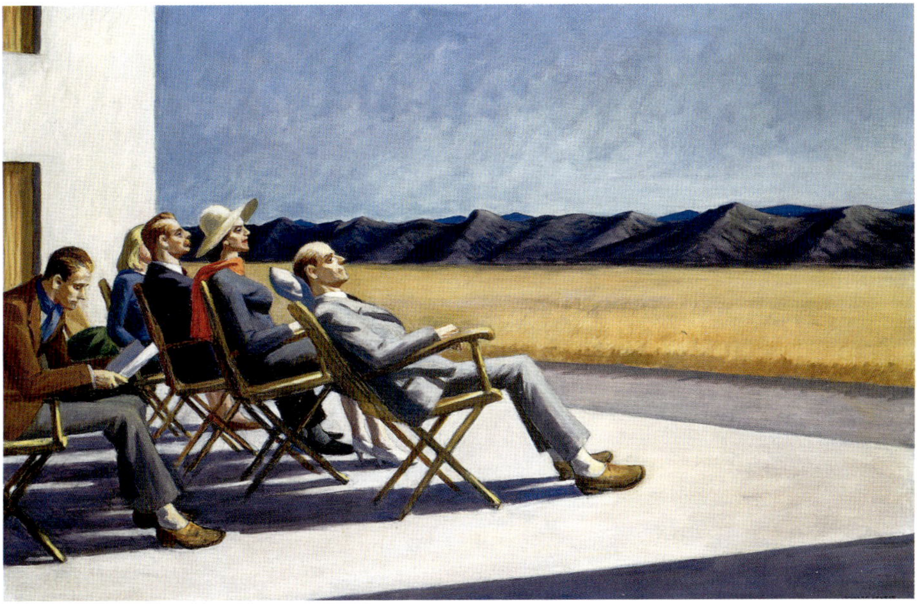

Symbols für Gefühlsreichtum und Geistesleben. Aus Hoppers letzten Gemälden kann man eine lange Theorie heliotroper Figuren ableiten. Jedes Werk zeigt uns einen anderen Stand der Sonne, dieses wohltuenden Lichts, das Körper und Geist versöhnt, des Lichts der griechischen Dichter und der Kirchenväter.

In Hoppers letztem Werk, *Two Comedians* (1966, nächste Seite), tritt er zusammen mit der Frau, die sein Leben geteilt hat, für einen Abschiedsgruß an die Rampe. Ihr, die zeitlebens sein einziges Modell war und deren heftige Launen und scharfen Worte alle Störenfriede ferngehalten haben, gibt er den Platz, der ihr gebührt. Das berührende Zeugnis von Zusammengehörigkeit bei größter Gegensätzlichkeit.

* Henry James, *The American Scene*, London: Chapman & Hall, 1907, S. 166–167, deutsch von Maja Ueberle-Pfaff.

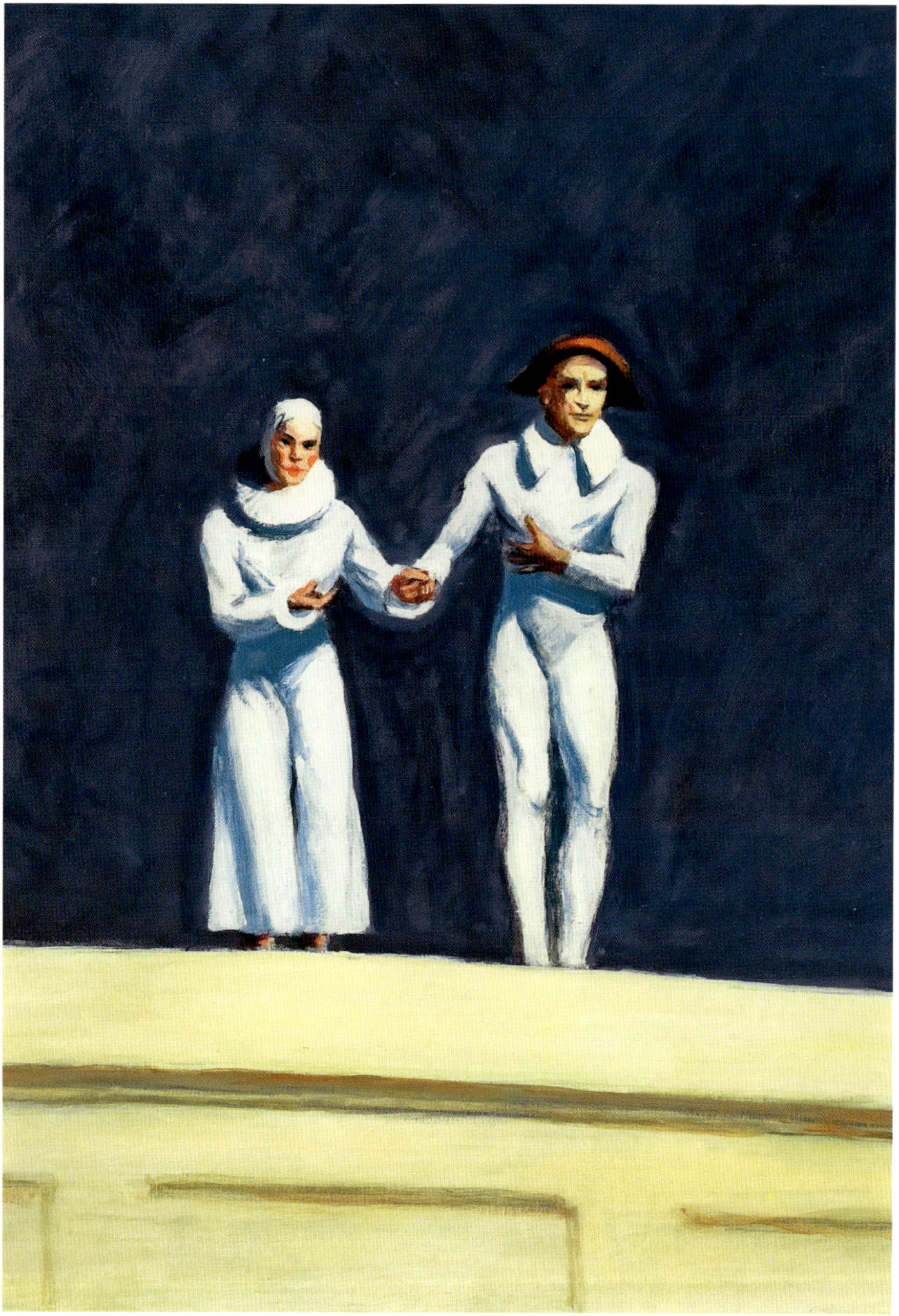

ZEUGNISSE UND DOKUMENTE

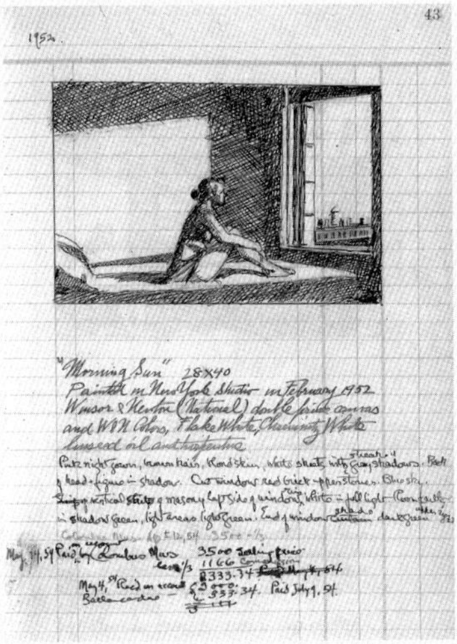

Hoppers Schriften

Hoppers Schweigen war höchst eindrücklich. Seine raren Äußerungen sind als »Betonblöcke« beschrieben worden, die vor seinen Gesprächspartnern niederfielen. Seine Schriften sind ebenso bündig, rau und dicht. Wäre da nicht die beredte Begeisterung seiner Pariser Briefe, bliebe seine Feder nur als spröde und belehrend in Erinnerung. Nur viermal hielt er seine Ansichten über das künstlerische Schaffen fest. Seltene Ausbrüche von Bewunderung waren ihm Anlass zu diskreten Selbstportraits.

Pariser Briefe

Am Ufer der Seine verwandelt sich Hopper, der Schweigsame, in einen redseligen und fröhlichen Chronisten des Pariser Lebens.

30. Oktober 1906

(...) Die meisten Franzosen sind klein und von schlechter Konstitution. Man sieht hier nicht wie auf dem Broadway gut gebaute junge Burschen mit starken, gutgeschnittenen Gesichtern. Irgendwo müssen die Franzosen aber ihre Vorzüge verbergen, da bekannt ist, dass sie bei Bedarf rechtzeitig zur Stelle sind, trotz ihrer kleinen Bärte und langen Schuhe.

Das Klima hier erscheint mir sehr mild. Ich glaube nicht, dass man die beißende Kälte New Yorks kennt, noch gibt es hier unseren tiefblauen Himmel und die großartige Farbenpracht. Alles scheint einen Ton sanfter gestimmt zu sein.

Ich war gerade im »Herbstsalon« und fand ihn größtenteils sehr schlecht, obwohl er in seinen Zielen viel liberaler ist als die Ausstellungen zuhause.

Ich hoffe, es geht dir so gut wie möglich.

Dein Sohn & Erbe
E. Hopper

23. November 1906

Ich wohne immer noch bei Madame Jammes, da ich viel im Freien male und noch kein Atelier brauche. Das Wetter ist sehr mild und wäre angenehm, wenn nicht völlig unerwartet selbst aus heiterem Himmel immer wieder Regen fiele. Den Parisern scheint das jedoch nichts auszumachen, da sie sich ständig in den Straßen und Cafés aufhalten. In der Tat scheinen die Menschen hier auf den Straßen zu wohnen, die von morgens bis nachts belebt sind; nicht wie in New York von Leuten, die meinen, dauernd Geld scheffeln zu müssen, sondern mit einer vergnügungswilligen Menge, der es egal ist, was sie tut oder wohin sie geht, solange sie nur Spaß hat.

Grüße bitte Deinen Mann von mir und sag Marion, sie soll schreiben.

Dein sehr ergebener, E. Hopper

8 Dezember 1906

Hier im Grand Palais findet eine Automobilausstellung statt, und die Beleuchtung des Gebäudes ist wunderbar. Letzte Nacht bewegte sich der Scheinwerfer auf dem Eiffelturm über der ganzen Stadt, und da man den Turm selbst nicht sehen konnte, wirkte er wie ein riesiger Komet hoch droben in der Luft. Ich glaube nicht, dass es auf der Erde noch eine Stadt gibt, die so schön ist wie Paris, noch ein anderes Volk mit einer derartigen Wertschätzung des Schönen wie die Franzosen. Es gibt hier immer irgendeine Art von Ausstellung, entweder von Bildern, Skulpturen oder der Industrie, und jeder, egal ob arm oder reich, interessiert sich dafür. Ich wünschte, ich könnte Dir die Bedeutung der öffentlichen Einrichtungen für die Menschen begreiflich machen und die Verehrung und den Respekt, die sie für sie empfinden. Wenn man von einem Ort kommt, wo jeder für sich bleibt – ist das schwer verständlich.

Mit seinen Theatern und bunten Lichtern ist der Boulevard des Capucines bei Nacht ein weiterer wunderbarer Ort. Am Abend drängen sich hier die Massen, so dass man kaum durchkommt. Er ist außerdem von Cafés gesäumt, in denen die Demi-mondaines bei den Boulevardiers mit ihren seidenen Hüten sitzen. (…)

14. Dezember 1906

Kirche und Staat geraten hier erneut aneinander und die Zeitungen sind voll davon. Könnte ich doch Französisch lesen & Dir davon berichten. Tatsächlich geraten die Franzosen bei der geringsten Provokation in Rage, obwohl sie eigentlich sehr freundliche Leute sind. Vor kurzem wurde einer der Professoren an der Sorbonne von den Studenten wegen ein paar unbedachter Worte über Jeanne d'Arc nahezu gemeuchelt, so kämpfen sie um einer Idee willen – ganz anders als zu Hause, wo man sich nur erregt, wenn es ans Geld geht. (…)

7. Mai 1907

Die Arbeiter hier scheinen sich in beständigem Protest gegen ihre Arbeitgeber und die Regierung zu befinden – daher die vielen Streiks in diesem Winter, Elektriker, Bäcker, ja selbst die Kellner in den Cafés. Der Franzose lässt sich tatsächlich schwer unterdrücken und äußert seine Meinung, wenn nicht mit offizieller Erlaubnis, dann eben ohne, wie die Aufrufe gegen die Miliz, die kürzlich von der Polizei abgerissen wurden – die Unterzeichner wurden verhaftet. (…)

11. Mai 1907

Gerade war der Karneval des Mi-Carême, das ist eines der bedeutenden Feste des Jahres. Alle gehen zu den »Grands Boulevards« und amüsieren sich. In den Straßen liegt zentimeterhoch das Konfetti, und der daraus aufsteigende Staub erfüllt die Luft, so dass man glaubt, es sei neblig – die von Staub umhüllte Menge und das überall wie bunter Schnee fallende Konfetti sind ein einzigartiger Anblick. Den Leuten ist der Bürgersteig zu eng für ihre Possen, und so gehen sie auch auf die Straßen. Stell dir die Leute nicht kostümiert vor, die meisten sind es nicht, nur hier und da sieht man vielleicht einen Clown mit dicker Nase oder zwei Mädchen mit bloßen Nacken und kurzen Röcken, die versuchen, dem Konfetti zu entgehen, das ihnen ein halb Dutzend bärtiger Franzosen aus Spaß in den Mund stopfen wollen. Auch hier stößt man immer auf die Studenten – vielleicht eine Gruppe von Kunststudenten in ihren Kitteln, die versuchen, ihrem Ruf als wilde Bohemiens gerecht zu werden – aber meistens nur Knaben sind und noch nicht einmal besonders ernstzunehmende.

Die Parade der Königin der »Halles« gehört auch zu den Ereignissen. Sie ziehen auf verschiedenen Festwagen durch die Straßen – einige sind hübsch, wirken aber mit ihren Seidenkleidern und Kronen unbeholfen, besonders wenn die helle Sonne ihre Mängel offenbart – vielleicht einen zu dünnen Hals oder ein geschminktes Gesicht, das in der Sonne geisterhaft bleich erscheint.

Dabei ist es eine fügsame, friedliche Menge, die die Grenzen der Schicklichkeit nicht überschreitet – (vielleicht weil die Grenzen hier sehr weit gesteckt sind) dennoch sieht man wenig Betrunkene und noch weniger Schlägereien. Ich fürchte, eine amerikanische Menge würde sich bei den gleichen Freiheiten nicht so gut benehmen.

26. Mai 1907

Ihr Einzug war wirklich ein Ereignis und schön anzuschauen. Entlang der Straße standen viele Soldaten. Die französische Kavallerie mit ihren Helmen und Harnischen macht immer eine gute Figur, ganz im Gegensatz zu den Infanteristen, die gewöhnlich kleingewachsen sind und eher hässliche Uniformen tragen. Die Häuser sind mit den Flaggen der Nationen geschmückt. Die deutsche Fahne ist jedoch nie zu sehen. Hier und da zeigt sich »the grand old rag«.

Briefe von Hopper an seine Mutter Elizabeth Hopper während seines Aufenthalts in Paris in Paris, zitiert nach: Gail Levin, *Edward Hopper, ein intimes Porträt*, München (List) 1998, Deutsch von Christiane Court

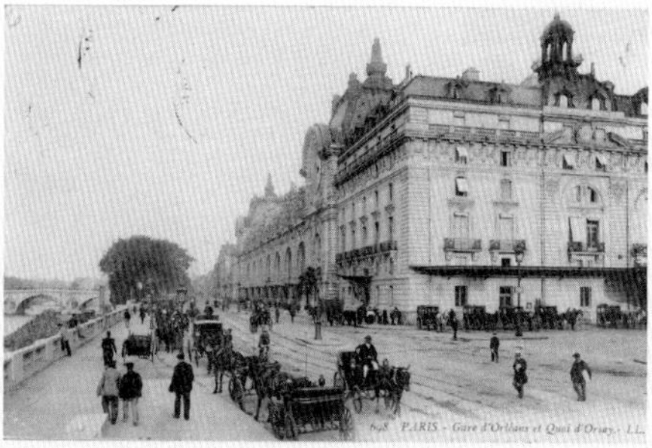

Postkarte aus Paris an seine Mutter, 1907.

Text über John Sloan

Der Kunstkritiker Forbes Watson, ein früher Anhänger von Hoppers Werk und Freund des Künstlers, wurde 1924 Direktor der Zeitschrift The Arts. Mit einiger Mühe überredete er Hopper, für seine Zeitschrift zu arbeiten. Auf »John Sloan und die Philadelphier«, 1927 verfasst, folgte ein Jahr später ein zweiter Essay, über das Werk von Charles Burchfield.

Doch während sich Amerika trotz heftiger Proteste aus dem Hinterland in Richtung Künstelei bewegt, begegnet dem Maler, der im Land geblieben ist, ein neuer und neidvoller Respekt von seinem Kollegen, der sein Erbe naiv gegen ein kulturelles Rüstzeug eingetauscht hat, dessen Wert ihm immer zweifelhafter erscheint. Dieser Eklektiker pendelt zwischen der Alten und den Neuen Welt wie Kiplings Tomlinson durchs Weltall, der weder im Himmel noch in der Hölle Ruhe findet. Nicht Fisch, nicht Fleisch, verweilt er nur gerade lange genug bei uns, um seine modischen Waren an den Mann zu bringen, und kehrt dann umgehend nach Frankreich zurück, wo er sie wieder auf den neuesten Stand bringt. Diesen Typus hat es in der einen oder anderen Form in unserem Land schon immer gegeben, aber seine Plagiate und seine Quellen waren noch nie so offensichtlich wie heute. Noch nie zuvor wurde die Tiefe seiner Gedanken so einhellig gepriesen, Tiefsinn, oder sein Anschein, war noch nie so gefragt wie heute. Die Zeit wird über diese Art Künstler urteilen, dessen Mangel an persönlichen Visionen ihn zur Nachahmung von Techniken anderer zwingt.

Was aber ist mit den Männern von Talent und Charakter, die bisher gewissenhaft ihre Lehrzeit in Europa verbrachten und, von der Aura der europäischen Kunstszene umstrahlt, zurückgekehrt sind, die zögern und Mühe haben, sich wieder in die amerikanische Szene einzugliedern? Der Lokalgeist ist nicht anders zu erfassen als in seinen oberflächlichen Erscheinungsformen. Aber vielleicht sollten uns auch nur diese beschäftigen. Sie sind zum Teil die Frucht der visuellen Reaktion des Künstlers auf seine Umgebung, die von seinem elementarsten kulturellen Erbe geleitet und geformt wird. Diese Charakteristika, die uns eigen sind, mögen so schlicht in ihrem Gehalt und so beschränkt in ihrer Tragweite sein, dass sie feinsinnigeren, kultivierteren Völkern kindlich erscheinen. Denken wir an die Einfachheit, die Ehrlichkeit der Sicht von Eakins, Whitman und Winslow Homer oder an die gesteigerte Empfindsamkeit von Ryder. Bei ihnen ist nichts von der Bitterkeit und dem Zynismus der alten Kulturen.(…)

Der rasche Wandel und der Erfindungsreichtum an modernen Formen haben dazu geführt, dass man Sloans Werke, die man früher als roh naturalistisch betrachtete, heute mit anderen Augen sieht, nachdem sich der Blick daran gewöhnt hat. Sie lassen sich unter die Werke von Teniers, Breughel und deren Zeitgenossen einreihen. Das bedeutet jedoch nicht, dass die künstlerische Integrität und der ungetrübte Blick des echten Realismus mit der Zeit auf etwas bloß Romantisches reduziert werden können. Ein Stückchen unverstellter Wirklichkeit wird die Erosion der Zeit überdauern, und das ist viel wert. Könnte es nicht sein, dass man Breughels Ehrlichkeit heute deshalb nicht mehr so stark empfindet, weil man schon so lange mit ihr vertraut ist? (…)

Dass der Einfluss der französischen Meister des 19. Jahrhunderts für die amerikanische Malerei so bedeutsam wurde, verdanken wir unter anderem Robert Henri, dessen Mut und Tatkraft so viel zur Gestaltung der künstlerischen Entwicklung in unserem Land beigetragen haben. Henri war der Mittelpunkt und Anführer der freisinnigen Gruppierungen, die schon lange vor der großen Armory Show einen hartnäckigen Kampf gegen jene Heimsuchung führten, mit der die offizielle und reaktionäre Kunst von jeher und überall den wahrhaftigen künstlerischen Ausdruck behindert hat. Kein anderer Vertreter der neueren amerikanischen Kunst hatte einen so entscheidenden Anteil an der Freisetzung verborgener Kräfte, die aus der Kunst dieses Landes einen lebendigen Ausdruck seines Wesens und seines Volkes machen können. (…)

Seit der großen Armory Show, seit die von den Postimpressionisten beeinflussten Kunstrichtungen Amerika erreicht haben, ist die bildende Kunst in unserem Land in enorme Geschäftigkeit verfallen. Selbst in dem kurzen Zeitraum seit 1913 sind neue Schulen und verworrene Kunsttheorien entstanden und wieder vergangen. Einige von ihnen, oberflächlich und hastig zusammengeschustert, hatten wie in Europa nur eine kurze Lebensdauer, und das trotz sorgsamer Pflege, ausgeklügelter Manifeste und beredten Lobes. Andere haben sich dem starken Strom überlassen, der »Moderne« genannt wird und sich im breiten Fluss der Kunst aller Zeiten verliert. (…)

Als der pseudo-klassische Kunstunterricht in den besten Kunstschulen des

Landes ganz in Verruf geraten war, tauchte eine Gruppe jüngerer Männer in der New Yorker Kunstszene auf. Diese Glücklichen hatten weniger nutzlosen Ballast, den sie über Bord werfen mussten, als die guten Künstler der vorangegangenen Generation. Ihre Frische, kombiniert mit dem Interesse an der frühen amerikanischen Kunst, brachte einige der interessantesten jüngeren Maler dieser Generation hervor. Viele von ihnen waren Studenten von Kenneth Hayes Miller, der mit seiner Nüchternheit einen wohltuenden Einfluss auf einen Gutteil unserer zeitgenössischen Malerei ausübte. Bei anderen sind die Wurzeln nicht so klar erkennbar, aber sie sind eindeutig amerikanisch. Zu ihnen zählt Charles Burchfield, ein Künstler von großer Aufrichtigkeit, Kraft und Originalität.

Man würde die Lektion der Geschichte nicht verstehen, würde man eine neue und vollkommen eigenständige amerikanische Kunst erwarten – die Kunst eines Landes erwächst logischerweise immer aus der Kunst eines anderen oder mehrerer anderer. Es versteht sich von selbst, dass neue Länder von älteren Völkern besiedelt werden müssen, die ihr sittliches und ästhetisches Erbe in das neue Land mitbringen. Diese dienen als Grundlage für zukünftige Entwicklungen in einer veränderten Umgebung.

Edward Hopper,
»John Sloan and the Philadelphians«
The Arts, Bd. 11, April 1927, New York

»Notes on painting«

Diesen Text schrieb Hopper für den Katalog seiner ersten Retrospektive im MoMA in New York, 1933.

Meine Absicht war immer die möglichst genaue Wiedergabe meiner unmittelbarsten Eindrücke der Natur. Wenn dieses Ziel unerreichbar ist, so ist auch, könnte man sagen, Perfektion bei jedem anderen Ideal der bildenden Kunst oder im menschlichen Handeln unerreichbar. (…) Bei der Arbeit stelle ich immer fest, dass sich auf verstörende Weise Elemente hereindrängen, die nicht zu meiner ganz eigenen Vorstellung gehören, und dass diese Vorstellung von der voranschreitenden Arbeit unweigerlich verdrängt und ersetzt wird. Das Bemühen, diesen Zerfall aufzuhalten, ist, glaube ich, das Los all jener Maler, für die die Erfindung willkürlicher Formen von geringerem Interesse ist. (…) In einem sehr eingeschränkten Sinn befasst sich die moderne Kunst scheinbar nur mit den technischen Neuerungen des Zeitalters. In einem größeren, und für mich unumstößlichen Sinn ist es die allzeit gültige Kunst bestimmter Persönlichkeiten, die durch die fundamentale Wahrheit, die sie in sich fassen, immer modern bleiben. Das macht Molière auf seinem Höhepunkt so neu wie Ibsen und Giotto so modern wie Cézanne.(…) Niemand kann die Richtung, die die Malerei in den nächsten Jahren einschlagen wird, korrekt vorhersagen, aber mir scheint es eine Abscheu vor der Erfindung willkürlicher oder stilisierter Entwürfe zu geben. Ich glaube, man wird wieder versuchen, die Überraschungen und Zufälle in der Natur einzufangen sowie ihre Stimmungen intimer und einfühlsamer zu erkunden, und überdies werden die Menschen, die zu solch elementaren Regungen fähig sind, erneut staunen und demütig sein.

Edward Hopper, »Notes on
painting«, in: *Notes & Articles*,
op. cit., S. 58 ff., Deutsch
von Maja Ueberle-Pfaff

Mein Ziel beim Malen

Im Herbst 1939 wird Edward Hopper eingeladen, seine Werke in der Kunstschule von Andover, Massachusetts auszustellen. In einem Brief an den Organisator der Ausstellung, Charles H. Sawyer, beschreibt er seinen Schaffensprozess.

Sie bitten mich um etwas, das vielleicht ebenso schwierig wie das Malen selbst ist; nämlich, ein Gemälde mit Worten zu erklären.

Für mich sind Form, Farbe und Komposition lediglich Mittel zum Zweck, das Handwerkszeug, mit dem ich arbeite, und sie interessieren mich nicht besonders um ihrer selbst willen. Mich interessiert in erster Linie das weite Feld der Erfahrung und Empfindung, mit dem sich weder die Literatur noch die Plastik befassen. Ich meine die allgemein menschliche Erfahrung, wohlgemerkt, damit man nicht Gefahr läuft, dass sie mit der oberflächlichen Anekdote verwechselt wird. Bilder, die auf farbliche oder kompositorische Harmonien oder Dissonanzen reduziert sind, stoßen mich ab.

Mein Ziel ist es immer gewesen, von den Gefühlen und Empfindungen ausgehend, die mir die Natur einflößt, meine innerste Wahrnehmung von einem Sujet, welches das intensivste Gefühl in mir auslöst, auf die Leinwand zu bringen; die Qualität meiner Beziehung zu diesem Sujet, meine Vorentscheidungen geben der Darstellung die Form.

Warum ich dieses Sujet anderen vorziehe, weiß ich nicht, es sei denn, ich ahne, dass es das beste Mittel ist, meine innere Erfahrung so vollkommen wie möglich auszudrücken.

Gewöhnlich suche ich tagelang, bis ich ein Sujet finde, das ich anziehend genug finde, und ich beschäftige mich lange mit der Frage, welches Format dazu passen könnte, am meisten mit dem Ausdruck übereinstimmt, den ich erreichen möchte. Die sehr langgestreckte, horizontale Form von *Manhattan Bridge Loop* ist ein Versuch, den Eindruck großer seitlicher Weite zu vermitteln. Wenn man die wichtigsten horizontalen Linien einer Komposition ohne große Unterbrechung bis an den Rand eines Bildes betont, verstärkt man diese Vorstellung und suggeriert dem Betrachter die Räume und Elemente jenseits der Grenzen der dargestellten Szene. Diese Räume außerhalb des Blickfelds prägen stets den sehr begrenzten Raum, den der Künstler darstellen will; allerdings glaube ich nicht, dass alle Maler sich dessen bewusst sind.

Ich habe das Bild in Gedanken sehr genau geplant, bevor ich zu malen anfing, aber abgesehen von ein paar kleinen Schwarzweiß-Skizzen nach der Natur hatte ich keine konkreten Vorlagen, aber ich kehrte oft zu dem Sujet zurück, um meine Erinnerung aufzufrischen. Die ersten Vorskizzen würden Ihnen wenig über die Entstehung des Bildes sagen. Farbe, Komposition und Form wurden, bewusst oder unbewusst, beträchtlich vereinfacht.

Kunst ist in so hohem Maß ein Ausdruck des Unbewussten, dass mir scheint, dass sie dem Unbewussten das Wichtigste verdankt und das Bewusstsein nur eine untergeordnete Rolle spielt. Aber diese Dinge sollte besser ein Psychologe entwirren.

Edward Hopper,
Brief an Charles H. Sawyer,
1939, in: *Notes & Articles*, op. cit., S. 62 f.,
Deutsch von Maja Ueberle-Pfaff

Portraits

Von der Höhe seiner fast zwei Meter herab richtete Edward Hopper einen Blick auf die Welt, den man für distanziert und streng halten könnte, bis man die Ironie entdeckt. Seine lakonischen und entschiedenen Antworten endeten meist mit der Andeutung eines Lächelns, das den Ernst Lügen strafte, den ihm der Status eines Monuments der amerikanischen Kunst aufzwang, zu dem ihn seine Gesprächspartner erhoben.

Ein gutmütiger Riese

Von seinem Aussehen her war Hopper, wie Lincoln, wie geschaffen für einen Mythos. Er und seine Frau waren außergewöhnlich attraktiv. Hopper hatte einen wunderbaren Kopf, herrlich kahl, fast wie eine Landschaft, wettergegerbt. Seine blauen tiefsitzenden Augen hatten einen festen Blick, der gerne etwas starr wurde, doch wandte er den Blick bewusst ab, sobald er gesehen hatte, was er sehen wollte. Er hatte einen großzügigen Mund mit breiten Lippen, die durch zwei tiefe Falten mit der Nase verbunden waren; nach unten hin bildeten die Falten im Zickzack zwei hagere Backen und umrahmten ein breites, ausgeprägtes Kinn. Gewöhnlich saß er auf einem niedrigen Stuhl mit einer steilen Rückenlehne, er saß meist vornübergelehnt, mit hochstehenden Knien (denn er war sehr groß); seine Schultern hingen wie ein Cape um ihn herum, die Ellbogen ragten wie zwei verkümmerte Flügel über die Sessellehnen, seine Fingerspitzen hielt er locker gegeneinander. In seinen Bewegungen war er entschlossen und ökonomisch. Er hasste Verschwendung – sei es eine Geste, ein Pinselstrich, ein Wort oder ein Gedanke. Er bewegte sich so besonnen, dass ihm die Bewegungen anderer schnell vorkamen, vor allem im Film. »Normale Menschen hüpfen nicht herum wie Filmschauspieler; ihr Rhythmus ist langsamer«, meinte er einmal, was mich überraschte, denn ich hatte den Eindruck, die Bewegungen eines Schauspielers im Film seien durch eine naturalistische Spielweise leicht stilisiert und daher sehr viel ökonomischer als im wirklichen Leben. Er sah es anders. Seine Bilder weisen keinerlei Tätigkeit auf; die Menschen tun nichts, sie lassen nur die Zeit verstreichen.

Auch wenn er einen gut kannte, das heißt jahrelang, redete er nicht viel. Zuerst kam es mir so vor, als schickte ich ihm meine Worte aus großer Entfernung entgegen wie ein Telefonist an einem drahtlosen Telefon, der keine Ahnung hat, ob seine Worte auch empfangen werden – ein Bild, das Frau Hoppers Zustimmung fand. Stellte man eine Frage, dann herrschte zunächst einmal langes Schweigen, ehe er sich mühsam einige Worte abrang und ein paar Verben, mit denen sie sich verbinden ließen. Seine Sätze waren kurz, manchmal waren es nur Fragmente ohne Verben, eine Weiterführung oder Umschreibung dessen, was er zuvor gesagt hatte. Manchmal verkehrte seine Antwort die Frage derart in ihr Gegenteil, dass sie wie eine Strafe wirkte, dass man die Frage überhaupt gestellt hatte. Verfolgte man eine Frage mit weiteren Argumenten, so endete dies sehr bald damit, dass er einem zustimmte oder plötzliches Desinteresse an den Tag legte. Seine Schriften sind ebenso wortkarg und knapp: ein geringer Wortschatz, einfache Satzkonstruktionen, ein gemächlich dahinfließender Stil. Sein Aufsatz über einen der wenigen Zeitgenossen, die er bewunderte, Charles Burchfield, ist, obwohl eigentlich eine Auseinandersetzung mit einem anderen Maler, sein bestes Selbstportrait als Künstler. Wie in seinen Bildern zeigt sich auch in seinen Schriften, wie sehr er sich an Tatsachen hält, wie ihn seine Phantasie dann in den Bereich des Spekulativen führt, über den er schließlich unentwegt Reflexionen anstellte.

Brian O'Doherty, *Kunst in Amerika*, Stuttgart, Belser Verlag, 1988, Deutsch von Rainer Zerbst

Der Maler als erstarrtes Modell

Wenn ich sage »Ich kannte Hopper«, was bedeutet das? Kannte irgendjemand diesen wortkargen, verschlossenen Menschen wirklich? (…)

Wenn ich aus meinem Tagebucheintrag über Hoppers erste Sitzung für eine Ölstudie zitieren darf: »Obwohl sein Körper krumm und gebeugt ist, merkt man ihm seine Größe an. Ich stellte ihn mir in der Rolle eines dieser überspannten Heiligen in den Gemälden von Carpaccio oder de la Tour vor, die sich geißeln oder in der Wüste meditieren.

Ihn umgibt eine Einsamkeit, eine gewohnheitsmäßige Verdrießlichkeit, eine bis zur Wut hin reichende Traurigkeit. Seine Stimme durchbricht laut und düster die Stille. Er posierte ruhig, mit auf dem Tisch gefalteten Händen. Ein paar Mal hob er die gefalteten Hände und kratzte sich mit der Fingerspitze am Ohr. Wir haben kaum miteinander gesprochen.

Raphael Soyer, »Six Who Knew Edward Hopper«, *Art Journal*, Bd. 41, No. 2, in: *Edward Hopper, Symposium at the Whitney Museum of American Art*, Sommer 1981, S. 125–135, Deutsch von Maja Ueberle-Pfaff

Paarbeziehungen

Diese Freundschaft hat es mir ermöglicht, einen hochgewachsenen, würdevollen und verschlossenen Mann kennenzulernen und zu beobachten, der sich mit der lakonischen Genügsamkeit seiner Gemälde ausdrückte; er tauchte stets in Begleitung einer kleinen, hyperaktiven, redseligen Ehefrau auf, die gewöhnlich für ihn sprach und häufig rigorose und radikale Meinungen vertrat. Ihre Empörung war ein Teil ihres Charakters. Sie sah die Welt durch einen Stacheldrahtzaun der Verbitterung. Dennoch besaß sie, die mit über achtzig die Haare noch wie ein Teenager zu einem kurzen Pferdeschwanz hochgebunden trug, durchaus eine Art unkonventionellen Charme. Hopper verhielt sich ihr gegenüber stets duldsam, trotz ihrer Exzesse.

Damals kam es mir so vor, als diene ihre unablässige Aufgeregtheit dazu, ihn zu Taten anzuspornen, und aus ihren Tagebüchern geht deutlich hervor, dass sie sich selbst als seine Muse betrachtete. Ich mochte sie trotz – oder vielleicht gerade wegen – ihrer Exzentrik.

Barbara Novak, »The Posthumous Revenge of Josephine Hopper«, in: *Art in America*, Juni 1996, Deutsch von Maja Ueberle-Pfaff

In den Augen der Kritiker

Die amerikanische Kunstgeschichte des 20. Jahrhunderts verknüpft den modernen Realismus der Eight stets mit dem aus der europäischen Avantgarde hervorgegangenen modernen Formalismus, der mit der Armory Show einer breiteren Öffentlichkeit zugänglich gemacht wurde. Hopper wurde mal vom einen, mal vom anderen Lager vereinnahmt. Für Alfred Barr war die Geometrie in Hoppers Bildern mit der der Kubisten vergleichbar, Clement Greenberg sah in ihm einen armseligen Illustrator. Diesen höchst gegensätzlichen Einschätzungen setzte Hopper ein amüsiertes Schweigen entgegen.

Der Letzte der Puritaner

Es ist eine große Versuchung, Edward Hopper zum angelsächsischsten Maler aller Zeiten zu erklären. Dabei liegt die Betonung natürlich auf der angelsächsischen Tendenz zum Puritanismus. Die anderen Repräsentanten dieser Tendenz haben allzu kühn gegen die Windmühlen ihrer natürlichen Reserviertheit angekämpft. Sie haben die Sentimentalität verharmlost, die unfehlbar hinter jeder konsequenten Selbstbeherrschung lauert, oder gegen ihre puritanische Strenge mit übertriebener Extravaganz Krieg geführt, die sie ohne rechte Überzeugung aus den freieren südlichen Ländern übernahmen. Hopper leugnet keine der angelsächsischen Eigenschaften, die in seinem Charakter so stark verwurzelt sind. Er hat eine Ästhetik geschaffen, die sie unmittelbar ausdrückt. Er hat den Puritaner in sich zum Puristen gemacht, moralische Strenge in stilistische Präzision verwandelt. (…)

Seit die von Freud angeregte Forderung nach mehr Sinnenfreude in Kunst und Leben nach Amerika gelangt war, sah sich der Puritanismus stärker denn je der Lächerlichkeit preisgegeben, und viele Maler gerieten so auf Abwege, auf denen sie sich auf Grund ihrer charakterlichen Eigenheiten verirren mussten. Im Gegensatz zu diesen Schwächlingen ist Hopper taub gegenüber allem modischen Geplapper und kann deshalb mühelos, ohne sich je verbiegen zu müssen, er selbst bleiben. In der Tat hat sich sein Leben nie von dem ursprünglichen, schlichten Faktum entfernt, das am Beginn seiner Wahrnehmung steht, lediglich sein Gesichtsfeld hat sich erweitert. (…)

Jedenfalls erklärte er mir neulich, dass es ihn Jahre gekostet habe, eine Wolke an den Himmel zu malen. Er kaufte seiner Frau einen Spitzenkragen ab, erfuhr ich von ihr, damit sie ihn nicht mehr tragen konnte (bei diesem Tauschhandel spielte Geld keine Rolle). Sein Hass auf alles rein Dekorative ist allgemein bekannt. Und doch weicht er nicht von den tatsächlichen Gegebenheiten ab, man denke nur an das Gemälde von dem viktorianischen Haus am Bahndamm. Seine Arbeit ist in dieser Hinsicht keineswegs subjektiv. Er ist ein Interpret und kein Erfinder von Formen. Aber wer könnte das auch sein? (…)

Seine stilistische Präzision ist mehr vom Instinkt als vom Intellekt geleitet. Seine scheinbar so bewussten Unterlassungen basieren, wie ich bereits erwähnt habe, auf einem wahren Widerwillen und nicht auf rationalen Beweggründen. Eine beträchtliche Angst vor Ausschmückungen durchzieht alles, was er tut, eine Angst, sich lächerlich zu machen, wie er es vielleicht nennen würde. Einmal erzählte er mir als Beispiel dafür im Vertrauen – das ich hiermit breche – von einer Besprechung mit seinem Schneider. Er war zu ihm gegangen mit der Absicht, einen Anzug aus farbigem Stoff zu bestellen, »etwas Fröhliches, von modischem Schnitt«. Auf die Frage des Schneiders »Konservativ, wie üblich, Sir?«, habe er automatisch mit »Ja« geantwortet. Der farbenfrohe Anzug wurde meines Wissens nie geschneidert. Er hätte ihm auch nicht gestanden. Aber sicherlich hält er auch aus seinen Bildern viele modische Elemente fern, die er spontanen Impulsen folgend vielleicht einfügen würde, Elemente, die so viele angelsächsische Maler unter Missachtung ihres angeborenen Widerstrebens in ihre Bilder hineinzwangen. Die angelsächsische Kunst ist somit im Wesentlichen das Produkt einer Reaktion, in sturer Leugnung der wahren künstlerischen Instinkte gewissermaßen auf die falsche oder die Rückseite des Blattes gezeichnet. Aus diesem Grund ist Hopper für mich der erste angelsächsische Maler, der in der Furche geblieben ist, die für Maler wie ihn von der Tradition gezogen wurde. Er richtet sich ohne jede Doppeldeutigkeit nach den Anforderungen, die sein Naturell an ihn stellt. Vielleicht habe ich diesen Punkt zu sehr betont. Ich weiß es nicht. Er scheint mir von größter Wichtigkeit zu sein.

Guy Pène du Bois, *Edward Hopper*,
Whitney Museum of American Art.
American Artists Series, New York, 1931,
Deutsch von Maja Ueberle-Pfaff

Versteckt den Sinn, den ich nicht sehen kann

Auch wenn Hopper offensichtlich die exakte, kraftvolle Darstellung der Natur am Herzen liegt, gelingen ihm in vielen seiner Bilder Kompositionen, die auch unter rein formalem Gesichtspunkt interessant sind. Einmal versuchte ein befreundeter Maler, der mit Hopper die Straße entlangging, dessen Aufmerksamkeit auf eine Gruppe Wolkenkratzer zu lenken: »Sehen Sie doch! Was für eine wunderbare Komposition diese Hochhäuser ergeben, welch ein Licht, welch eine Zusammenballung, sehen Sie doch, Hopper!« Aber Hopper sah nicht hin. »Alles kann eine gute Komposition ergeben«, sagte er und ging weiter. (…)

Denn trotz seiner Nüchternheit ist Hopper ein Meister der Bilddramaturgie. Seine Akteure sind jedoch selten Menschen: Häuser und Straßenzüge sind zwar vorhanden, aber sie sind häufiger von Hydranten, Laternenpfählen, Ladenschildern von Friseuren und Telegrafenmasten bevölkert als von Menschen. Wenn er Figuren in seine Gebäude malt, scheinen sie oft wie zufällig dort hineingeraten. Vielleicht war er es nach seiner langjährigen Arbeit als Illustrator für Zeitschriften leid, vordergründig faszinierende Charaktere zu zeichnen. (…)

Sein Desinteresse an Wolkenkratzern ist für einen Maler der New Yorker Architektur höchst ungewöhnlich. Nur in einem seiner Gemälde taucht ein Hochhaus auf, das jedoch oben durch den Bilderrahmen abrupt abgeschnitten wird. Er malt lieber monumentale Leuchttürme, und zwei seiner besten Aquarelle, *The House of the Foghorn* und *Cold Storage*

Plant, sind eine Huldigung an Schornsteine. Hoppers aufrichtige Abneigung gegen das konventionell Pittoreske lässt sich durch einen fast rührenden Vorfall illustrieren: Vor einigen Jahren ließ er sich zu einer Reise nach New Mexico überreden. Tagelang wanderte er zwischen Indianern, Lehmhäusern und malerischen Bergen umher, fand aber kein Motiv. Eines Tages kam er triumphierend nach Hause; der Bann war gebrochen, er hatte das Aquarell *D. and RG. Locomotive* gemalt.

Alfred H. Barr Jr., Vorwort zum Katalog *Edward Hopper: Retrospective Exhibition* (New York, MoMA, 1. November – 7. Dezember 1933), Deutsch von Maja Ueberle-Pfaff

Nicht mal Maler!

Für das, was Hopper tut, sollte eine eigene Kunstkategorie erfunden werden. Er ist kein Maler im eigentlichen Sinn; seine Ausdrucksmittel sind aus zweiter Hand, schäbig, unpersönlich. Aber sein rudimentäres Gefühl für Komposition reicht aus für eine Aussage, die einen Einblick in den Zustand des Lebens im heutigen Amerika gibt, der in unserer Literatur keine Entsprechung hat, obwohl der Einblick selbst literarisch ist. Hoppers Malerei ist im Grunde Photographie, und sie ist literarisch auf eine Weise, wie die beste Photographie literarisch ist. Wie die Werke von Walker Evans und Weegee triumphiert sie über die Unzulänglichkeiten des Mediums. (…) Hopper ist nun zufällig ein schlechter Maler. Aber wenn er ein besserer Maler wäre, wäre er höchstwahrscheinlich kein so hervorragender Künstler.

Clement Greenberg, *The Collected Essays and Criticism*, Bd. 2, *Arrogant Purpose, 1943–1949*, Chicago, University of Chicago Press, 1986, Deutsch von Maja Ueberle-Pfaff

Entfremdung

Bei Edward Hoppers eigenwilliger Lichtregie in seinen Interieurs kann man nicht behaupten, dass das Licht, ob natürlich oder künstlich, die universelle Wirkung und die Struktur hat, die den bescheidensten Gegenstand mit dem Sublimen verknüpft. Hopper gehört eindeutig dem Zeitalter der funktionalen Architektur, der Wolkenkratzer und der Stromlinienform an, nicht unbedingt, weil er solche Motive malt (die meisten seiner Gebäude wirken eher altmodisch), sondern wegen seiner visuellen Ausdrucksweise, vor allem aber in Bezug auf das Licht. Häufig in geometrischen Formen auftretend, da es auf Möbel, Wände, Gebäude fällt, wird das Licht (wenn überhaupt) eher durch Monotonie als durch Abwechslung zum Bindeglied. Man ist sich der Abgrenzung der beleuchteten Fläche ebenso bewusst wie ihrer Wiederholung, so beispielsweise bei den Fenstern, die in die langgestreckten Gebäude eingesetzt sind. Mit hochgezogenen oder geschlossenen Jalousien, mit oder ohne Vorhänge, mit unterschiedlichen Qualitäten von Dunkelheit im Raum dahinter stehen diese Fenster symbolisch für das Drama von Licht und Dunkelheit, das Hopper immer wieder in Szene setzt. (…)

Dem Mangel an Details entspricht ein mentaler Mangel in Bezug auf das Motiv, ein Fehlen von Aufmerksamkeit dem Detail, dem spezifischen Objekt gegenüber. Seine Welt ist wie leergefegt, ihr fehlen die kleinen, stofflichen Dinge, die bei so vielen früheren Malern der unterschiedlichsten Schulen das Licht so innig und warm einfangen konnten. (…)

In der zeitgenössischen amerikanischen Malerei nimmt er deshalb eine so wichtige Position ein, weil sein Werk eine gewichtige gesellschaftliche Aussage enthält, zu der er durch die mathematisch exakte Definition des Lichts gelangt ist, das die Welt ohne Umschweife in klare, unkomplizierte Bereiche unterteilt. Dass in nicht wenigen seiner wichtigsten Stadtszenen Fenster auftauchen, auf die der Blick von innen oder von außen fällt, unterstreicht die Tatsache, dass der Betrachter und das Betrachtete in die Vorstellung des Malers integriert sind. Das Licht kann nicht fallen, wohin es will; Wände und andere Hindernisse treten ihm in den Weg. Selbstgefällig scheint es dem Betrachter von Hoppers Bildern zuzurufen: »Seht her, wohin ich gelangen kann, ich allein! Ich kann nicht alles besitzen, nein, aber das, was ich finde, mache ich mir zu eigen.« Vielleicht erklärt dies ein fast schon ergreifendes Detail, das man in *Night Windows* und *Office at Night* bemerkt: Eine leichte Brise bauscht hier einen Vorhang, hebt dort eine Jalousie, eine Brise kann durch das offene Fenster hineinwehen und sich mit dem Licht im Inneren vereinen, der Betrachter jedoch muss draußen bleiben.

Parker Tyler, »Edward Hopper: Alienation by Light«, in: *Magazine of Art*, Dezember 1948, Deutsch von Maja Ueberle-Pfaff

Posthumes Portrait

Edward Hopper ist eine ganze Welt. Der wunderbare Maler, der vergangene Woche im Alter von 84 Jahren gestorben ist, hinterlässt sein Licht, seine Stille, seine vitalen Leerstellen, die ungeheure Intimität seiner unvergesslichen Bilder, die zum Prüfstein der amerikanischen Identität geworden sind. Mit nüchternem Blick stieß Hopper ins Herz der Dinge vor. Leben wir auf dem Land? Dann malte Hopper unser Haus, halb Heim und halb Traum, durchtränkt von einem Licht, halb Sonne, halb Mond – das Haus, in dem der menschliche Geist zur Ruhe kommt. Leben wir in der Stadt? Dann malte Hopper unser Haus, halb Zuflucht, halb Exil, mit Vorhängen an den Fenstern, durch die Angst weht, mit einem Klavier, auf dem ein einzelner trauriger Finger spielt. Leben wir, tot oder verzweifelt, im Nirgendwo? Dann malte Hopper unsere Abwesenheit – die wartende Mauer, das leere Zimmer, das Licht, das von keinem Körper abgefangen wird.

War er ein Vertreter des Realismus, der Moderne, der Romantik, des Strukturalismus oder ein Dichter? Ja, das alles trifft zu. Wie alle echte Kunst kann man Hoppers Sichtweise immer wieder aufgreifen, und genau das wird die Zukunft mit Freuden tun. Die nervösen jungen Künstler von heute sprudeln über von cleveren, pfiffigen Ideen, Hopper dagegen war einer jener virtuosen Geizkragen, deren Zwanghaftigkeit sowohl auf Charakter wie auf Erkenntnis beruht, so wie Ryder, der immer wieder seine Monde entzündete, wie Giacometti, der seine Nackten abschmirgelte, bis nur noch die Nerven übrig waren. »Mein Anliegen«, sagte Hopper, »bestand darin, das Sonnenlicht auf einer Hauswand zu malen«, eine Aussage von so brisanter Bescheidenheit, dass man zu vergessen geneigt ist, was sie eigentlich bedeutet: »Ich will die menschliche Seele malen.«

Jack Kroll, in: *Newsweek*, 29. Mai 1967, Deutsch von Maja Ueberle-Pfaff

Ein amerikanischer Meister

Jahrelang malte Hopper Fakten – nämlich das, was er sah. Er konzentrierte sich so sehr auf eine Szene, dass sein Gemälde sie aus ihrem natürlichen Zusammenhang heraushob; man könnte sagen, für Hopper war ein Faktum ein Schnappschuss in einem Entwicklungsprozess. Auf diese Weise wurde die Bedeutung eines Bildes für den Betrachter unzugänglich, war aber, wie in einem Pressephoto ohne Begleittext, implizit stets vorhanden. Indem seine Bilder eine Bedeutung verweigern, provozieren sie aber zugleich; sie tun so, als gäben sie einen vertrauten Anblick wieder und durchkreuzen ihn doch eigentlich. Man hat seine Kunst oft mit negativen Begriffen definiert, bis etwas Positives zutage trat. Das entspricht ganz den Umkehrungen, die seine Bilder heraufbeschwören – aus Leere wird Fülle, aus Isolation wird geistiger Reichtum, aus Mangel an Emotion wird Empfinden. Seine Bilder knüpfen in den Verlauf der Zeit einen festen Knoten und zeigen die Vergänglichkeit in der Dauer, die Dauer in der Vergänglichkeit. Dieses Miteinander von Gegensätzen führt wieder zurück zu dem, was allem offenbar zugrunde liegt: die Trennung und die Vereinigung von Subjekt und Objekt; dem entspricht auch das häufig anzutreffende Miteinander von Innen und Außen auf seinen Bildern, und das wiederum lässt sich übertragen auf den Beobachter und die beobachteten Figuren, den Künstler und seinen Verfolger, wie oben beschrieben. Hoppers »Stimme« hat viel zu tun mit diesen intimen Distanzierungen. (…)

Hopper passte physisch wie geistig zu einem tief verwurzelten amerikanischen Mythos, dem des starrsinnigen Individualisten, den einer selbstbewussten ernsthaften Männlichkeit. Die Geschichte dieses Machismo in der amerikanischen Kunst reicht (wie in der amerikanischen Literatur) weit zurück – vom Redneck der *American Scene* bis zum bulligen abstrakten Expressionisten. Aber Hopper hatte das Pech, dass man den Isolationismus der American Scene auf ihn projizierte; sein Mythos wurde der amerikanischen Ikonographie angepasst und mit Aspekten einer Kunst in Verbindung gebracht, die er verachtete. Er erreichte bald das Stadium, in dem ein Künstler aufhört, von seinem Mythos zu profitieren und ein Opfer dieses Mythos wird. In der zweiten Hälfte seines Lebens schreckte der Mythos seiner Isolation Besucher, die er gern getroffen hätte, ab, und jene Version des »pathetic fallacy«, die ein Werk im Lichte des Autors interpretiert, und umgekehrt, schlug feste Wurzeln.

Brian O'Doherty, »Edward Hoppers Stimme«, in: *Kunst in Amerika*, op. cit.

Amerikanisches Quartett

In den 1960er Jahren hörte ich einmal die Bemerkung: »Die gesamte amerikanische Kunst bildet ein Dreieck zwischen Pollock, Duchamps und Hopper.« Ich weiß nicht mehr, wer das gesagt hat. In jener Zeit wurde es Walter Hopps zugeschrieben. Authentisch oder nicht, klingt es heute noch fast so prophetisch wie damals. Jenseits der offensichtlichen stilistischen Unterschiede gibt es ausgeprägte Haltungen, Ziele und implizite Kunstdefinitionen, die das Werk dieser drei Künstler verbinden. Meiner Ansicht nach braucht dieses Dreieck in der Kunstlandschaft jedoch eine vierte Ecke. Wenn das Polygon sich zu einem Viereck erweitert, sehen wir Joseph Cornell im vierten Quadranten stehen. Die Themen und Grundstimmungen der vier unterschiedlichen Positionen wurden von den Künstlern weder begründet noch resümiert, denn jeder von ihnen ist einer langen Tradition verpflichtet. Doch das Werk eines jeden bündelte jene Traditionen, die heute noch in der Kunst nachhallen. Jede dieser Konstellationen aus Zielsetzungen, Themen, Sichtweisen, Traditionen und Formen bilden eine Art künstlerisches Paradigma. Solche elementaren Voraussetzungen für die Entstehung einer bestimmten Art von Kunst entstammen Impulsen und Wahrnehmungen, die auf tief liegende Strömungen und Spannungen innerhalb unserer Kultur reagieren. (…)

Er war natürlich nicht der erste amerikanische Maler, der dieses Thema aufgriff. Doch, wie schon erwähnt, steht jeder der vier Maler, die hier als Exponenten maßgeblicher künstlerischer Positionen ausgewählt wurden, in einer langen Tradition. Ich glaube, dass Hopper besser und pointierter als jeder Künstler vor ihm die Beziehung der menschlichen Figur zu ihrer industrialisierten, urbanen Umgebung als versiegeltem Ort der Entfremdung abbildet. Diese reziproke Beziehung hat nicht immer die Gestalt der stummen Räume angenommen, die Hopper malt. In augenfälligerer Form finden wir sie in der Pop Art und im Photorealismus der 60er Jahre, und auch die Photographie hat sich seit den 30er Jahren geradezu zwanghaft mit ihr befasst.

Robert Morris, »American Quartet«, in: *Art in America*, Dezember 1981, Deutsch von Maja Ueberle-Pfaff

Die Photosynthese des Seins

Auch das junge Mädchen in *Summertime* ist ein Wesen, das sich dem Licht zuwendet, das sich vielleicht sogar einen Augenblick lang von seinem Warten und seinen Gedanken hat ablenken lassen, durch eine Veränderung am Himmel, die jener Windstoß bedeuten könnte, der den Vorhang am offenen Fenster bauscht. Und wie viele andere Werke Hoppers spielen sich so an einer Schwelle oder vor Fensterscheiben ab, durch die das Licht dringt als, ja, einer der Bedeutungsträger, der jedoch die anderen transzendiert. Dadurch erwacht wiederum im Netzwerk der gesellschaftlichen Stereotypen ein Geist, der auf dieses Absolute antwortet, eben jener Geist übrigens, der den Un-Sinn seiner gegenwärtigen Lage verstanden hat und überdies, wie vollkommen allein er ist. Das Licht ist also ein zusätzliches Zeichen, ein Appell, in fast allen seinen Bildern, die sicher metaphysisch sind, von *Girl at Sewing Machine* (1921) bis zu (…) *A Woman in the Sun* (1961). Bemerkenswert ist, dass der Protagonist am Anfang gleichgültig für den Strahl zu sein schien, der vom Himmel kommt, dann entsteht eine Beziehung und wird zumindest in einigen großen Werken zum Wesentlichen. Innerhalb seiner Reflexion über die Vereinsamung und deren Gewahrwerden stellt Hopper den Sonnenschein als das dar, was zu dieser Beunruhigung spricht, die er womöglich erst ausgelöst hat, und was ihm, wer weiß, neue Hoffnung gibt.

Ja, das sind *Verkündigungen* ohne Theologie und ohne Verheißung, aber nicht ohne einen Rest von Hoffnung; und deshalb hat das Werk in meinen Augen viel Sinn für Hopper selbst in seiner Beziehung zu sich, denn die Sehnsucht seiner Gestalten kann nur auch die seine sein, sie zeigt ihn sogar als Heliotrop, der, wie in *Squam Light*, immer wieder eine Beziehung zum Licht sucht, von Anwesenheit zu Anwesenheit. Ich glaube, dass auch die pessimistischsten Bilder von Hopper, die am wenigsten an irgendeine mögliche Wandlung glauben, nie auf die bloße *Verwendung* des Lichtes zu reduzieren sind, das die Einzelheiten des Dramas in einem Emaille warmer und kalter Farben fixiert. Es ist immer ein Zeugnis, die Bestätigung, dass ein Prinzip bleibt, das die üblichen Vernunftgründe und Gefühle transzendiert und bewirkt, dass manche Bilder, wie *Pennsylvania Coal Town* (schon 1947) oder *Chair Car* (1965), eins der letzten Bilder, kein Emaille, sondern bunte Glasfenster sind, die das Ereignis des Menschen, so verschlossen in seiner angeborenen Unzulänglichkeit es scheinen mag, im Licht erstrahlen lassen.

Yves Bonnefoy, »Edward Hopper. La Photosynthèse de l'être. Dessin, Couleur et Lumière«, *Mercure de France* 1995

Nighthawks und die Literatur

Selten haben Bilder aus dem 20. Jahrhundert weltweit solche Popularität erlangt wie Nighthawks. *An der Bar des Diners von Edward Hopper lehnen alle Stars der Pop-Kultur, von Marilyn Monroe bis Homer Simpson. Die Lichter von* Nighthawks *sind auf den Computerbildschirmen der ganzen Welt zu sehen. Seine Entstehung verdankt es zum Teil einem Text von Hemingway* (The Killers), *und es selbst wiederum hat Schriftsteller und Filmregisseure inspiriert.*

Die Küste von Chicago

Doch am Ende meines Gangs durch die Gemälde stand ich immer vor dem Diner in Edward Hoppers *Nighthawks*. Vielleicht brauchte ich seine Dunkelheit als Gegengewicht zur Strahlkraft der anderen Gemälde. Es war Nacht in Hoppers Bild; der Diner illuminierte die dunkle Straßenecke mit einem grellen Licht, zu der er allein kaum imstande schien. Drei Kunden saßen an der Theke, als warteten sie, jedoch nicht darauf, dass etwas anfing, sondern dass etwas endete, und ich wusste, wie leicht es wäre, die Augen zu öffnen und mich dort unter den Wartenden wiederzufinden.

Jenes Paar, das dort am Ende der Theke die Nacht ausklingen lässt, ist nicht zum ersten Mal hier. Sie sitzen nebeneinander wie Liebende, und doch ist etwas Distanziertes an ihnen, so dass man auch glauben könnte, sie seien einander fremd. Vielleicht liegt es an der Art, wie sie geradeaus blicken, statt sich anzusehen, oder wie sich ihre Hände auf dem Tisch nur beinahe berühren, doch dafür verantwortlich ist Leidenschaft, nicht Gleichgültigkeit. Als sie heute, zu dieser späten Stunde, hier hereinkamen, fühlten sie sich ein wenig leer, ein wenig erschöpft von der gegenseitigen Besessenheit, die sie wach hält. Ihre Schlaflosigkeit ist die Schlaflosigkeit des Begehrens. Während sie durch verlassene Straßen liefen, fiel ihnen auf, dass diesem Viertel voller schattendunkler Fenster ein Mond fehlte, und so begannen sie, sich einen Mond zu erschaffen: hart wie eine Billardkugel; durchscheinend und von feinen Rissen überzogen wie Porzellan; matt, von dem ausgeblichenen Weiß eines Büstenhalters, der sich im Trockner dreht. Nun sind sie verstummt, unter diesem fluoreszierenden Licht, in dem die Arme der Frau zu nackt aussehen und ihr Kleid changiert, zwischen Rosa und Lachsfarben und Rottönen, für die es keine passende Vokabel gibt. Er raucht. Sie betrachtet träumerisch ein Streichholzbriefchen aus einem anderen Diner, indem sie so wie hier zusammensaßen und die Zeit totschlugen.

Stuart Dybek,
The Coast of Chicago,
New York 1990, Deutsch von
Maja Ueberle-Pfaff

Das schwarze Echo

Er fand eine weitere Seelenverwandtschaft mit Eleanor Wish, als er sich umdrehte und die Wand über der Couch betrachtete. In schwarzes Holz gerahmt, hing dort ein Druck von Edward Hoppers *Nighthawks*. Bosch hatte selbst keinen Druck davon zuhause, aber er kannte das Bild und dachte sogar von Zeit zu Zeit daran, wenn er in einen Fall oder eine Observation vertieft war. Er hatte das Original einmal in Chicago gesehen und fast eine Stunde davorgestanden und es betrachtet. Ein stiller, schattenhafter Mann sitzt am Tresen in einem Diner an einer Straßenecke. Er blickt zu einem anderen Kunden hinüber, der ihm selbst ganz ähnlich ist, nur befindet sich der zweite Mann in Begleitung einer Frau. Irgendwie fand sich Bosch darin wieder, identifizierte sich mit dem ersten Mann. Ich bin der Einzelgänger, dachte er. Ich bin der Nachtschwärmer, der Falke. Der Druck passte mit seinen kräftigen dunklen Farbtönen nicht in dieses Apartment, fand Bosch. Die Düsternis harmonierte nicht mit den Pastellfarben. Weshalb ließ Eleanor ihn hier hängen? Was bedeutete er für sie? (…)

Bosch nippte an seinem Wein und sah sich weiter um. Noch immer hatte er sich nicht gesetzt, fühlte sich bei ihr aber ungeheuer wohl. Ein Lächeln fuhr über sein Gesicht. Er deutete auf den Druck von Hopper. »Das gefällt mir. Aber weshalb etwas so Düsteres?«

Sie sah zu dem Druck hinüber und legte die Stirn in Falten, als hätte sie sich noch nie Gedanken darüber gemacht.

»Ich weiß nicht«, sagte sie. »Ich hab das Bild schon immer gemocht. Irgendwas daran berührt mich. Die Frau ist mit einem Mann da. Das bin also nicht ich. Deshalb denke ich, wenn ich einer davon sein soll, dann der Mann, der vor seinem Kaffee sitzt. Ganz allein. Und irgendwie beobachtet er die beiden anderen.«

»Ich habe es mal in Chicago gesehen«, sagte Bosch. »Das Original. Ich war wegen einer Überstellung da und hatte eine Stunde Zeit, bis ich die Leiche abholen konnte. Also bin ich ins Art Institute gegangen, und da hing es. Die ganze Stunde habe ich damit verbracht, es mir anzusehen. Es hat so etwas an sich … genau, wie Sie sagten. Ich kann mich nicht an den Fall erinnern oder wen ich zurückgebracht habe. Aber ich erinnere mich an das Bild.«

Michael Connelly, *Schwarzes Echo*,
Frankfurt am Main/Berlin, Heyne, 1994,
Deutsch von Jörn Ingwersen

Nachtschwärmer – nach einem Gemälde von Edward Hopper

Der Qualm kam aus ihrem Mund. Er kam, während sie redete, und der Barmann nickte; während er einen sauberen Aschenbecher auf den setzte, den sie benutzte; während sie lächelte und ihm sagte, dass sie am Tag nur drei Zigaretten rauche, und dies sei ihre letzte, so dass er ihr eigentlich keinen neuen Aschenbecher geben müsse. Der Qualm kam wie die Worte aus ihrem Mund.

Als es keinen Qualm mehr gab, blickte sie den Mann neben sich an und führte die Zigarette an den Mund, mit der flachen Hand und die Finger – bis auf die beiden, die die Zigarette hielten – gespreizt. Lässig zog sie an der Zigarette, öffnete die Lippen und ließ den Qualm wieder austreten – alles ganz wie von selbst. Sie schloss die Augen und inhalierte den Qualm durch die Nase. Drei Zigaretten pro Tag, und jede einzelne gezählt. Diesmal drehte sie den Kopf ein wenig und stieß den Qualm aus – so behutsam, wie man gegen einen Löwenzahn bläst oder eine Glut entfacht …

Zwei Autos fuhren vorbei. Ich spürte die Scheinwerfer durch das Glas und sah, wie das Licht über die rostfreien Kaffeekannen, die polierte Mahagonitheke und die niedrigen Fenstersimse aus gelben und meergrünen Kacheln strich.

Der Barmann wechselte schon wieder die Aschenbecher. Sie lächelte ihn an, verzog allerdings das Gesicht, als sie die Zigarette – ihre letzte – ausdrückte. Alles vorbei.

»Ist das die letzte von gestern oder die erste von dreien?«, fragte der Mann neben ihr.

»Weder noch«, antwortete sie lächelnd.

»Sie mogeln«, sagte er.

Sie nickte langsam, nahm ein Streichholzheftchen von der Theke und musterte es, damit sie etwas zu tun hatte. Der Barmann zelebrierte schon wieder den Aschenbecher-Wechsel-Trick und säuberte den benutzten. Er bemerkte, dass ich die beiden beobachtete. Er wusste, was ich tat.

Ich war um diese Zeit an diesem Ort der typische Nachtschwärmer. Es wird eine ganze Nacht dauern, bis der Planet sich wieder ins Licht dreht. Hier, auf dem zweiten Barhocker von links, mit dem Rücken zum Fenster zur Greenwich Avenue. Ich werde ihnen folgen, der Frau mit dem roten Haar und dem roten Kleid, und dem Mann mit dem Fedorahut und der langen spitzen Nase. Ich werde ihnen in ihre Nacht hinein folgen.

Er gefällt ihr, weil er in die Bar kam und sich ohne Zögern neben sie setzte. Er gefällt ihr, weil er spät am Abend Kaffee trinkt und weil er der Kater ist, der den Kanarienvogel verschlungen hat.

Sie standen auf, um zu gehen, eine stillschweigende Bewegung, die mir einen Hinweis hätte geben müssen, doch anfangs entging mir ihre Bedeutung, die ich erst später erahnte. Der halbe Dollar tanzte auf der Theke. Der Barmann nickte, die Frau nahm den schwarzen Mantel vom Hocker neben sich, und die beiden gingen an mir vorbei nach draußen.

Erik Jendresen, »Nachtschwärmer – nach einem Gemälde von Edward Hopper«, in: Lonnie Barbach, *Wildkirschen, erotische Phantasien*, Berlin, Ullstein, 2009, Deutsch von Helge Marquardt

Nachtvögel

Sie sitzen beide auf hohen Hockern vor dem Tresen. Als sie am Schaufester vorbeigekommen sind, hat der Mann auf seine Uhr geschaut. Dann hat er gesagt: »Wir haben Zeit für einen Kaffee. Der Typ hat noch nicht geschlossen.« Die Frau hat nichts gesagt. Sie hat eine Zigarette angezündet. Der Mann hat gesagt: »Wir trinken einen Kaffee. Danach …« Diesmal hat die Frau ihn angeschaut. Sie hat gesagt: »Danach was?« Der Mann hat nicht geantwortet. Er hat die Achseln gezuckt, er hat die Tür aufgehalten, und sie ist eingetreten. Und jetzt sind sie beide da. Sie reden nicht. Der Mann hat auch eine Zigarette angezündet, zwei Kaffees bestellt. Der Mann ähnelt ein wenig Humphrey Bogart, aber in Begleitung einer Blondine ähneln viele Männer Humphrey Bogart, vor allem nachts. Das denkt der Kellner. Er mustert den Mann, während er unter dem Tresen Gläser spült. Er denkt, das könnte ein bekannter Schauspieler sein, oder ein Politiker, jemand, dessen Photo er mal irgendwo in einer Zeitung gesehen hat. Der Mann trägt einen dunkelblauen Anzug mit einem Hemd in etwas hellerem Blau und einer Krawatte im selben Blau wie die Jacke. Er sieht hart aus oder eher konzentriert, in sich verschlossen, unergründlich. Seine Augen scheinen auf den Kellner gerichtet, aber er sieht ihn nicht. Er schaut weiter weg, in sich hinein, als wollte er etwas sagen, beschränkte sich aber darauf, auf einen bestimmten Punkt an der Wand hinter dem Kellner zu starren. Er trägt einen hellen Filzhut, heller als sein Anzug, mit fast schwarzem Band. Die Krempe ist in die Stirn geschoben und wirft einen Schatten über seine Augen. Er hält die Zigarette mit den Fingerspitzen in der rechten Hand, er lässt sie herunterbrennen, ohne sie an die Lippen zu führen. Er rührt auch die weiße Tasse nicht an, die neben seinem Ellbogen auf der Theke steht. Auch die Frau denkt nicht ans Trinken. Die Tasse steht vor ihr, aber sie tut, als hätte sie es nicht gemerkt. Sie betrachtet mit äußerster Aufmerksamkeit ihre Zigarette, die sie auf Höhe ihres Gesichts hält, als sei es keine Zigarette, sondern ein kostbarer Gegenstand, ein Schmuckstück, das sie bedächtig prüfte, dicht vor ihren Augen. Auch sie ähnelt einer Filmschauspielerin, Jean Harlow vielleicht, denkt der Kellner. Die hat er vor langer Zeit in einem Film gesehen, *Höllenflieger.* Ihm gefiel ihre Art zu gehen, die Männer von oben herab anzuschauen, aber sie ist seit ein paar Jahren tot, und diese Frau hier ist größer, ihr Haar ist blond mit kupferroten Reflexen darin. Sie ist eine wunderschöne junge Frau, und der Kellner beneidet den Mann im blauen Anzug, dass er so spät in der Nacht mit einer derart anziehenden Person ausgehen kann, aber er spürt auch, dass nicht alles zum Besten steht zwischen den beiden, und er behält seine Überlegungen für sich. Es stimmt, diese Frau mit ihrem sehr dichten, sehr glänzenden Haar, das ihr in den Nacken fällt, ist wunderschön. Es muss heiß sein, obwohl es Nacht ist, denn sie trägt nur ein leichtes, ausgeschnittenes, kurzärmeliges Kleid und ihre Arme sind nackt. Sie ist schlank, sogar mager, könnte man sagen. Man sieht ihre Schulterknochen. Ihre Fußgelenke sind feingliedrig, ihre Handgelenke anmutig. Wirklich wie eine Schauspielerin. Sie macht keine Bewegung. Sie begnügt sich damit, die Zigarette in ihrer Rechten zu betrachten, während ihr linker Arm vom Ellbogen an auf der hölzernen Theke liegt und ihre linke Hand ein paar Zentimeter vom Arm des Mannes entfernt ist, der neben ihr sitzt. Aber sie berührt ihn nicht. Ihre Hand liegt nur aus Achtlosigkeit, vielleicht aus Gleichgültigkeit dicht neben dem Arm des Mannes. Sie wartet, dass der Kaffee in der weißen Tasse kälter wird, nichts weiter. (…) Die Straßenecke draußen ist dunkel. Sie wird nur vom grellen Licht der Bar erhellt, das sich in grünen Pfützen auf dem Asphalt ausbreitet. Eine Insel der Helligkeit, die der Nacht widersteht. Ein Ort, der noch zum Tag, zu den Tagesaktivitäten gehört, wo man einen Kaffee trinken, vielleicht ein Schinkensandwich essen kann, wenn eines übrig ist. Aber niemand isst, niemand bestellt irgendetwas, der Kaffee wird in den Tassen kalt, und eben dies bedeutet, dass man nur dort Halt gemacht hat, um etwas länger zu existieren, bevor alles erlischt und die Straße wieder zu jenem unwahrscheinlichen Raum wird, wo zwischen blinden Fassaden und schlafenden Häusern alles möglich ist. Gleich hinter der Bar ist eine Boutique, in der man nur die automatische Kasse erkennt, eine graue Masse, deren Metall undeutlich die Beleuchtung der Bar reflektiert. Das Licht fällt in einem sehr kurzen spitzen Winkel und lässt alles andere im Schatten.

Claude Esteban,
Soleil dans une pièce vide et autres scènes, Tours (Farrago) 2003

Von einer Leinwand zur anderen

Wenn ihm die Inspiration fehlte, gab sich Hopper »Kino-Orgien« hin, wie er es nannte. Vom Film noir der 30er Jahre bis zur Nacht mit dem Teufel, die ihn zu seinem letzten Bild (Two Comedians) *inspirierte, hat Hopper Motive und Atmosphäre seiner Cinephilie verwendet. Hitchcock, Wenders, Lynch und andere wiederum haben die in der Schwebe gehaltenen Geschichten seiner Bilder in ihre Filme eingebaut.*

Wenn die Stadt schläft

Das gehört zu den magischen Momenten im Leben: Man geht nachts durch eine schlafende Stadt, und plötzlich, an einer Straßenbiegung, ist da dieser unvergessliche, funkelnde Anblick: In einem großen, hell erleuchteten Drugstore träumen vier Personen vor sich hin, über die man nie etwas erfahren wird, denen man gern folgen, aus denen man gern einen Film machen würde.

Da sind sie, verloren in der Nacht, und in ihrer Nacht, mit ihren lächerlichen Gedanken und ihrer Schlaflosigkeit, die sie mit Tassen scheußlichen Kaffees betrügen. Sie wissen nicht, dass man sie beobachtet, dass man sie unsterblich macht. Sie sind zutiefst einsam. Jeder denkt an seinen eigenen Traum, sein eigenes Schicksal. Sie ertragen ihre Einsamkeit seit so langer Zeit, dass sie nichts Trostloses mehr hat.

Wie soll man über ein Bild, ein Werk wie *Nighthawks* sprechen, das uns erschüttert? Man könnte genauso gut versuchen, die Emotion zu erklären, die uns beim Hören großer Musik die Kehle zuschnürt. Man möchte lachen, weinen, diesen Moment lebenslang bewahren. Warum?

Da ist zuerst die Umgebung – das Spiel der beiden Lichter, draußen und drinnen, das Gefühl von Nacht, von Einsamkeit, der »Sound« von New York, der in der Ferne vibriert. Die Einrichtung könnte von einem Filmregisseur erfunden sein: genau die Atmosphäre der amerikanischen Kriminalfilme der 40er Jahre, die Teil unseres kollektiven Unbewussten ist, der Romane von Chandler und Goodis. Man denkt an *Asphalt Jungle* von John Huston. Die riesigen Kaffeebehälter, die Tassen und Papierserviettenständer sind von damals. Und die Figuren auch, sie haben die Depression der 30er Jahre erlebt, das sieht man an ihren Gesichtern.

Nighthawks enthält keinerlei »Roman«. Keiner kennt den anderen, keiner ist wirklich aufmerksam für die anderen. Alle sind in ihren jeweiligen Träumereien gefangen. Sie haben sich dort versammelt, weil sie nicht schlafen können, weil sie nicht in ihre ärmlichen Hotelzimmer à la Philip Marlowe oder in die *walk-up* der West Side heimkehren wollen, wo vielleicht eine Leiche herumliegt, eine Schlägerei im Gang ist oder sich Paare hinter hauchdünnen Wänden anschreien.

Zweitens New York: die *brownstones*, auch sie altmodische Läden mit ihrem *cash register* von damals. Man wäre gern dort, in dieser zwischen zwei hektischen Tagen toten Stadt, zwischen den Nachtfaltern, die von dem gelben, brutalen Licht angezogen werden, in diesem kleinen Eckchen Leben. Der Drugstore ist ein Aquarium, aber für Hopper ist die Straße so wichtig wie die Figuren.

Und schließlich Farbe und Raum: das Ocker der Fassade, das sich im Tresen wiederholt, dieses Grün, das sich über die ganze Straße ausbreitet, dieses gespenstische Grün, bei dem man nicht weiß, ob es vom Drugstore, vom Mond oder einer versteckten Straßenlaterne kommt …

Nighthawks ist unübersetzbar. »Nachtvögel« vielleicht. Diese Sehnsucht ist es, die mich bei Hopper anzieht. Es ist Amerika, so wie es war, als ich zum ersten Mal dort war.

Vielleicht sind noch einige von diesen Orten übrig, aber nicht mehr in denselben Vierteln. Die *brownstones* haben jetzt die Reichen gepachtet.

Aber diese Fauna am Rande des Drecks wird es immer geben in dieser kalten, harten Stadt, die von unwahrscheinlichen Erfolgen und unmöglichen Lieben träumt.

Sie sind genauso amerikanisch wie Hopper selbst. Hier gibt es keine Sentimentalität, auch keine Härte: Man ist weit entfernt von der europäischen Folklore – und vom moralisierenden Expressionismus.

»So sind wir«, sagt Hopper.

Roman Polanski,
»Quand la ville dort«, in:
Le Nouvel Observateur,
18. Mai 1984

Edward Hoppers Gemälde sind Einzelbilder des amerikanischen Traums

Hoppers Bilder entstanden parallel zur Blütezeit des klassischen amerikanischen Erzählkinos. Man kann sie auch von da her deuten. Sie zeigen allesamt Schauplätze, meistens in Erwartung eines Geschehens, manchmal auch gleich im Anschluss daran. Sie zeigen die Ruhe vor dem Sturm oder manchmal den verlassenen Schauplatz nach der dramatischen Begegnung. Der Tankwart in *Gas* hat gerade das Auto vollgetankt, die Szene stammt aus Nicholas Rays *They Live by Night*.

Von den großen Erzählern des klassischen amerikanischen Kinos – John Ford, Howard Hawks, Alfred Hitchcock, Anthony Mann, Nicholas Ray, Frank Capra, Raoul Walsh – kann man, ohne ihnen Abbruch zu tun, sagen, dass jeder von ihnen immer wieder dieselben ein, zwei Geschichten variiert hat. Auch Edward Hopper erzählt immer wieder aufs Neue von den einsamen Menschen in leeren Zimmern oder von den Paaren, die wortlos aneinander vorbeileben. (Ein einziges Mal, in *Four Lane Road*, 1956, lehnt sich eine keifende Frau zum Fenster heraus, und der Mann, der vor dem Haus auf einem Stuhl sitzt, schaut mordlustig und verbittert ins Abendlicht.) Im Hintergrund die undurchdringlichen Fassaden einer feindseligen Stadt oder eine ebenso unnahbare Landschaft. Und immer wieder Fenster. Ob sie nun nach außen führen oder nach innen, das bleibt sich fast gleich. Das Glas scheint in ihnen zu fehlen, sie reflektieren nichts, und weder gewähren sie Einblicke nach innen noch öffnen sie den Blick nach außen. Draußen und Drinnen sind der gleiche unwirkliche Lebensraum, strahlen die gleiche Fremdheit aus. Oft stehen die Fenster offen. Meine Lieblingsbilder sind die, die dann auch gar kein anderes Thema mehr haben als diese Fensterlöcher selbst, so wie eines seiner letzten Bilder, das 1963 gemalte *Sun in an Empty Room* oder das 1951 gemalte *Rooms by the Sea*. (…)

Wenn Hopper nichts mehr zu malen wusste, berichtet ein Freund, ging er ins Kino, oft wochenlang jeden Tag. Die Kinobilder sind in Hoppers Werk die sorglosesten Momente. Die Platzanweiserin, die da in *New York Movie* im gedämpften Licht des Kinosaales an die Wand gelehnt steht, in ihre Gedanken vertieft – den Film kennt sie schon auswendig –, strahlt eine Ruhe und einen Frieden aus wie sonst kaum eine Figur. Auf der Leinwand im Hintergrund sieht man einen winzigen Ausschnitt des Films in Schwarzweiß. Vielleicht *Only Angels Have Wings* von Howard Hawks? Vier verschiedene New Yorker Kinosäle hat Hopper für dieses Bild sozusagen zusammengezogen und immer wieder besucht, das Strand, das Public, das Republic und das Palace. 53 Bleistiftskizzen und Studien hat er vorher angefertigt! Jo stand Modell für die Platzanweiserin, im Korridor vor ihrer Wohnung, und sie war auch das Vorbild für die beiden einsamen Kinobesucherinnen, die man im Dunkeln mehr ahnt als sieht: »Posed for two movie goers in black hat white veil and fur coat, then little brown cloth hat with gala feathers and linen collar. They are to sit in the dark, but if a stray ray hits them, they must be bright.« Wenn Hopper seine Bilder auch bis ins Kleinste »inszeniert« und erfunden hat, so überrascht mich dann andererseits, welchen Sinn für die »Wahrheit« dieses Ortes und dieser kleinen Szene er doch hatte. So ist er, laut Jos Tagebuch, mehrfach zurückgekehrt, um zum Beispiel den Faltenwurf des Türvorhangs zu studieren oder die Lichtreflexe auf den Stuhllehnen.

Man liest aus Hoppers Bildern deutlich heraus, dass ihm das Kino lieb war und dass ihm die weiße Leinwand, der er in seinem Atelier so oft gegenübergestanden sein muss, ein Vertrauter und Verbündeter war. Allen Dingen eine feste Form geben, ihnen ihren Platz zuweisen, die Leere, die Angst und das Grauen überwinden, indem man sie bannt, eben auf diese weiße Wand: Das hat sein Werk mit dem Kino gemein und lässt Hopper als großen Erzähler der Leinwand – der auf der Staffelei – neben den großen Malern der Kinoleinwand stehen.

Wim Wenders, in: *Die Zeit*, 29. März 1996

Von einer Leinwand zur anderen

Von Jean-Luc Godard über Mel Brooks und David Lynch bis zu Wim Wenders – viele Filmemacher haben der Malerei eine Figur, ein Ambiente, eine Ästhetik entlehnt … (…)

Doch das Kino ist nie so interessant, als wenn es sich die Malerei zu eigen macht. Edward Hopper, der ein verwirrendes Bild des modernen Amerika entwarf, hat immer wieder Cineasten fasziniert, die ein zeitgenössisches Bild der amerikanischen Gesellschaft zeigen wollten. Außer Wim Wenders hat auch David Lynch das Werk von Hopper, einem seiner Lieblingsmaler, zu transzendieren vermocht, indem er die dramatische Spannung, die leeren Landschaften, die isolierten, geheimnisvollen Figuren, die drückenden, schweigsamen Stimmungen, die minimalistischen Dekors in scharf voneinander abgesetzten Farben, die sehr schlichten geometrischen Kompositionen aufnahm. So narrativ sie scheinbar sind, geben die Werke von Hopper und Lynch niemals einen Schlüssel zu ihrer Lektüre, zur großen Frustration der Betrachter. Das Geheimnis bleibt intakt, ja es ist Sujet des Werks. Auch Alfred Hitchcock hat in *Psycho* (1960) Hopper direkt zitiert: Das Haus von Norman Bates ist ein Widerhall von *House by the Railroad*.

Maureen Marozeau,
»D'un cadre à l'autre«, in:
Le Journal des Arts, Nr. 368,
11. Mai 2012

BIBLIOGRAPHIE

– Cueff, Alain, *Edward Hopper, entractes*, Paris (Flammarion) 2012.
– Debecque-Michel, Laurence, *Hopper. Les chefs-d'œuvre*, Paris (Hazan) 1992.
– Fresnault-Deruelle, Pierre, *Des images lentement stabilisées: quelques tableaux d'Edward Hopper*, Paris (L'Harmattan) 1998.
– Geldzahler, Henry, *New York Painting and Sculpture: 1940–1970*, London (Pall Mall Press) in Zusammenarbeit mit dem Metropolitan Museum of Art New York 1969.
– Goodrich, Lloyd, *Edward Hopper*, Harmondsworth (Penguin Books) 1949.
– Goodrich, Lloyd, *Edward Hopper*, New York (Harry N. Abrams) 1971; 1993 (Neuauflage).
– Hameury, Jean-Paul, *Edward Hopper*, Paris (Éditions Folle Avoine) 1992.
– Hobbs, Robert, *Edward Hopper*, New York (Harry N. Abrams) 1987.
– Hopper, Edward, *Notes & articles*, Paris (L'Échoppe) 2012.
– Kranzfelder, Ivo, *Edward Hopper*, Köln (Taschen) 2000.
– Levin, Gail, *Edward Hopper as Illustrator*, New York, Whitney Museum of American Art, 1978; New York/London (W. W. Norton & Co.) 1979.
– Levin, Gail, *Edward Hopper. A Catalogue raisonné*, Bd. I *Edward Hopper's Perspectives on His Life and Work, Illustrations*; Bd. II *Watercolors*; Bd. III *Oils*; Bd. IV CD Rom, New York Whitney Museum of American Art; New York/London (W. W. Norton & Co.) 1995.
– Levin, Gail, *Edward Hopper. Ein intimes Porträt*, München (List) 1998.
– Pène du Bois, Guy, *Edward Hopper*, New York, Whitney Museum of American Art, coll. *American Artists Series*, 1931.
– Renner, Rolf Günter, *Edward Hopper, 1882–1967: Transformationen des Realen*, Köln (Taschen) 1990 ff.
– Rose, Barbara, *La Peinture américaine*. 2. Bd. *Le XXᵉ siècle*, Paris (Flammarion) 1987.
– Spring, Justin, *Edward Hopper*, Paris (Éditions La Martinière) 1998.
– *Time-Life* (Hrsg.), *La Peinture américaine contemporaine*, Paris, Amsterdam (Time-Life International) 1978.
– Wells, Walter, *Silent Theater: The Art of Edward Hopper*, London (Phaidon) 2007.

FILMOGRAPHIE

– Brian O'Doherty, *Hopper's silence*, Produzent The National Endowment for the Arts 1981.
– *Edward Hopper*, Exhibition Film Features Interviews, Produzent National Gallery of Art, Washington 2007.
– Jean-Pierre Devillers, *La Toile blanche d'Edward Hopper*, Produzent Françoise Gazio 2012.

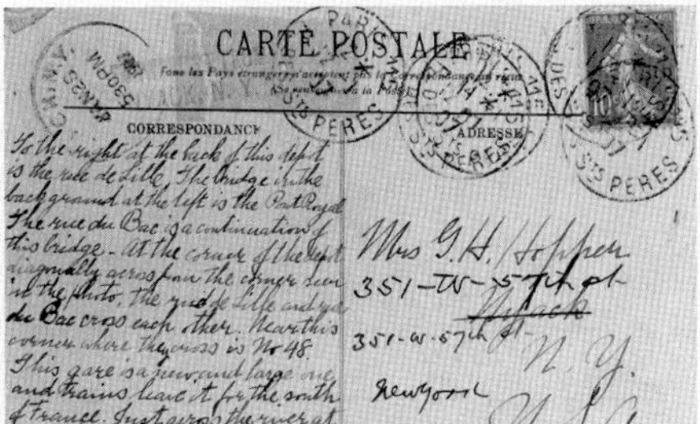

Postkarte aus Paris an seine Mutter, 1907.

BILDNACHWEISE

UMSCHLAG

Umschlag vorn: *Summertime*, (Ausschnitt), 1943, Öl auf Leinwand, 74 x 111,8 cm. Wilmington, Delaware Art Museum (1962-28).
Umschlag hinten: *Nighthawks*, 1942, 84,1 x 152,4 cm. Chicago, The Art Institute of Chicago, Friends of American Art Collection (1942.51).

OUVERTÜRE

1 *Chop Suey*, 1929, Öl auf Leinwand, 81,3 x 96,5 cm. Sammlung Barney A. Ebsworth.
2/3 *Nighthawks*, 1942, Öl auf Leinwand, 84,1 x 152,4 cm. Chicago, The Art Institute of Chicago, Friends of American Art Collection (1942.51).
4/5 *Hotel Room*, 1931, Öl auf Leinwand, 152,4 x 165,7 cm. Madrid, Museo de Arte Thyssen-Bornemisza [1977.110 (594)].
6/7 *Early Sunday Morning*, 1930, Öl auf Leinwand, 88,9 x 152,4 cm. New York, Whitney Museum of American Art (31.426).
8/9 *Hotel Lobby*, 1943, Öl auf Leinwand, 82,6 x 103,5 cm. Indianapolis Museum of Art, William Ray Adams Memorial Collection.
11 *Cape Cod Morning*, 1950, Öl auf Leinwand, 87 x 101,9 cm. Washington, D.C., Smithsonian American Art Museum.

1. KAPITEL

12 *Self-Portrait*, um 1904, Öl auf Leinwand. New York, Whitney Museum of American Art.
13 Zeichnung nach *Le Fifre* von Édouard Manet, 1900–1907, Bleistift und Tinte auf Papier, 25,4 x 17,8 cm. New York, Whitney Museum of American Art.
14 *Gas*, 1940, Öl auf Leinwand, 66,7 x 102,2 cm. New York, MoMA, Fonds Mrs. Simon Guggenheim, 1943 (577.1943).
15 Wim Wenders, *Street Corner in Butte*, Montana, 2003, C-print, 186 x 224 cm. Sammlung des Künstlers.
16 oben: Edward Hopper House Art Center, früheres Haus der Familie des Künstlers, 82 North Broadway, Nyack (NY), Photographie. The Arthayer R. Sanborn Hopper Collection Trust–2005, New York, Whitney Museum of American Art.
16 unten: Hopper als Kind in einem Ruderboot, Nyack (NY). The Arthayer R. Sanborn Hopper Collection Trust–2005, New York, Whitney Museum of American Art.
17 Arbeitende Kinder in einer Baumwollfabrik in South Carolina, 1900.
18 Thomas Eakins, *Arcadia*, um 1883, Öl auf Leinwand, 98,1 x 114,3 cm. New York, The Metropolitan Museum of Art (MET), Schenkung Miss Adelaïde Milton de Groot, 1967.
19 Die Klasse von Robert Henri an der New York School of Art, 1903–1904, Photographie. The Arthayer R. Sanborn Hopper Collection Trust–2005, New York, Whitney Museum of American Art.
20 *Young Woman in a Studio*, 1901–1902, Öl auf Karton, 31,27 x 23,65 cm. New York, Whitney Museum of American Art, Legat Josephine N. Hopper (70.1430).
21 *Solitary Figure in a Theater*, 1902-1904, Öl auf Karton, 31,8 x 23,3 cm. New York, Whitney Museum of American Art, Legat Josephine N. Hopper (70.1418).
22 oben: Hopper zeichnend auf einer Pariser Brücke, 1907, Photographie. The Arthayer R. Sanborn Hopper Collection Trust–2005, New York, Whitney Museum of American Art.
22 unten: *Le Pavillon de Flore*, 1909, Öl auf Leinwand, 60,3 x 73 cm. New York, Whitney Museum of American Art, Legat Josephine N. Hopper (70.1174).
23 *Two Figures at Top of Steps in Paris*, 1906, Öl auf Holz, 33 x 23,5 cm. New York, Whitney Museum of American Art, Legat Josephine N. Hopper (70.1299).
24 oben: *Couple Drinking*, 1906–1907, Aquarell, Grafit und Conté-Stift auf Karton, 34,3 x 50,5 cm. New York, Whitney Museum of American Art, Legat Josephine N. Hopper (70.1340).
24 unten: Eugène Atget, *La Villette, rue Asselin, fille publique faisant le quart devant sa porte*, Photoserie über die Prostituierten von Paris, bestellt vom Maler André Dignimont, März 1921, Abzug auf Albuminpapier. Paris, Musée d'Orsay.
25 Illustration zu Victor Hugos *L'Année terrible*: *On the Rooftops*, 1906, Bleistift, schwarze Tinte und Aquarell auf Papier, 55,1 x 37,5 cm. New York, Whitney Museum of American Art, Legat Josephine N. Hopper (70.1338).
26 oben: Hopper als Illustrator in der Agentur C.C. Phillips and Company, New York, 1906. The Arthayer R. Sanborn Hopper Collection Trust–2005, New York, Whitney Museum of American Art.
26 unten: Cover der Zeitschrift *The Morse Dry Dock Dial*, 19. März 1921. The Arthayer R. Sanborn Hopper Collection Trust–2005, New York, Whitney Museum of American Art.
27 unten: Illustration zu dem Artikel »Then Contentment Reigns« von Katherine Henry in der Zeitschrift *Farmer's Wife*, Mai 1917. Minnesota, Saint-Paul, mit freundlicher Genehmigung von *Farm Journal Media*, Mexico, Missouri.
27 oben: Cover der Zeitschrift *Hotel*

Management, 6. September 1924. The Arthayer R. Sanborn Hopper Collection Trust–2005, New York, Whitney Museum of American Art.

2. KAPITEL

28 *Soir bleu* (Ausschnitt), 1914, Öl auf Leinwand, 91,4 x 182,9 cm. New York, Whitney Museum of American Art, Legat Josephine N. Hopper (70.1208).
29 *Self-Portrait*, 1919–1923, Kaltnadelradierung, 15,2 x 10,2 cm. Philadelphia Museum of Art, Schenkung Carl Zigrosser, 1962 (1962-11-3).
30 oben: Cover des Ausstellungskatalogs »Exhibition of Paintings« in den Macbeth Galleries, New York, 3.–15. Februar 1908.
30 unten: Robert Henri, *Self-Portrait*, 1903, Öl auf Leinwand, 80 x 67,6 cm. Lincoln, Sheldon Museum of Art, University of Nebraska-Lincoln, UNL, Schenkung Mrs. Olga.
31 John Sloan, *Rain, Rooftops, West 4th Street*, 1913, Öl auf Leinwand, 51 x 61,1 cm. Washington, D.C., Hirshhorn Museum and Sculpture Garden, Smithsonian Institution, Schenkung Joseph H. Hirshhorn Foundation, 1966 (66.4615).
32 *American Village*, 1912, Öl auf Leinwand, 65,7 x 96,2 cm. New York, Whitney Museum of American Art, Legat Josephine N. Hopper (70.1185).
33 Edgar Degas, *Baumwollkontor in New Orleans*, 1873, Öl auf Leinwand, 73 x 92 cm. Pau, Musée des Beaux-Arts.
34 *Queensborough Bridge*, 1913, Öl auf Leinwand, 65,7 x 96,8 cm. New York, Whitney Museum of American Art, Legat Josephine N. Hopper (70.1184).
35 *New York Corner*, 1913, Öl auf Leinwand, 61 x 73,7 cm. Los Angeles, Privatbesitz, mit freundlicher Unterstützung der Fraenkel Gallery, San Francisco.
36 Gustave Courbet, *L'Atelier du Peintre. Allégorie réelle*, 1854–1855, Öl auf Leinwand, 361 x 598 cm. Paris, Musée d'Orsay.
36/37 *Soir bleu*, 1914, Öl auf Leinwand, 91,4 x 182,9 cm. New York, Whitney Museum of American Art, Legat Josephine N. Hopper (70.1208).
38/39 *Excursion into Philosophy*, 1959, Öl auf Leinwand, 76,2 x 101,6 cm. Privatbesitz.
40 oben: Saal der »Armory Show«, »International Exhibition of Modern Art«, 15. Februar – 15. März 1913, Photographie von Walter Pach. New York, MoMA.
40 unten: Marcel Duchamp, *Nu descendant un escalier* no°2, 1912, 147 x 89 cm. Philadelphia, Museum of Fine Arts. The Louise and Walter Arensberg Collection.
41 *Sailing*, 1911, 61 x 74 cm, Öl auf Leinwand. Pittsburgh, Carnegie Museum of Art.
42 *House on a Hill – The Buggy*, 1920, Radierung, 20 x 25,4 cm. Philadelphia Museum of Art, Ankauf mit Unterstützung der Thomas Skelton Harrison Foundation, 1962 (1962-19-43).
43 oben: *American Landscape*, 1920, Radierung, 33 x 42,5 cm. Philadelphia Museum of Art, Ankauf mit Unterstützung der Thomas Skelton Harrison Foundation, 1941 (1941-53-35).
43 unten: *The Two Pigeons*, 1920, Radierung, 21,6 x 25,1 cm. Philadelphia Museum of Art, Ankauf mit Unterstützung der Thomas Skelton Harrison Foundation, 1962 (1962-19-18).
44 *New York Restaurant*, 1922, 61 x 76,2 cm, Öl auf Leinwand. Muskegon Museum of Art.
45 *Houses of Squam Light, Gloucester*, 1923, Aquarell, 28,6 x 44,3 cm. Boston, The Museum of Fine Arts.
46 *The Mansard Roof*, 1923, Aquarell, 80 x 53,9 cm. New York, Brooklyn Museum of Art.
47 *Gloucester Mansion*, 1924, Aquarell und Bleistift auf Papier, 34,1 x 49,7 cm. Boston, The Museum of Fine Arts, Legat John T. Spaulding (48.717).
48/49 *House by the Railroad*, 1925, Öl auf Leinwand, 61 x 73,7 cm. New York, MoMA, Anonyme Schenkung 1930 (3.1930).

3. KAPITEL

50 *Automat* (Ausschnitt), 1927, Öl auf Leinwand, 71,4 x 91,4 cm. Des Moines (Iowa), Des Moines Art Center (1958.2).
51 *Self-Portrait*, 1924–1930, Bleistift auf Papier, 23,8 x 18,4 cm. Washington, D.C., National Portrait Gallery.
52 Josephine und Edward Hopper in Truro (MA), Mitte der 20er Jahre, Photographie. Frances Mulhall Achilles Library, New York, Whitney Museum of American Art.
53 *Sunday*, 1926, Öl auf Leinwand, 73,6 x 86,3 cm. Washington, D.C., The Phillips Collection.
54/55 *Girlie Show*, 1941, Öl auf Leinwand, 81,3 x 96,5 cm. Sammlung Fayez Sarofim.
56 *Eleven A.M.*, 1926, Öl auf Leinwand, 71,3 x 91,6 cm. Washington, D.C., Hirshhorn Museum and Sculpture Garden, Smithsonian Institution, Schenkung Joseph H. Hirshhorn Foundation, 1966 (66.2504).
57 oben: *Evening Wind*, 1921, Radierung, 17,5 x 21 cm. Philadelphia Museum of Art, Ankauf mit Unterstützung der Thomas Skelton Harrison Foundation, 1962 (1962-19-30).
57 unten: *Moonlight Interior*, 1921/1923, Öl auf Leinwand, 60,9 x 73,6 cm. Privatbesitz.
58/59 *Automat*, 1927, Öl auf Leinwand, 71,4 x 91,4 cm. Des Moines

(Iowa), Des Moines Art Center (1958.2).
60 *The Camel's Hump*, 1931, Öl auf Leinwand, 81,9 x 127,6 cm. Utica (NY), Munson-Williams-Proctor Arts Institute, Museum of Art (57.160).
61 Grant Wood, *The Midnight Ride of Paul Revere*, 1931, Öl auf Leinwand, 76,2 x 101,6 cm. New York, MET.
62 *From Williamsburg Bridge*, 1928, Öl auf Leinwand, 73,7 x 109,2 cm. New York, MET, Fonds George A. Hearn, 1937 (37.44).
63 Charles Burchfield, *Promenade*, 1927–1928, Aquarell auf Papier, 80,3 x 108 cm. Buffalo (NY), Albright-Knox Art Gallery, Schenkung A. Conger Goodyear, 1977 (1977-20). Mit freundlicher Genehmigung der Charles E. Burchfield Foundation.
64/65 *Two on the Aisle*, 1927, Öl auf Leinwand, 102 x 122,5 cm. Toledo, The Toledo Museum of Art, Ankauf Edward Drummond Libbey Endowment Fund, Schenkung Edward Drummond Libbey (1935.49).
66/67 *Intermission*, 1963, Öl auf Leinwand, 101,6 x 152,4 cm. San Francisco Museum of Modern Art. Im Gedenken an Elaine McKeon, Präsidentin des Kuratoriums des San Francisco Museum of Modern Art (1995–2004), dank der Spenden der Familien Fisher und Schwab und eines anonymen Spenders angekauft, durch Austausch in die Sammlung aufgenommen.

4. KAPITEL

68 *New York Movie* (Ausschnitt), 1939, Öl auf Leinwand, 81,9 x 101,9 cm. New York, MoMA.
69 *Two Comedians*, 1966, Öl auf Leinwand, 78,1 x 106 cm. Privatsammlung.
70 unten: *Lighthouse Hill*, 1927, Öl auf Leinwand, 73,8 x 102,2 cm. Dallas, Dallas Museum of Art, Schenkung Mr. und Mrs. Maurice Purnell (1958.9).
70 oben: Hopper beim Malen von *Lighthouse Hill*, nahe Cape Elizabeth, Maine, 1927, Photographie. The Arthayer R. Sanborn Hopper Collection Trust–2005, New York, Whitney Museum of American Art.
71 *Drug Store*, 1927, Öl auf Leinwand, 73,7 x 101,9 cm. Boston, The Museum of Fine Arts, Legat John T. Spaulding (48.564).
72 *Four Lane Road*, 1956, Öl auf Leinwand, 73,7 x 106,7 cm. Privatbesitz.
73 *Room in New York*, 1932, Öl auf Leinwand, 74,4 x 93 cm. Lincoln, Sheldon Museum of Art, University of Nebraska-Lincoln, UNL-F.M. Hall Collection (H-166).
74/75 *Night Windows*, 1928, Öl auf Leinwand, 73,7 x 86,4 cm. New York, MoMA.
75 Seite aus *The Bulletin of the Museum of Modern Art* mit dem ersten vom Museum erworbenen Kunstwerk: *House by the Railroad* von Hopper, 1930. Vol. VIII.1, MoMA Archives, 1940. New York, MoMA.
76 *Bridle Path*, 1939, Öl auf Leinwand, 72,1 x 107 cm. Privatbesitz.
77 oben: *Cape Cod Evening*, 1939, Öl auf Leinwand, 76,8 x 102,2 cm. Washington, D.C., National Gallery of Art, John Hay Whitney Collection (1982.76.6).
77 unten: *Ground Swell*, 1939, Öl auf Leinwand, 92,7 x 127,6 cm. Washington, D.C., The Corcoran Gallery of Art, Ankauf durch das Museum, William A. Clark Fund (43.6).
78 *New York Movie*, 1939, Öl auf Leinwand, 81,9 x 101,9 cm. New York, MoMA.
79 Giorgio De Chirico, *Das Gehirn des Kindes*, 1914, Öl auf Leinwand, 80 x 45 cm. Stockholm, Moderna Museet.
80/81 *Office at Night*, 1940, Öl auf Leinwand, 56,4 x 63,8 cm. Minneapolis, Collection Walker Art Center, Schenkung der T. B. Walker Foundation, Gilbert M. Walker Fund, 1948 (1948.21).
82/83 *Summertime*, 1943, Öl auf Leinwand, 74 x 111,8 cm. Wilmington, Delaware Art Museum (1962-28).
84 oben: Norman Bates (Anthony Perkins) auf dem Weg zum Motel, Szene aus Alfred Hitchcocks Film *Psycho*, 1960.
84 unten: *Haunted House*, 1926, Aquarell auf Papier, 34,2 x 49,5 cm. Rockland, William A. Farnsworth Library and Art Museum.
85 Hans Namuth, Jackson Pollock bei seiner Dripping-Technik, Anfang 50er Jahre. Washington D.C., Smithsonian Institution, National Portrait Gallery.
86 Edward Hopper in seinem Atelier, 1948, Photographie von Berenice Abbott. Mit freundlicher Genehmigung der National Portrait Gallery, Nachlass Berenice Abbott.
87 *Conference at Night*, 1949, Öl auf Leinwand, 71,8 x 102,4 cm. Wichita Art Museum, Roland P. Murdock Collection (M100.52).
88 Titelblatt der Zeitschrift *Reality: A Journal of Artist's Opinion*, 1953, New York, Frances Mulhall Achilles Library, Whitney Museum of American Art, New York.
88/89 *Morning Sun*, 1952, Öl auf Leinwand, 71,4 x 101,9 cm. Ohio, Columbus Museum of Art, Howald Fund Purchase (1954.031).
90 Hans Namuth, Edward und Josephine Hopper, 1964, Photographie, 19,4 x 19,3 cm. Washington D.C., Smithsonian Institution, National Portrait Gallery, Schenkung Nachlass Hans Namuth (NPG.95.139).
90/91 *Sun in an Empty Room*, 1963, Öl auf Leinwand, 73 x 100,3 cm. Privatbesitz (1971.032).
92/93 *Western Motel*, 1957, Öl auf Leinwand, 76,8x 127,3 cm. New Haven, Yale University Art

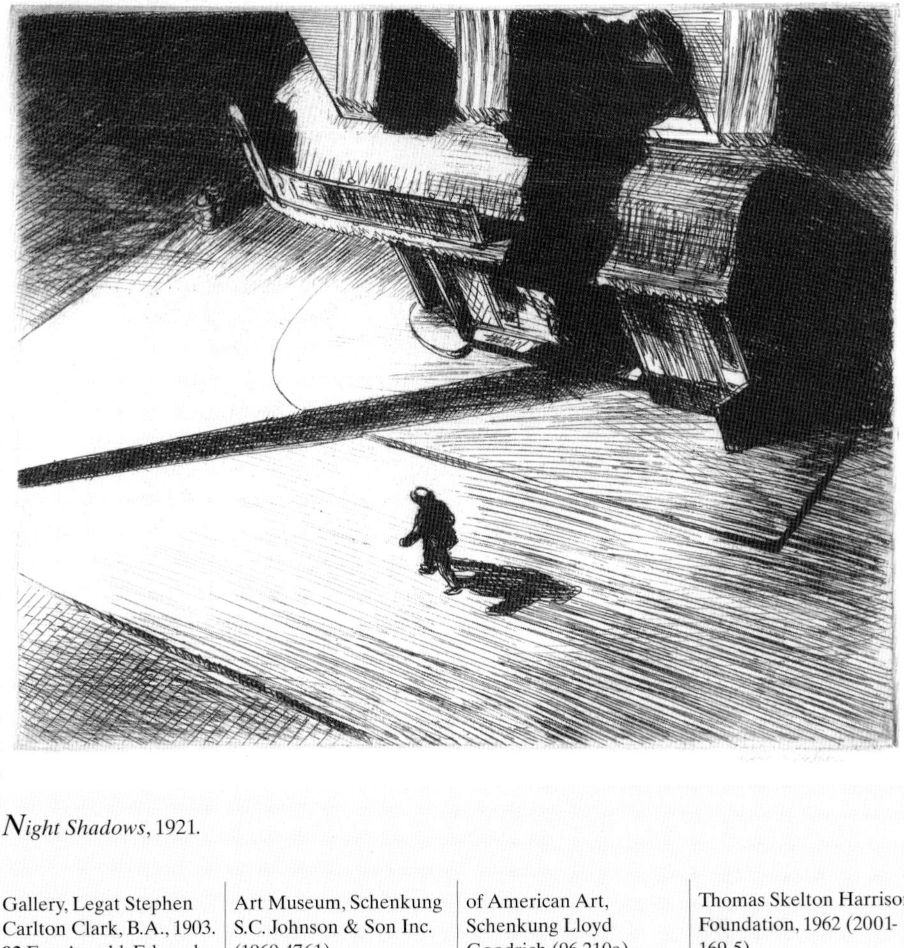

Night Shadows, 1921.

Gallery, Legat Stephen Carlton Clark, B.A., 1903.
93 Eve Arnold, Edward und Josephine Hopper bei der Eröffnung neuer Säle im MoMA, 1964.
94 *New York Office*, 1962, Öl auf Leinwand, 102,8 x 140 cm. Montgomery (AL), Montgomery Museum of Fine Arts, The Blount Collection (1989.2.24).
95 *People in the Sun*, 1960, Öl auf Leinwand, 102,6 x 153,4 cm. Washington, D.C., Smithsonian American Art Museum, Schenkung S.C. Johnson & Son Inc. (1969.47.61).
96 *Two Comedians*, 1966, Öl auf Leinwand, 78,1 x 106 cm. Privatbesitz.

ZEUGNISSE UND DOKUMENTE

97 Skizze zu *Morning Sun*, 1952, Skizzenheft des Künstlers III, Feder und schwarze Tinte, Grafit, Farbstifte und Collage auf Papier, aufgeschlagenes Heft: 31 x 38,7 x 1,3 cm. New York, Whitney Museum of American Art, Schenkung Lloyd Goodrich (96.210a).
100 und **119** Vorder- und Rückseite einer Postkarte von Edward Hopper an seine Mutter Elizabeth Hopper aus Paris, 1907. The Arthayer R. Sanborn Hopper Collection Trust–2005, New York, Whitney Museum of American Art.
123 *Night Shadows*, 1921, Radierung, 17,5 x 21 cm. Philadelphia Museum of Art, Ankauf mit Unterstützung der Thomas Skelton Harrison Foundation, 1962 (2001-169-5).
126 *House Tops*, 1921, Radierung, 15,2 x 20,3 cm. Philadelphia Museum of Art, Ankauf mit Unterstützung der Thomas Skelton Harrison Foundation, 1962 (1962-19-44).

WERKINDEX HOPPER

ALLGEMEINER INDEX

A

B

C

D

E

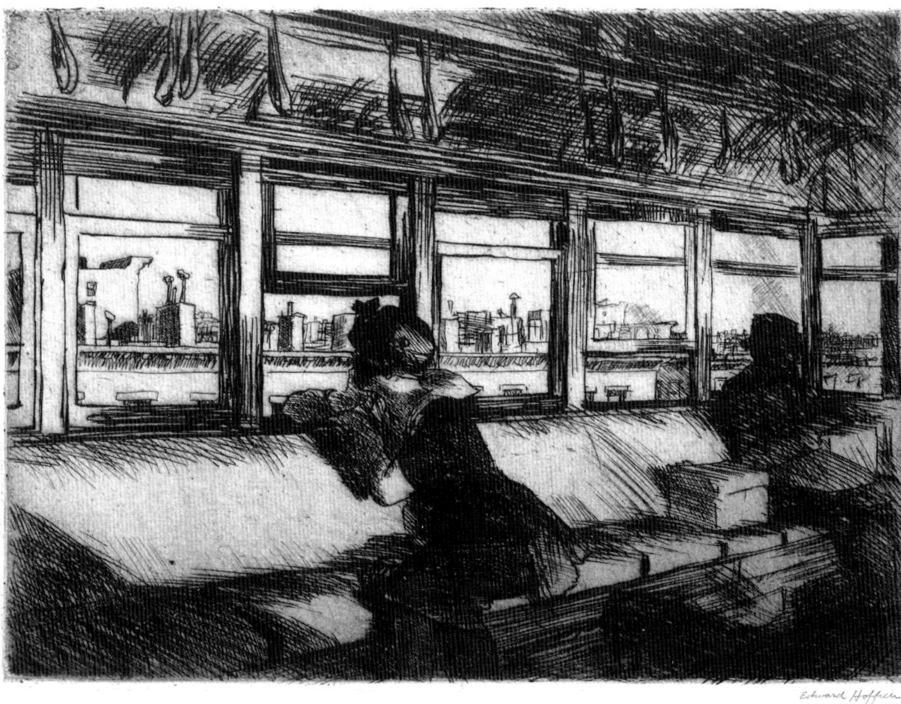

House Tops, 1921.

PHOTONACHWEIS

© Berenice Abbott / Commerce Graphics 86. © Archives of American Art, Washington 30h. © The Art Institute, Chicago Umschlag hinten, 2/3. Bridgeman-Giraudon 46, 53. Bridgeman-Giraudon / Privatsammlung 54/55. Bridgeman-Giraudon / Delaware Art Museum, Wilmington, Umschlag vorn, 82/83. Privatsammlung 1, 35, 38/39, 69, 96. Privatsammlung/ Photo Eric Pollitzer 72. Privatsammlung/ Photo Alex Jamison 90/91. © Columbus Museum of Art, Columbus 88/89. Corbis / Francis G. Mayer 57b. Corbis / Underwood & Underwood 84h. © The Corcoran Gallery of Art, New York 77b. © Dallas Museum of Art 70b. © Des Moines Arts Center, Des Moines, Iowa 50, 58/59. © Farnsworth Art Museum, Rockland 84b. © Hirshhorn Museum and Sculpture Garden, Smithsonian Institution, Washington / Photo Lee Stalsworth 31, 56. © Indianapolis Museum of Art 8/9. Leemage / Luisa Ricciarini 40b. Magnum Photos / Eve Arnold 93. © The Metropolitan Museum of Art, Dist. RMN / image of the MMA 18, 61, 62. © Moderna Museet, Stockholm 79. © Montgomery Museum of Fine Arts, Montgomery 94. Mr. History / Flickr 44. © Museo Thyssen-Bornemisza, Madrid 4/5. © Museum of Fine Arts, Boston 45, 47, 71. © National Gallery of Art, Washington 77h. © National Portrait Gallery, Smithsonian Institution / © Hans Namuth Ltd. 85, 90. © Philadephia Museum of Art, Philadelphie 29, 42, 43h, 43b, 57h, 123, 126. Picture Desk / The Art Archive / Carnegie Museum of Art, Pittsburgh 41. RMN (Musée d'Orsay) / Gérard Blot 24b. RMN (Musée d'Orsay) / Hervé Lewandowski 36. RMN / Michèle Belot / Madeleine Coursaget 33. Rue des Archives / Mary Evans 17. Scala, Florenz / De Agostini Picture Library 12. Scala, Florenz / MoMA, New York, 14, 40h, 48/49, 68, 74/75, 75, 78. Scala, Florenz / National Portrait Gallery, Smithsonian / Art Resource 51. Scala, Florenz / Smithsonian American Art Museum / Art Resource 11, 95. Scala, Florenz / Munson Williams Proctor Arts Institutes / Art resource, New York 60. Scala, Florenz / Albright Knox Art Gallery / Art Resource, New York 63. © Sheldon Museum of Art, Lincoln 30b, 73. © Toledo Museum of Art, Toledo 64/65. © Walker Art Center, Minneapolis 80/81. © Wichita Art Museum, Wichita 87. © Wim Wenders 15. © Yale University Art Gallery, New Haven 92/93.

© Whitney Museum of American Art (WMAA), New York 19. WMAA / Photo Geoffrey Clements 52. Heirs of Josephine Hopper, licensed by the WMAA / Photo WMAA 13, 23, 24h, 25, 26b. Heirs of Josephine Hopper, licensed by the WMAA / Photo Sheldan C. Collins 6/7, 20, 21, 22b, 28, 32, 34, 36/37, 97. Heirs of Josephine N. Hopper, licensed by the WMAA / Photo courtesy of Fraenkel Gallery, San Francisco 66/67, 76. Courtesy Frances Mulhall Achilles Library, WMAA 22h, 16h, 16b, 26h, 70h, 88. Courtesy Frances Mulhall Achilles Library, WMAA / Photo Geoffrey Clements 100, 119. Courtesy Farm Journal Media, Mexico, Missouri / Photo WMAA 27b. Courtesy Aherns Publishing Company / Photo WMAA 27h.

© John Sloan / 2012 Delaware Art Museum / ADAGP, Paris 2012 31.

© Succession Marcel Duchamp / ADAGP, Paris 2012 40b.

© Estate of Grant Wood / ADAGP, Paris 2012 61.

© Giorgio de Chirico / ADAGP, Paris 2012 79.

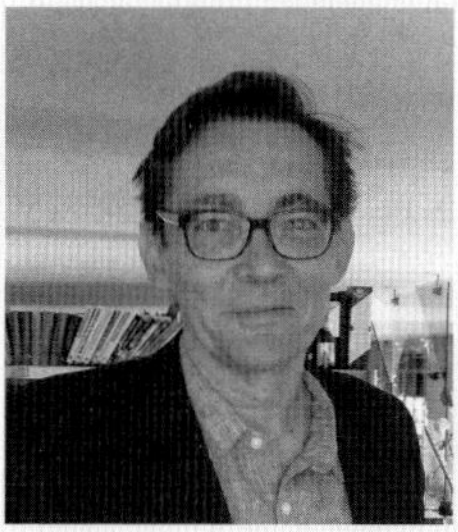

Didier Ottinger ist Kunsthistoriker und Stellvertretender Direktor des Musée national d'art moderne/Centre de création industrielle. Am Beginn seiner Laufbahn war er Museumsdirektor der Abbaye Sainte-Croix in Sables-d'Olonne. Von September 2005 bis August 2006 war er Gastkonservator am Museum of Modern Art, New York. Als Spezialist für neo-expressionistische, surrealistische und futuristische Strömungen hat er Bücher über Max Beckmann, Otto Dix, Marcel Duchamp, Philip Guston und Francis Picabia herausgegeben. Er hat in Frankreich und im Ausland zahlreiche monographische oder thematische Ausstellungen organisiert, zuletzt die Ausstellung »Hopper« im Grand Palais 2012, und »La sculpture au défi« (Centre Pompidou, 2013).

Autorisierte deutschsprachige Ausgabe des 2012 bei Gallimard, Paris erschienenen Werkes *Hopper – Ombre et lumière du mythe américain* aus der Reihe »Découvertes Gallimard«, © Gallimard 2012 / Éditions de la RMN-Grand Palais, 2012.

Text-und Bildredaktion: Charlotte Écorcheville
Layout: Alain Gouessant
Lithographie: La Station Graphique
Satz: Fotosatz Huber, Germering
Druck und Bindung: Gorenjski Tisk, Kranj

ISBN 978-3-8296-0634-9
Schirmer/Mosel München
www.schirmer-mosel.com